高等学校新经济系列教材

合肥工业大学图书出版专项基金资助项目

绿色经济学

贾君君　等 编著

合肥工业大学出版社

前　言

当今世界，人类经济社会发展面临着资源与环境的双重约束。由于化石燃料的大量开采和使用，全球气候变化问题已成为摆在人类面前亟待解决的难题。促进能源系统向绿色低碳转型，提高资源的使用效率，推广绿色消费品，加强对生态环境的保护和对污染物的治理是人类破解资源与环境困局的必由之路。在此背景下，倡导绿色发展理念，以指导经济社会的高质量发展。绿色发展理念对传统的经济学理论和实践既提出了严峻的挑战，又赋予其新的发展契机。

本书首先简要梳理微观经济学和宏观经济学的基本框架；其次，根据传统经济学主要理论模块的次序，介绍绿色和可持续发展理念对相应理论延伸和拓展的代表性文献与著作；最后，结合绿色治理的实践，总结促进经济向绿色转型的常用政策工具以及绿色经济全球治理的进程。作为新经济系列教材之一，本书旨在展现绿色经济学的发展脉络，指出绿色经济学的研究热点与发展方向，适用对象为本科高年级学生以及从事相关研究的学者。

本书由蒯鹏博士负责第一章部分内容的编写；戴前智副教授负责第二章和第三章的编写；丁涛博士负责第四章和第六章的编写；贾君君博士负责第一章其余内容、第五章、第七章和第八章内容的编写。

在本书编写过程中，合肥工业大学经济学院的吴华清教授、张先锋教授、晋盛武教授、李静教授及系列教材编写组其他成员对本书的章节安排与内容取舍提出了宝贵的意见与建议，对本书出版起到了重要作用。在此，谨对他们表示诚挚的感谢。由于笔者知识储备与研究方向的局限，本书在内容和框架方面难免有不妥之处，欢迎广大读者批评指正。

本书编写组

2020 年 6 月

前　言

目　录

第 1 章　绿色经济学概述

资源与环境约束已成为当今世界经济发展的掣肘。促进能源系统向绿色低碳转型，提高资源的使用效率，推广绿色消费品，加强对生态环境的保护和对污染物的治理是实现经济可持续增长的必然要求。本章从“绿色”和“经济学”两个关键词出发，首先对绿色发展理念提出的背景和动机进行介绍，然后对西方经济学中的微观部分和宏观部分的脉络进行梳理，最后将“绿色”和“经济学”两个关键词相结合，总结和概括绿色经济学的定义和内涵，梳理本书章节之间的逻辑关系。

1.1　绿色发展理念提出的背景和动机

1.1.1　西方经济学者对绿色发展理念的诠释

长期以来，关于政治和经济的讨论受困于资本主义和共产主义的人为二分法之中。环境保护主义者也不能不受这种狭隘思想的影响：市场已经延伸到经济体的各个方面，这是一股不可抗拒的力量。今天全球化进程的收益仍然大于成本，以市场为基础、以营利为目标的经济体系的适应性和内在优势已经一次又一次地证明了自身，每个人都是这些体系的直接受益者。

绿色经济学认识到增长的局限性，特别关注现有资源的分配方式。因此，对公平的关注与对地球的关注一样是绿色经济学的核心。许多绿色经济学的支持者认为，无论是在发达国家还是在发展中国家，对经济的兴趣源于对贫穷的关注。

绿色生活方式，包括混合动力汽车和有机食品，比传统生活方式要昂贵得多，这一事实使情况变得复杂。对许多环保人士来说，他们对周围环境危机的实际反应是购买现成的绿色生活方式，这被称为“财富生态”，因为只有那些有收入的人才能支持这种选择。银行存款余额较大的人通常也能使自己免受污染或环境压力的最坏影响，因为最恶劣的环境条件出现在较贫穷的国家或地区。另外，绿色主义者会提出疑问：拥有美好生活究竟意味着什么？在传统经济学中，消费是由广告业创造的需求和欲望所推动的。在很多方面，我们比那些“原始”社会的人更不满意，因为那时候的人们还没有那么多需求。绿色经济学认为，人类应该计算自身的福祉，学会采用自然提供的“富足伦理”和“无量财富”，而不是渴望更多的消费品。

推动绿色经济走向政治辩论中心的真正动力是气候变化。在过去的几年里，人类活动对地球生命维持系统的影响已经引起政治家们的注意。他们认识到，正是经济造成了气候变化的问题，因此实施了诸如《英国气候变化经济学的斯特恩评论》（*Stern Review of the Economics of Climate Change*）这样的调查，其职责是“对气候变化经济学的主要评论”，以更全面地了解英国和全球经济挑战的性质以及如何应对这些挑战。绿色经济学有机会提出一种基于平衡、整体和生态的经济学方法，这种方法是在过去30年中发展起来的。

在过去五年左右的时间里，气候变化问题已经从科学家和环境学家的边缘关注转向全球政策制定的核心问题。现有的经济运行方式正在造成严重的污染，威胁到人类的生存，这才促使绿色经济的发展。人类正处在一个石油供应量下降、国家对石油的需求竞争加剧的时代，这引发了人们对未来完全依赖石油的担忧，并更深刻地认识到提高资源使用效率的重要性。这也是绿色经济发展的另一个动力。此外，绿色经济学家一直关注基于竞争的经济体系如何加剧全球和国家范围内贫富之间的不平等以及这种不平等产生的紧张和冲突。在这种背景下，过去30年，绿色经济学家一直在提高资源利用效率的基础上制定政策。

政策制定者很乐意在谈论石油或矿产等资源时使用“开采”这个词。然而，对于绿色经济学家来说，对地球资源的开发和对生活在地球上的人类的开发一样是不可接受的。对地球的不尊重导致了气候变化和沙漠化等问题。为了解决这些问题，绿色经济学者建议：需要一种完全不同的态度来满足人类的需要，即尊重生态并与地球保持平衡。

另一个概括了绿色经济学重要内容的短句是“超出了满足人们需求的供求关系”。这句话明确地批评了经济学学科对图表和数学的痴迷，以及它无法预见世界究竟发生了什么。绿色经济学从人类及其关注点开始，而不是从理论或现实的数学结构开始。传统经济学提供一个包含两条代表“供给”和“需求”的直线的图表，然后将其应用于商品生产和交换所涉及的复杂关系。绿色经济学要求对人类，以及人类的关系、行为和动机有更丰富和深入的理解。绿色经济学关心的“需求”不仅是身体上的需求，还是心理和精神上的需求。

绿色经济学将关注的范围扩展到人类物种之外，考虑地球的整个系统及其复杂的生态系统和多样的物种。生态学告诉人类，作为地球上的物种，我们处在一个相互联系的生命网络中。绿色经济学从生态学中吸取的一个教训是：不考虑生态系统的其余部分，我们就无法取悦自己；另一个教训是：适应我们所处的环境，而不是强迫环境适应我们。因为我们的过度消费，迫使地球作为一个整体接受一个不可能的高负担，这使得生态学上产生的教训越来越多。绿色经济学提出的解决方案是生物区域主义。在1999年由土地为人民组织的一次会议上，绿色经济学的支持者——苏格兰议员 Robin Harper 说：“我们需要朝着生态发展的方向前进：经济应该被视为生态系统的一个子系统，而不是朝相反的方向发展。”

图1-1说明了绿色经济学如何将传统的经济嵌入社会结构体系中，而传统的经济仅仅是经济活动的一小部分。对于主流经济学家来说，图中唯一重要的部分就是他们称之为“循环流动”的“传统经济”，往往忽视了家庭和企业之间发生这种交流的社会和环境情景。但实际上，这些交易是嵌入在社会关系中的，而这些交易又被封闭在地球上，地球本身就是一个封闭的系统。当我们无法认识到这些复杂的相互作用时，事情就偏离了轨道。图1-1还说明了在资本主义经济中分配报酬所固有的不公正性，这种不公正性只重视货币经济中交换的商品。

绿色经济学家对激进的美国环保主义者 Edward Abbey 的观点表示赞同，他认为“为了增长而增长是癌细胞的意识形态”。人们过分强调生活水平，通常用纯物质的方式来衡

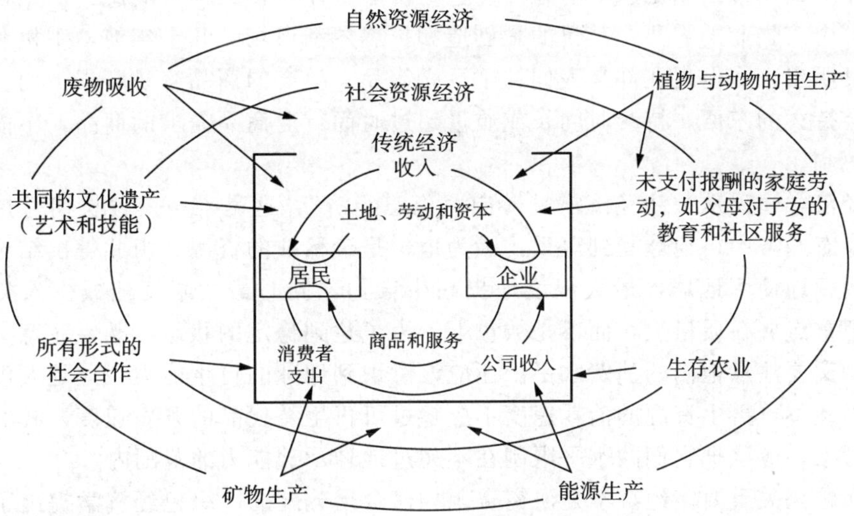

图 1－1　加深对经济学的思考，超越古典经济学家的“循环流动”

来源：F. Hutchinson，M. Mellor and W. Olsen (2002) The Politics of Money：Towards Sustainability and Economic Democracy，London：Pluto.

量，而对生活质量的重视不够。对于绿色经济学家来说，增长是主要问题，不仅因为它通常是以牺牲环境为代价，还因为它实际上正在降低我们的生活质量。我们所期待的 21 世纪的生活方式已经导致了物种的大规模灭绝，气候变化实际上正威胁着人类的未来，Richard Douthwaite 在《增长的幻觉》中就提出了这个问题。表 1－1 列出了他给出的一些例子，其中包括经济增长降低了我们生活质量的实例。

表 1－1　经济增长对生活质量的负面影响

指标	对生活质量的负面影响
技术	工作技能降低，工资水平下降，压力增加
健康	污染和不平等导致身体和精神上的疾病
犯罪	增长导致嫉妒和更高的犯罪率
社区	变本加厉的工作模式破坏人际关系
不平等	增长带来的财富分配不均

来源：Douthwaite (1992)。

传统经济学几乎只关注数量，而绿色经济学更关注人类的生活质量。经济活动的主要动力是增长，但仅仅是以非常狭窄的经济活动来衡量的。Herman Daly 就模仿这种衡量成功的方法，举例说，如果美国所有的原始森林都被砍伐，变成赌博筹码，这将成为传统经济的改善措施。

以不在乎质量为代价地对数量的狭隘关注使我们陷入能够积累越来越多的东西，但这些东西不能给我们带来满足感的境地。绿色经济学批评这样的消费概念：欲望被创造和操纵，成为一个广告业的需要，其目的是创造和扩展盈利市场。几十年前，手机和笔记本电脑还没有发明出来，但现在都是我们的生活必需品。生产的商品容易磨损，而流行的往往是一些不会持久的东西。持续时间长或质量超过时尚行业商品需求的商品，不能以股市要求的速度盈利。

绿色经济学建议从关注经济增长转向“稳态经济”，这是唯一一种长期可持续的经济类型。在稳态经济中，地球受到尊重，因为地球是最稀缺的资源。由此得出结论：人类应该尽可能明智地使用地球，最大限度地提高生产力，同时最大限度地减少人类对它的使用。应该把重点放在质量上，而不是数量上。为了达到稳定的状态，既要注意共享地球资源的人数，又要注意他们的消费水平。还应该意识到地球的再生能力，这是人类唯一的基本资源，因此不可再生资源的消耗速度不应超过可再生替代品的开发速度，我们的废物输出，包括污染，应该把它们的水平限制在不超过地球承载能力的范围内。

资源问题至关重要。经济学是研究资源如何合理分配的。绿色经济学提出了对资源利用态度的整体转变，这一转变可以被描述为从牛仔的角度到太空人的角度。牛仔认为他的世界是无限的，生活在一个没有边界的环境中，那里有无限的资源来满足他的需要，有广阔的空间来吸收他的废物；太空人的态度截然不同，他知道他的资源实际上非常有限。

绿色经济学家建议，我们应该从牛仔的态度向太空人的态度迈进。没有什么比商业世界更需要这样做了，在商业世界里，“持枪歹徒”仍然觉得拥有至高无上的统治，但是把地球视为我们唯一可用的宇宙飞船将是我们作为一个物种生存的更好保证：如果一个商人看到公司正在迅速消耗资本，他不会认为已经解决了生产问题并取得了生存能力。那么，当涉及一家非常大的公司，即宇宙飞船地球的经济，特别是其富裕乘客的经济时，怎么能忽视这一重要事实呢？(Schumacher，1973)

1.1.2 中国绿色发展理念的脉络梳理

1. 中国绿色发展理念的孕育与形成

联合国环境与发展大会结束后，我国也开始探索制定自己的可持续发展战略。1994年3月，中国政府正式发布了《中国21世纪议程——中国21世纪人口、环境与发展白皮书》，该书对可持续发展战略、社会可持续发展、经济可持续发展、资源的合理利用与环境保护等四大问题进行了系统论述，构筑了一个长期性、渐进式、综合性的可持续发展战略框架和相应对策，标志着中国可持续发展战略的确立。

进入21世纪之后，历年的“五年计划（规划）”都进一步强调了经济、社会、资源、环境之间的协调和可持续性。2003年10月，党的十六届三中全会明确提出“科学发展观”，强调“……树立全面、协调、可持续的发展观，促进经济社会和人的全面发展”。2005年12月，国务院《关于落实科学发展观加强环境保护的决定》指出，加强环境保护是全面建设小康社会的内在要求，迈开了以科学发展观指导环保工作的第一步。在2006年4月召开的第六次环境保护大会上，中国政府明确提出“必须把保护环境摆在更加重要的位置”，并提出在新形势下做好环保工作的“三个转变”，标志着中国发展与环境的关系正在发生方向性、战略性、历史性的转变，环保理念上升到前所未有的高度。

随着世界进入以低碳经济为重心的绿色工业革命新阶段，绿色发展已成为人类发展的共同主题。党的十七大以来，我国绿色现代化进程稳步推进。2011 年，我国正式发布了第一本以低碳发展为主题的研究报告——《中国低碳经济发展报告》，该报告提出了“中国绿色现代化和减排路线图（2006—2050）”。将绿色现代化战略分为三个阶段，即减缓二氧化碳排放、适应气候变化（2006—2020 年）；二氧化碳排放实现大幅下降（2020—2030 年）；二氧化碳排放与世界同步，基本实现绿色现代化（2030—2050 年）。这为实现绿色现代化明确了阶段性目标。

2. 中国生态文明与绿色发展时代脉络

2008 年联合国规划署启动了“全球绿色新政”计划，为国际环境经济政策提供了框架。世界主要经济体纷纷制定绿色新政措施，在全球范围内掀起了绿色潮流。中国也通过一系列法律、法规、政策、措施的发布和实施，推动绿色发展理念不断深入人心。

2012 年 11 月，党的十八大报告首次对“生态文明”设单篇论述，将生态文明建设纳入中国特色社会主义事业“五位一体”总体布局。十八大审议通过的《中国共产党章程（修正案）》，首次将“中国共产党领导人民建设社会主义生态文明”写入党章并做出阐述，从而更加明确了生态文明建设的战略地位。2013 年 11 月，党的十八届三中全会进一步明确提出，建设生态文明，必须建立系统完整的生态文明制度体系。2014 年 10 月，党的十八届四中全会研究部署全面推进依法治国，为生态文明建设提供了法治基石。2015 年，国务院发布的《关于加快推进生态文明建设的意见》，首次明确把绿色化纳入现代化推进战略中，将其作为现代化建设的重要取向。2015 年 10 月，党的十八届五中全会提出“创新、协调、绿色、开放、共享”五大发展理念，“绿色发展”正式成为党和国家的执政理念，成为“十三五”乃至更长时间经济社会发展的基本理念。同年，“史上最严”新环保法的实施成为打击环境违法者的有力武器，彰显了我国政府向污染宣战的决心。2016 年 3 月 16 日，十二届全国人大四次会议通过了《中华人民共和国国民经济和社会发展第十三个五年规划纲要》，“绿色发展”成为贯穿纲要通篇的主基调，体现在“十三五”时期经济社会发展的各领域、各环节中。

3. 中国经济绿色发展存在的问题

虽然我国自 20 世纪 90 年代起就通过战略定位和宏观政策引导经济绿色发展，取得了一系列突出的成就，但是仍然存在一些亟待解决的问题。根据《绿色之路——中国经济绿色发展报告（2018）》，中国经济绿色发展尚存在如下问题：

第一，绿色发展不平衡问题十分突出。东部沿海地区绿色发展优势明显，自东南沿海向西北逐渐递减。发展较好的地区主要分布在沿海区域，而北方内陆地区则表现较差。

第二，绿色发展不充分。从全国整体上看，绿色发展水平不高，我国经济并未从根本上减轻对资源和环境的依赖。

专栏一：我国能源消费状况

根据《中国能源发展报告 2018》的相关论述，我国能源生产和消费显示出“富煤、缺油、少气”和“新型能源短缺”的特点。

一是目前煤炭比重偏高，煤炭仍然处于主导地位。与全球一次能源消费结构对比来看，2016 年我国煤炭消费量占比仍高达 62%，较全球平均水平高出 34 个百分点，石油、天然气、非化石能源占比均不及全球平均水平。此外，我国并非油气资源大国，石油对外依存度约为 65%，天然气对外依存度或在 2020 年达到 46%。如果考虑长期能源安全，加速向非化石能源转型才是必由之路（图 1－2）。

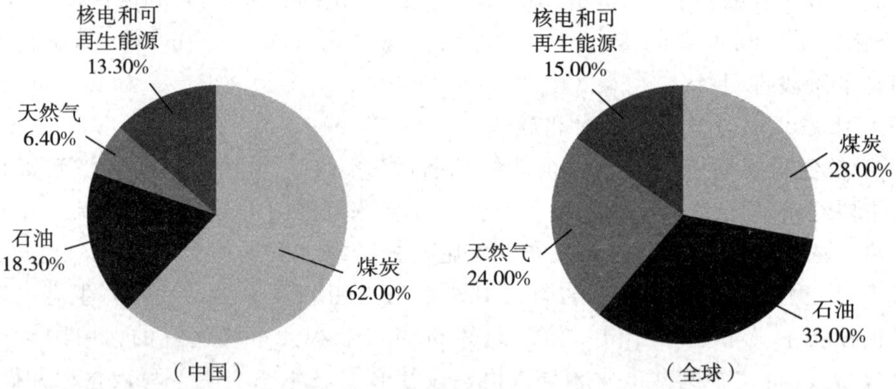

图 1－2　2016 年中国一次能源消费结构及其全球比较

二是能源消费强度偏高。从世界范围来看，我国能耗强度与世界平均水平及发达国家相比仍然偏高，且一次能源消费对于煤炭的依赖性较大，有一定的改善空间（图 1－3）。

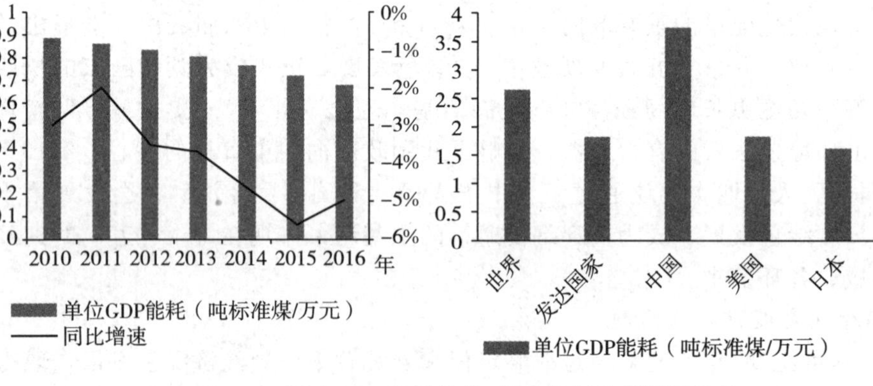

图 1－3　我国单位 GDP 能耗及其国际比较

第三，经济发展与可持续性之间的不协调现象突出，金山银山和绿水青山之间的冲突依然存在。产业结构转型是改善经济发展与可持续性不协调关系的重要手段。从我国的经济结构上看，第二产业依然是我国经济发展的命脉。其支柱行业主要包括造船、化工、钢铁、冶金等重工业。虽然第三产业近年来在我国社会发展中所占的比重持续上升，但与发达国家相比，我国第三产业的产值还相对较低、差距较大。因此，我国必须要优化产业结构，大力发展高新技术产业，实现第三产业不断升级。

专栏二：我国生态环境质量总体研判

（1）大气环境质量

我国二氧化硫（SO_2）、二氧化氮（NO_2）、细颗粒物（PM2.5）等常规大气环境质量监测指标正在逐步改善。但由于长期以来缺乏有效的控制措施，挥发性有机污染物（VOCs）污染未见明显改善，臭氧（O_3）污染仍在加剧。

（2）水环境质量

我国化学需氧量（COD）和氨氮（NH_3-N）等常规环境污染物排放量已进入持续下降的通道，伴随的是全国河流断面水质优于Ⅲ类的断面百分比呈现稳步增长的态势。但湖泊与湿地水环境质量受换水周期长以及底泥、湖泊沿岸历史累积的污染物影响，尚未出现持续、明显的改善趋势。将一些当前未监测、未管理的新型污染物，如持久性有机污染物、抗生素、微塑料、内分泌干扰物等考虑在内，未来一段时间内，我国水环境质量将进一步恶化。

（3）土壤环境质量

根据2014年全国土壤污染调查资料，我国土壤环境状况总体不容乐观，耕地土壤环境质量堪忧，工矿业废弃地土壤环境问题突出。随着经济社会的快速发展，重金属、酞酸酯、抗生素、放射性核素、病原菌等各类污染物仍以多形态、多方式、多途径进入土壤环境，使我国土壤污染面积在扩大、程度在提高、危害在加剧，土壤环境问题呈现多样性和复合性的特点，风险管控难度进一步加大。同时，气候变暖可能使一些被土壤吸附的污染物由固定态转变为游离态被释放出来，加剧土壤环境风险。

（4）农村环境质量

随着农村经济的发展，农村人均垃圾产生量及垃圾成分日趋接近城市水平。与此同时，随着农村种养业的快速发展，人畜禽粪便和农作物秸秆产生量剧增。农村环境面临点源与面源、生活和生产、外源性和内生性污染共存的局面。

（5）近海环境质量

近年来，我国以常规环境监测指标衡量的近海水环境质量基本保持稳定，总体良好。但陆源排污引起的近岸局部海域，特别是河口、海湾区域水环境污染问题依然严重。随着陆源排污量的减少，这些常规污染将减缓。但由于缺乏有效的控制措施，一些新型污染物，如有机氯农药、多氯联苯、抗生素等将加剧污染。

（6）陆域生态质量

全国生态环境十年变化遥感调查评估显示，2000—2010年全国陆域生态质量总体好转，服务功能明显提升。随着国土空间开发格局和产业结构的优化以及生态保护与生态恢复工程的实施，我国陆地生态质量将进一步提高。但考虑到当前我国生态质量底子差、生态问题依然突出，生态质量改善需遵循自然规律，难以在短期内实现质的飞跃。

（7）湿地生态质量

几十年来，各地大规模的沿江、沿湖、沿岸开发，给湿地生态系统带来了巨大压力，我国自然湿地持续减少，人工湿地持续增加；湿地生物多样性持续下降，环境污染严重，河流断流、湿地干枯、周边地区洪涝灾害频发。虽然近年来我国已加强了湿地的保护和恢复，但经济社会发展对湿地的威胁在短期内难以缓解，气候变化也通过影响湿地的水温、土温和水文节律，给湿地生态系统带来潜在的负面影响，而且湿地的自我修复也需要经历较长的周期。未来一段时间，我国湿地生态质量仍存在进一步恶化的风险。

(8) 近海生态质量

长期以来，受填海、陆源污染物排放、过度捕捞、外来物种入侵和气候变化等因素的影响，我国近海生态质量持续恶化，人工岸线无序增长，自然岸线不断减少，滨海湿地大幅萎缩，珊瑚礁、红树林及河口区等重要资源生物的生存环境大面积丧失，生态系统健康受损严重。未来一段时间，我国近海生态质量仍将受高强度的人类活动和气候变化的长期影响，短期内难以扭转持续恶化的趋势。

第四，空间集聚的负外部性不容忽视。经济活动的空间集聚使得局部的资源环境负荷加大，例如经济先导区已经出现可持续发展受损问题。低位开发区空间集聚的负外部性更加突出，提前进入可持续性下降通道。

第五，南方城市群缓解空间集聚与可持续性之间的冲突的努力正在起到作用，但北方城市群尚未见效。主要原因是北方城市群在经济密度提高的同时未能有效控制污染水平，表现为绿色发展能力不足。

第六，从绿水青山和金山银山的关系来看，只有四个省份已经走在两者统一的道路上。大部分省份仍处在经济增长和资源环境负脱钩发展阶段，绿色发展问题依然十分突出。

4. 中国绿色发展政策的演变

根据相关研究，我国的绿色经济政策大致可分为三个阶段：重发展轻环保阶段(1978—1999 年)、绿色经济政策萌芽阶段 (2000—2011 年)、绿色经济政策初步发展阶段(2012 年至今)，见表 1-2 所列。

表 1-2 中国主要绿色发展政策梳理

阶段	时期	主要环境问题	主要政策措施	特征	存在问题
重发展轻环保阶段	1978—1999 年	以煤炭为主的化石能源消费量增长迅速，大气污染日益加重，治污防污是重点	1973 年《关于保护和改善环境的若干规定》中提出“三同时”等制度，是我国第一部真正意义上的环境保护文件； 1974 年成立国务院环境保护领导小组，标志着国家级的环境保护行政组织机构的诞生； 1979 年《中华人民共和国环境保护法（试行)》，并于 1989 年正式颁布； 1982 年成立城乡建设环保部，下设环保局； 1983 年全国第二次环境保护会议将“环境保护”确立为基本国策； 1985 年开始排污许可证制度交易试点； 1989 年第三次全国环境保护会议将排污许可证制度正式确立为我国环境管理八项基本制度之一，并在全国范围内试行； 1992 年引入可持续发展理念；	立法先行，执法相对落后；以政府直接管制为主，市场化政策处于探索阶段；谁污染谁治理；污染物排放标准控制，强调污染的末端治理	行政命令的执行方式缺乏激励机制，造成污染的持续恶化；执法落后，削弱了政策效果；监管不到位，寻租俘获严重；社会主体参与积极性不高；局部治理，缺乏对工业生产全过程或全领域的思考，治标不治本

（续表）

阶段	时期	主要环境问题	主要政策措施	特征	存在问题
重发展轻环保阶段	1978—1999 年	以煤炭为主的化石能源消费量增长迅速，大气污染日益加重，治污防污是重点	《国民经济与社会发展“九五”计划和 2010 年远景目标纲要》将可持续发展战略列为国家基本战略； 《中华人民共和国大气污染防治法》规定将全国划分为酸雨控制区和二氧化硫污染控制区（两控区）； 1998 年国务院正式批准《酸雨控制区和 SO_2 污染控制区划分方案》，SO_2 排污费等一系列政策措施相继出台	立法先行，执法相对落后；以政府直接管制为主，市场化政策处于探索阶段；谁污染谁治理；污染物排放标准控制，强调污染的末端治理	行政命令的执行方式缺乏激励机制，造成污染的持续恶化；执法落后，削弱了政策效果；监管不到位，寻租俘获严重；社会主体参与积极性不高；局部治理，缺乏对工业生产全过程或全领域的思考，治标不治本
绿色产业政策萌芽阶段	2000—2011 年	推动以资源要素驱动的经济发展方式转变，节能减排是工作重心	2002 年党的十六大报告倡导新型工业化道路，提出科学发展观，强调以人为本； 2003 年《中华人民共和国环境影响评价法》《中华人民共和国清洁生产促进法》开启了工业生产全过程治理模式； 2005 年国务院发布《促进产业结构调整暂行规定》以及《关于落实科学发展观加强环境保护的决定》：强调通过产业结构调整促进环境保护优先地位的确立； 2005 年《中华人民共和国可再生能源法》：推动可再生能源开发利用，制定可再生能源开发利用总量目标，建立和发展可再生能源市场； 2006 年《环境影响评价公众参与暂行办法》：公众参与被以部门规章的形式引入到环境评价治理体系中； 2006 年“十一五”规划明确了构建“资源节约型、环境友好型社会”中长期战略，首次提出能耗约束性目标； 2007 年《中华人民共和国节约能源法》明确实行节能目标责任制和节能考核评价制度； 2008 年国家环境保护总局升格为环境保护部，成为国务院组成部门之一；	排放总量控制、单位能耗目标责任和考核制度；由事后治理转向事前监督，工业生产全过程控制模式；市场化政策和自愿协商型政策对环保作用效果明显	总量控制、任务分解、行政问责、督查暗访的具体形式不利于调动市场创新活力；经济和环境的发展依然相互矛盾

（续表）

阶段	时期	主要环境问题	主要政策措施	特征	存在问题
绿色产业政策萌芽阶段	2000—2011年	推动以资源要素驱动的经济发展方式转变，节能减排是工作重心	2011年“十二五”规划明确提出大力培育和发展以节能环保、生物、新能源、新能源汽车、新材料、高端装备制造、新一代信息技术等七大产业为核心的战略性新兴产业； 2011年《万家企业节能低碳行动实施方案》：强化责任考核与奖惩机制，万家企业需在“十二五”期间实现能源节约2.5亿吨标准煤	排放总量控制、单位能耗目标责任和考核制度；由事后治理转向事前监督；工业生产全过程控制模式；市场化政策和自愿协商型政策对环保作用明显	总量控制、任务分解、行政问责、督查暗访的具体形式不利于调动市场创新活力；经济和环境的发展依然相互矛盾
绿色产业政策初步发展阶段	2012年至今	如何实现经济、社会及环境的协调发展，推进生态文明建设	2012年党的十八大报告首次将“绿色发展、循环发展、低碳发展”作为生态文明建设的着力点，这成为绿色转型的开端； 2012年《重点区域大气污染防治“十二五”规划》：我国第一部综合性大气污染防治规划； 2013年《大气污染防治行动计划》； 2015年《生态文明体制改革总体方案》：建立以绿色生态为导向的绿色金融体系、农业补贴制度、统一的绿色产品体系； 2015年《环境保护督查方案》：以中央环保督察组的形式，强化中央对地方政府部门的环保督查工作，环保督查的工作重点由“督企”转向“督政”，严格责任追究； 2016年环保监测监察执法垂直管理制度：将地方的环境行政职能与监测监督职能相分离，强化中央政府对地方环保事务的掌控； 2016年“十三五”规划将绿色发展列为全面建成小康社会的五大发展理念之一； 2016年中国人民银行等七部委联合印发《关于构建绿色金融体系的指导意见》：大力发展绿色金融产品，丰富绿色金融工具，推动绿色金融的国际合作； 2016年《工业绿色发展规划（2016—2020年）》提出推动能源利用效率和资源利用水平的显著提升，加快推进工业绿色发展，培育绿色制造产业，增加绿色产品和服务有效供给； 2017年中共十九大提出要推进绿色发展，建立绿色生产和消费的法律制度和政策导向； 2018年生态环境部成立，将环境保护部和各个部门分散的环保职权整合起来，增强了环保监管职能	绿色发展理念逐步明晰；执行机构权力集中化趋势明显，执法力度明显加大；可问责性提高；治理透明度、社会主体参与度提高	绿色发展的实现路径尚不明确，需要构建明确的理论框架和实施体系；权力集中面临协调困难问题；政策实施的监督和效果评估问题

5. 中国绿色发展的具体措施

中国现阶段绿色政策的目的是降低污染水平并促进可再生能源利用，以最小的经济成本实现经济和社会效益最大化。在实践中，中国运用较多的政策工具可以被划分为命令-控制型政策工具、市场化政策工具和自愿协商型政策工具三大类（表 1-3）。

表 1-3　中国绿色产业政策工具及问题分析

工具类型	分类	具体形式	存在问题	成本
命令-控制型	立法管制	《中华人民共和国可再生能源法》《中华人民共和国环境保护法》《中华人民共和国海洋环境保护法》《中华人民共和国水土保持法》等	环境保护法律众多，但较为含糊，且下位法跟进不到位，落实缓慢	执行成本很高
	环境标准	各种环境质量标准体系：水、气、声、土壤等。各种排放标准：出厂标准、污水排入下水道标准、噪声标准等。各类技术标准：清洁生产标准等	常规污染物有相应的标准，但是一些非常规和新型污染物往往缺乏明确标准；清洁生产标准还远未覆盖到全部行业	
	节能减排政策	万家企业节能低碳行动实施方案、节能目标责任制和节能考核评价制度、重点用能单位“百千万”行动方案、大气污染防治行动计划、重点区域大气污染防治“十二五”规划	总量控制、目标分解、责任落实的具体实施方案容易引发资源错配，也不利于调动企业环保积极性	
市场化工具	环境税费	环境税、资源税、碳税、排污收费制度及押金返还制度	税费体系不健全、征收力度小	执行成本较高
	排污权交易	限额交易、信用体系	进展缓慢，体系不健全；碳排放交易体系与节能等政策存在重叠和交叉现象	
	财税政策	生产者补贴、消费者补贴、投资补贴及税收优惠	针对绿色技术创新的市场培育补贴和优惠力度不足；补贴的评估体系不健全	
	绿色金融	环境信用评价、绿色金融基础设施、绿色金融工具（绿色债券、绿色项目担保等）	国际定义的统一性、资金供需双方的信息不对称、环境风险分析及应用能力建设等问题	
自愿协商型	信息手段、自愿达成的协议及公众参与		约束力度小，效果不确定	执行成本较低

命令-控制型政策工具包括法律、规章和标准等，其管制范围涵盖了工业、建筑、交通和可再生能源等诸多领域，主要以强制性的行政命令规定社会参与主体的行为方式与行

为边界，其典型特征是被规制者在目标设定和技术选择上无自主决定权，具体形式以管制与标准政策为主。市场化政策工具则并未明确规定社会参与主体的行为标准，而是通过对其行为方式的刺激来达到控制污染的目的，这一政策工具主要包括财政补贴、税收优惠、上网电价补贴及排污交易系统等。自愿协商型政策工具则以企业环境行为的自我约束为主导，这种形式的政策不具有法律约束力，但能体现企业的社会责任履行情况。正因为如此，信息公开及舆论监督在其中便发挥了重要作用。

早期，中国主要运用命令-控制型政策工具，在市场化改革的影响下，市场化政策工具的运用逐渐变得广泛。相比以上两种政策，自愿协商型政策工具的运用并不多，通常只是作为一种补充政策而存在。当然，实践中政策工具的运用并非只是在三种政策之间进行简单取舍，往往需要依据环境问题本身的特点及社会条件来选择合适的政策组合。

（1）命令-控制型政策

1979 年，我国制定了第一部环保法律《中华人民共和国环境保护法（试行）》，随后又相继制定了包括《中华人民共和国海洋环境保护法》和《中华人民共和国水土保持法》在内的多部以环境保护为核心的法律。1997 年，《中华人民共和国节约能源法》颁布。2000 年以来，我国又相继通过了《中华人民共和国大气污染防治法》《中华人民共和国可再生能源法》及《中华人民共和国环境影响评价法》等一系列与环境保护相关的法律法规。在立法过程中，一些地区也依据本地实际情况制定更高标准的管理制度和相应的行政处罚制度。目前，我国已初步形成了相对完备的环境和资源保护法律体系。

然而，单凭规制排污者的行为是不够的，还必须对执法者的执法体系进行改革。在很长的一段时期内，我国企业在与地方环保机构的排污博弈中拥有很强的谈判能力，导致了执法落后于立法的尴尬局面。鉴于此，我国对环境保护相关的组织机制也进行了持续调整。从 1982 年国务院成立城乡建设环保部（下设环保局），到 2008 年国家环保总局正式被确立为国家环保部（成为国务院的直属机构之一），再到 2018 年生态环境部批准成立（将各个部门分散的环保权力整合起来）。在这一系列改革中，环保部门在政策制定、监测预警和执法评估等方面的权限不断增强，相应地，地方管理部门的环保责任也在增大，这对于带动地方转变发展理念意义重大。

同时，各类环境标准和节能减排政策不断完善。特别是自 2005 年以后，我国“十一五”规划中明确提出节能减排的硬约束目标，之后在修订通过的《节约能源法》中设置了节能目标责任制和节能考核评价制度，将节能目标完成情况与地方领导责任考核相挂钩。例如，2005 年开始实施的“千家企业行动方案”中，筛选了钢铁、有色、煤炭、电力、石油石化、化工、建材、纺织、造纸等 9 个重点耗能行业规模以上独立核算企业 1008 家（年企业综合能源消费量达到 18 万吨标准煤以上），为其量身定制节能目标。各省级政府将节能减排目标、责任落实与干部考核在本省内部层层分解下达，最后由企业所在地市政府来督导企业完成节能减排目标，取得了显著成效。针对各类环境污染，国务院陆续发布《大气污染防治行动计划》（2013 年）、《水污染防治行动计划》（2015 年）、《土壤污染防治行动计划》（2016 年），并且通过制定更加严格的行业排放标准，用法律和标准“倒逼”产业升级和节能减排。

这些政策的实施为我国绿色经济的发展起到了重要的推动作用，但这种政策体系带有明显的命令管制性色彩，主要通过形成所谓的“倒逼机制”来发展绿色经济，而在垄断行业结构、资源产品定价机制、财税分配体系和行政考核体系等方面的深层次改革却相对迟缓。

(2) 市场化政策

环境税费体系。建立完善的税费管理体系是实现资源节约和环境保护的重要制度基础。长期以来，我国针对消费环节的税收政策体系建设相对滞后。在资源税、能源税、排污税和碳排放税四种主要税收中，我国现行与之相近的税费体系主要包括资源税、燃油税和排污费等，但由于税费征收力度小，不足以弥补资源耗减成本及污染治理成本。税收体系的滞后大大削弱了市场引导资源配置的有效性。

碳排放交易体系。碳排放交易体系可以在政府管控范围内，有效发挥市场自愿减排的积极性，实现节能减排目标。2011年，国家发展和改革委员会颁布了《关于开展碳排放权交易试点工作的通知》，在北京等七个省（市、自治区）率先开展碳排放交易试点工作，同时规定企业可以通过国家核准的减排项目在碳交易市场上进行自愿碳交易。在交易形式上，我国的碳交易市场存在一级、二级市场交易。其中，一级市场为政府提供碳配额给控排企业和单位，控排企业和单位在配额上若产生结余或者不足，可通过二级市场进行交易。这要求首先确定可以交易的碳排放总量以及分配给有关企业和单位的份额。总量的确定主要是通过“自下而上”对重点行业、企业进行数据搜集，把握行业、企业实际的二氧化碳排放量，进而对覆盖的行业和范围进行界定，从而确定碳交易市场的“配额总量”。配额的确定包括无偿分配、有偿分配以及两者的混合三种形式。无偿分配是现阶段碳配额交易过程中广泛使用的一种分配方法，具有可操作性和可接受性，目前我国主要采取这种分配方式。有偿分配在我国仍处于起步阶段，主要包括配额的定价销售以及拍卖。直到2017年，碳排放交易体系在全国范围内才正式启动实施。从当前实践来看，我国碳排放交易市场进展比较缓慢，虽然取得了一些成绩，但很多地区还未建立起完善的碳排放交易体系，市场机制尚未完全发挥作用。

财税政策。财政补贴在推动技术创新及节能减排方面发挥着重要作用，主要分为生产者补贴、消费者补贴及投资补贴三类。在中国，生产者补贴和投资补贴的具体形式包括绿色技术研发补贴、绿色能源或产品产能投资补贴、可再生能源研发或生产优惠贷款和节能环保工程奖励等。消费补贴则是政府为扩大节能环保及新能源产品市场需求而采用的一种补贴方式，如新能源汽车购置补贴、太阳能和风能上网电价补贴、节能减排设备购置与使用补贴、政府采购等就属于消费补贴的具体形式。税收优惠也是政府常用的一种减轻企业负担的补贴方式。当前，我国针对环保产业和新能源产业的税收优惠名目繁多，且扶持力度较大，但扶持的侧重点在于生产和销售环节，针对研发和测试阶段的优惠略显不足。现阶段，节能环保、新能源和新能源汽车等战略性新兴产业的产能投资是财税政策支持的重点。然而，当前实施的“普惠式”补贴往往带来过度投资、对补贴的严重依赖以及骗补等问题。据有关部门统计，2017年，我国新能源汽车全年产销量分别达到79.4万辆和77.7万辆，已连续3年排名全球第一。但是，迅速增大的市场规模背后是该行业对补贴的严重依赖以及潜在的产能过剩。

绿色金融。绿色金融由G20绿色金融工作组在2016年发布的《G20绿色金融综合报告》中提出，是指能产生环境效益以支持可持续发展的投融资活动。近年来，绿色金融在全球发展迅速，各种绿色金融产品和工具相继涌现并迅速发展。在全球化背景下，我国也大力倡导绿色金融发展。2015 年颁布的《生态文明体制改革总体方案》及 2016 年发布的“十三五”规划都明确提出了“构建绿色金融体系”的宏伟目标。随后，《关于构建绿色金融体系的指导意见》发布，内容涵盖银行、排放交易、财政税收和信息披露等，这成为各级政府部门和金融机构开展工作的指导原则。

这些政策规划从顶层设计方面为推动我国绿色金融体系建设奠定了基础。在实践中，绿色金融建设较为灵活且形式多样。环境信用评价、绿色金融基础设施、绿色金融工具、绿色财税体系、风险分析和社会保障等政策措施逐渐被引入环境治理体系中。依据企业环境信用评价等级对企业实行差别化电价、排污收费、借贷金额和财税优惠等政策，建立起全方位的守信则激励、失信则惩戒的管理体系，从而倒逼企业转变生产方式。值得一提的是，绿色金融建设尚处于探索阶段，有关其国际定义的统一性、资金供需双方的信息不对称和环境风险分析及应用能力建设等问题应当引起重视。长期来看，绿色金融还需要夯实若干“基础设施”，包括执法力度、信息披露、环境成本核算、环境信用评级等。

(3) 自愿协商型政策

自愿协商型政策主要是指政府通过信息舆论、协商规劝、道德说教和公民参与等非强制性手段影响被规制者价值观，从而使其自愿采取环境友好的发展模式，达到环境治理的目的。其实质就是将环境保护观念内化到企业决策行为中。自愿协商型政策成功与否主要取决于企业自身价值观导向及社会责任感，其作用的重要影响因素是信息透明度及公众参与度。正因为如此，政府针对企业信息公开和公众参与也专门制定了一系列法律法规。例如，《中华人民共和国环境保护法（试行）》《中华人民共和国环境影响评价法》中对信息公开和公众参与的具体规定等。在实践中，自愿协商型政策的具体形式主要包括信息手段（环境标志、环境认证、信息公开）、自愿达成的协议（单边协议、谈判协议、公共资源协议等）及公民参与（环境听证、环境宣传教育等）三种类型。从理论上来讲，自愿协商型政策所要求的信息成本和遵守成本应该是最少的。但是，由于治理灵活性较强，其效果的不确定性也相应增强，难以保证实现预期目标。

6. 中国绿色发展的制度特征

从整体上来讲，我国目前虽已形成以命令-控制型政策、市场化政策和自愿协商型政策为核心的环境治理体系，但是仍存在多种问题。

第一，当前市场化政策及自愿协商型政策体系相对落后。尤其是节能减排政策，在实施过程中采用了总量控制、任务分解、行政问责和督查暗访的具体形式，这种严格的控制型举措或许对短期环境治理具有一定效果，但也可能会引发资源错配。以政府的判断和预测制定相应控制措施和控制目标，会忽视被规制者的异质性，不但会造成社会资源的浪费，还会扭曲市场机制，抑制市场创新活力与探索动力。从长远来看，不利于整个技术减排市场的健康发展。

第二，在政策制定过程中，相关标准缺乏协调性，同一政策往往来自多个部门或是分散在多个文件中，针对同一激励主体，往往存在不同维度（供给、需求）、不同环节（研发、制造、销售）和不同类别（财政、金融、税收等）的激励措施，而各种措施之间又缺乏内在逻辑一致性的论证，再加上政策标准变动频繁，导致政策落实阻力大，难以保证有效性。

第三，部分政策制定又较为笼统，可操作性差，缺乏针对具体行业的专项政策。如风电产业是目前可再生能源政策支持的重点，但其定价机制依旧不清晰，质量标准和认证体系等政策规范缺失，导致对投资者吸引不足，市场需求发展缓慢。

第四，从执法体系构建的角度来看，我国现阶段的环境保护权力体系呈现由分散向集权化发展的趋势，但是这种自上而下的垂直管理体系在提高效率的同时，也会面临协调困难的问题。一方面，无论是中央政府和地方政府之间，还是地方政府各部门之间，其利益诉求往往不同，现实中往往较难协调。另一方面，受制于具体环境问题的复杂性及信息获取的高成本性，现有的环境监管机制也很难做到定期检查，监管实施过程中面临诸多挑战。

1.2　西方经济学的基本框架

在介绍绿色发展理念产生的背景和动机之后，本节就西方经济学的基本框架进行概述。

1.2.1　西方经济学概述

西方理论经济学的研究对象，通常被认为是经济资源的配置和利用，原因是人类一切经济活动都是为了满足他们的欲望以及由这些欲望引起的对各种产品和劳务的需求。人的欲望和需求是无穷无尽的，而满足这些需求的经济资源在一定时期内总是有限的，这就是稀缺性。由于资源相对于需求而言的稀缺性，便产生了如何利用稀缺资源去生产“经济物品”（人类必须付出代价才能得到的物品）来更好地满足人类需求的所谓选择问题。选择所要解决的问题包括：a. 生产什么（what）以及多少？b. 如何（how）生产？c. 为谁（for whom）生产？d. 何时（when）生产？

从经济资源具有稀缺性这个事实出发解决人类经济生活的上述四个基本问题，实际上就是要解决资源的合理配置和充分利用问题。资源配置和利用方式就是所谓经济体制问题，迄今为止，人类的经济体制大体上经历了以下类型： 是自给自足经济，即每个家庭或者村落生产他们所需要的大部分物品，经济效率十分低下。二是计划经济，即生产资料归国家所有，政府用行政计划来解决生产什么、生产多少、如何生产以及为谁生产等问题。事实证明，这种经济体制的效率也很低下，由此产生了社会主义国家的经济体制改革问题。三是市场经济，其基本特征是产权明晰，经济决策高度分散，资源配置和利用由市场价格机制解决。事实表明这种机制的效率较高，但市场在配置和利用资源的一些领域和时期也会失灵，需要政府发挥作用，这就有了第四类经济体制即混合经济，其基本特征是经济的私人所有和国家所有相结合、自由竞争和国家干预相结合，目前世界上大多数国家采用这种经济体制。

西方经济学家研究经济问题有一个基本假定，即假定从事经济活动的人，不管是居民、厂商还是政府，都是理性人。虽然他们在经济生活中的作用不同，各具特点，但作为经济主体，都是理智的；既不会感情用事，又不肯轻信盲从，而是精于判断和计算，其基本动力都是追求利益最大化，或者说目标最优化。当然，这并不意味着所有从事经济活动的人的行为都一定能实现最优目标，他们并不总能做到深思熟虑。人们在做出经济决策时，除了考虑经济利益，还会受到社会、政治、文化、道德以及习惯等方面因素的影响或制约。经济理论分析之所以要做这样的假定，无非是因为要在影响人们经济行为的众多复杂因素中，抽出主要的基本因素，在此前提下可得出一些重要的公认的经济原理，主要包括：

第一，人们会对激励做出反应。有效的激励会鼓励人们刻苦研究，努力经营，积极工作。

第二，世上没有免费的午餐。人们要从事任何取得收益的经济活动，都必须付出代价，因此做事都要比较成本和收益，力求以最小的成本获取最大的收益。

第三，以较小的代价获取较大的利益，必然导致分工。专业化分工可提高经济活动的效率，但分工离不开交易，交易总是互利的，否则无法得到分工的利益。

第四，市场是联系与组织人类分工和交易的纽带，不仅会为经济活动提供信息和协调，还能使经济活动主体在竞争中得到激励和活力。

第五，制度是人们从事有序的市场经济活动不可或缺的行为规则，符合理性人假定要求的制度，能有效规范人们的经济行为，减少交易中的摩擦和成本，减少不确定性，增强活动的预见性。

第六，市场经济的健康发展离不开政府的合理定位和适度干预。产权的保护、经济制度的制定与监督执行以及社会任务发展计划的谋划、制订和执行等都需要政府起作用。

1.2.2 微观经济学的脉络梳理

微观经济学以对经济个体的行为分析为基础，研究现代西方经济社会市场机制的运行和对经济资源的配置作用以及相关的改善途径。

1. 稀缺性与选择

人类在经济活动中都面临一个基本的事实，那就是资源的稀缺性。稀缺性是指一个经济社会拥有的资源是有限的，因此不能生产人们希望拥有的所有产品和劳务。稀缺性，一方面源于自然禀赋、要素投入、技术水平及其所决定的生产出来的产品和劳务的数量是有限的；另一方面源于人类对自身欲望的追求是无限的。无论是对社会来说，还是对经济个体来说，都存在资源稀缺性的问题。比如，受收入和时间的限制，我们每个人都不可能得到希望消费的每一件物品，也不可能参与所有希望参加的活动。

任何欲望的实现，都离不开对经济资源的耗费。由于资源的稀缺性，经济个体都必然会面临选择以及如何选择的问题。比如，某企业家拥有一笔资金，他既可以将这笔资金全部投资于A项目，又可以将其全部投资于B项目，而资金的有限性使得他只能从中选择一个投资项目而放弃另一个投资项目。再比如，某人很想外出旅游一段日子，但他必须放弃那段时间的工作与相应的收入，即他需要在外出旅游享受快乐与继续工作获取收入之间做出选择，因为对于任何人来说时间都是稀缺的。

2. 理性选择与权衡取舍

我们知道，西方经济学中有一个基本的假设条件，即“合乎理性的人”的假设条件，亦被简称为“理性人”或“经济人”的假设条件。西方经济学家认为，这个假设条件是对从事经济活动的所有人的基本特征的一般抽象，这个被抽象出来的“理性人”的基本特征是指：每一个从事经济活动的人都是利己的。也可以说，每一个从事经济活动的人所采取的行为都是力图以自己最小的经济代价去获取最大的经济利益。

据此，当资源稀缺性使得每个人都必须在各种可能的生产或消费活动中做出取舍时，每个人的选择行为便都是理性的。个人的理性选择是指经济个体总是选择能够给自己带来最大经济利益的经济活动。要做到这一点，经济个体就需要对其可能从事的各种经济活动进行成本-收益比较，以权衡取舍。企业家就需要通过对A、B两个项目进行成本-收益比较分析，从中选择一个能够给自己带来最大利润的项目。对于那位计划旅游的消费者来说，就需要对旅游所需付出的成本（包括因旅游而失去的工资收入）与旅游所能获得的快乐进行比较，以决定自己是否去旅游或者选择旅游的最佳天数，从而使自己能够获得最大的效用。

经济学家指出，在经济个体进行成本-收益分析时，应该从机会成本的角度来计算成本。因为资源的稀缺性使得任何一种产品的生产总是以放弃其他产品的生产作为代价的，这种放弃或代价就是机会成本，机会成本是以放弃在其他各种可能的产品生产中所获得的最高收入来衡量的。以机会成本来考量成本，是经济个体实现自身利益最大化的基础。

经济学家还指出了边际分析在成本-收益分析中的重要性。“边际”可以理解成“边界”或“边缘”的意思，边际分析意味着经济个体总是通过对选择变量（如产量、消费量）的“边界”即“边际”意义上的调整，来实现最大的经济利益。比如，理性的厂商不是简单地调整总成本和总收益，而是通过对边际成本与边际收益的比较，来对每一单位的新增产量进行权衡取舍，从而实现最大的利润。

3. 市场经济：个人利益与社会利益

在市场经济中，每个人的理性选择都只追逐他自己的最大利益，并在买卖交易活动中实现各自的最大利益目标。就消费者而言，他购买商品只是为了实现自己的最大效用，并不追求生产者的利益。同样，就生产者而言，他生产和销售产品只是为了实现自己的最大利润，也不会去追求消费者的利益。

进一步地，在市场的交易活动中，当一个人做出买或卖的理性选择时，他便与无数个生产他所需要的产品的人们联系起来，或者与无数个购买他所销售的产品的人们联系起来，而所有的这些人都做出了追求自身最大利益的理性选择。那么，就一个经济社会而言，整体的社会利益又会如何呢？

按照资产阶级古典政治经济学家Adam Smith在其1776年出版的著作《国富论》（*The Wealth of Nations*）中提出的著名的被称为“看不见的手”原理的说法，人们在追逐利益的时候，被一只“看不见的手”引导着，结果却经常促进了社会的利益。西方经济学家认为，微观经济学论述了这只“看不见的手”即市场的作用，正是市场价格机制的自发调节，引导着买者和卖者的行为，并在竞争性市场条件下实现了社会福利的最大化。

4. 政府的作用

虽然“看不见的手”的作用如此重要，但它也不是万能的，市场经济还需要政府支持。其原因在于，首先，市场经济需要政府对产权的保护，以及对市场经济秩序和规则的维护。其次，市场经济还存在一些自身无法解决的问题，即市场失灵问题，也需要政府来解决。譬如，在现实的经济活动中存在由垄断势力导致的低效率，这就需要政府对垄断企业进行管制；又如，由企业生产的外部性导致的诸如环境污染等问题，也需要政府出面进行干预。诸如此类的一系列市场失灵问题都需要政府予以解决。最后，从经济社会的效率和公平两大目标的角度来看，政府在促进效率和公平方面都发挥着重要的作用。

5. 微观经济学对个体经济单位考察的三个层次

微观经济学的具体考察对象是个体经济单位，包括单个消费者、单个生产者和单个市场等。

围绕微观经济学的研究对象，微观经济学对个体经济单位的考察是在三个逐步深入的层次上进行的。第一个层次是分析单个消费者和单个生产者的经济行为。它分析单个消费者如何进行最优的消费决策以获得最大的效用，单个生产者如何进行最优的生产决策以获取最大的利润。第二个层次是分析单个市场的均衡价格的决定。这种单个市场均衡价格的决定，是作为单个市场中所有的消费者和所有的生产者最优经济行为相互作用的结果而出现的。第三个层次是分析所有单个市场均衡价格的同时决定。这种决定是作为所有单个市场相互作用的结果而出现的，或者说是作为经济社会中全部市场上的全部消费者和全部生产者的最优经济行为相互作用的结果而出现的。

显然，微观经济分析所涉及的经济变量都是经济个量及其相互关系，也正是从这个意义上，它才被称为微观经济学或个量分析。产品市场和生产要素市场的循环流动如图 1－4 所示。

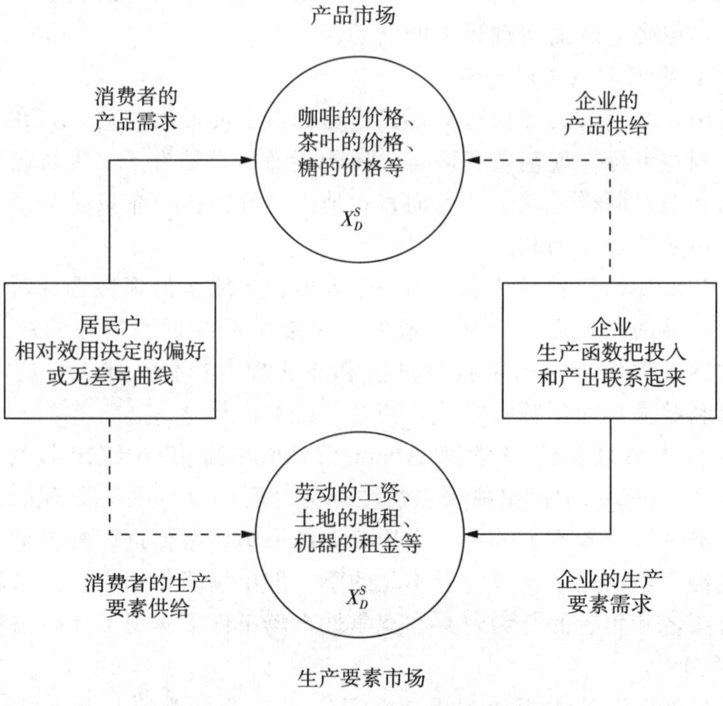

图 1－4　产品市场和生产要素市场的循环流动

图 1－4 的左、右两个方框分别表示居民户和企业。居民户指的是消费者，企业指的是厂商。这里的每一个消费者和每一个厂商都具有双重的身份——单个消费者和单个厂商分别以产品的需求者和产品的供给者的身份出现在产品市场上，又分别以生产要素的供给者和生产要素的需求者的身份出现在生产要素市场上。图的上方和下方分别表示产品市场和生产要素市场，消费者和厂商的经济活动通过产品市场和生产要素市场供求关系的相互作用而联系起来；一切需求关系都用实线表示，一切供给关系都用虚线表示。

从图 1－4 中的居民户方面可以看出，对于自身经济利益的追求，消费者的经济行为首先表现为在生产要素市场上提供生产要素，如提供一定数量的劳动、土地等以取得收入；然后在产品市场上购买所需的产品，如一定数量的咖啡、茶叶等；最后在消费中得到最大的效用满足。从图 1－4 中的企业方面可以看出，同样也是对于自身经济利益的追求，厂商的经济行为首先表现为在生产要素市场上购买生产所需的生产要素，如雇用一定数量的工人、租用一定数量的土地等；然后进入生产过程，生产出一定数量的产品，如咖啡、茶叶等；最后通过产品的出售获得最大的利润。

从图 1－4 的上半部分可以看出，消费者对产品（如咖啡、茶叶）的需求和厂商对产品（如咖啡、茶叶）的供给相遇于产品市场，由此便决定了每一种产品（如咖啡、茶叶）市场的均衡价格和均衡数量。在完全竞争的产品市场的长期均衡条件下，厂商的超额利润为零，产量市场的均衡价格会降至长期平均成本的最低水平，也就是说，厂商是以最低的价格出售产品的。消费者对生产要素（如劳动、土地）的供给和厂商对生产要素（如劳动、土地）的需求相遇于生产要素市场，由此又决定了每一种生产要素（如劳动、土地）市场的均衡价格（如工资、地租）和均衡数量，并进一步决定厂商对生产要素供给者的报酬支付。

通过对图 1－4 的介绍，我们可以清楚地看到：在完全竞争条件下，无论是在产品市场，还是在生产要素市场，单个消费者和单个厂商的经济活动都表现为在市场机制的作用下各自追求自身经济利益最大化的过程。正是在这一过程中，每个产品市场和每个生产要素市场，乃至所有的市场，都实现了供求相等的均衡状态。在这样完全竞争的均衡状态中，每一种产品都以最低的成本被生产出来，每一种产品也都以最低的价格在市场上被出售，消费者获得最大的满足，厂商获得最大的利润，生产要素的提供者根据各自对生产的贡献都得到了相应的报酬。

在以上内容的基础上，一般均衡理论进一步证明在完全竞争条件下所有单个市场同时均衡的状态是可以存在的。福利经济学则以一般均衡理论为出发点，论述一般均衡状态符合“帕累托最优状态”，整个资本主义经济实现了有效的资源配置。这就是微观经济学所要论证的核心思想，此外，微观经济学还包括微观经济政策分析。因为西方经济学家认为，现实的资本主义经济在某些方面与上述完全竞争经济的最优状态是有偏离的，这就需要执行一定的微观经济政策来加以矫正，以克服“市场失灵”，使得现实的经济更有效运行。

1.2.3　宏观经济学的脉络梳理

1. 宏观经济学的研究对象

宏观经济学是相对于微观经济学而言的。前面有关微观经济学的论述是经济活动个体决策者的行为及其后果，例如，消费者如何购买以实现效用最大，厂商如何生产以实现利润最大，市场机制又如何把百千万个个体决策者的活动协调起来等；而宏观经济学研究的是社会总体的经济行为及其后果。研究社会总体经济行为就是研究国民收入，即研究如何使国民收入稳定地（没有通胀和衰退）以较合适的速度增长。这表明，宏观经济运行中的主要问题有：经济波动及与此相联系的就业与失业问题，物价水平（又称“价格水平”）及与此相联系的通胀问题、经济增长问题。

具体说来，宏观经济学就是要研究：为什么一些国家的经济会发生时而高涨、时而萧条的周期性波动，并因此造成不同程度的失业？为什么一些国家在一定时期会发生严重的通货膨胀，并导致名义利率和汇率大幅度波动？为什么一些国家经济会迅速增长，而另一些国家经济发展很缓慢甚至停滞和倒退？上述都是国民收入变动中的问题，其产生的原因、后果及对策，就是宏观经济学要研究的内容。

任何一个国家宏观经济运行的情况都可以通过一些指标加以测度，就像一个人的身体健康状况可以通过体温、血压等指标加以测度一样。测度宏观经济运行情况的重要指标有国民收入及其增长率、失业率、物价水平及其变动。国民收入在经济学中是衡量社会经济活动成就的一个广泛概念。它实际上包括以下几个总量：国内生产总值、国内生产净值、国民生产总值、国民生产净值、国民收入（狭义的）、个人收入和个人可支配收入。任何一国的经济增长率就是指国民收入的增长率特别是国内生产总值（GDP）的增长率。失业率是衡量宏观经济运行状况的另一个最重要的经济指标，因为就业状况与居民福利、社会稳定甚至整个社会政治经济之间关系最为密切。物价水平指物价总水平，一般用价格指数来表示。价格指数又有消费价格指数（CPI）、生产者价格指数（PPI）和 GDP 折算（或平减）指数三种。物价水平的变动用通货膨胀率表示。通货膨胀率不仅对居民生活和企业生产产生影响，还对整个社会经济运行有影响。通货膨胀率过高，也表明宏观经济运行出了问题。

除了上述几个重要的宏观经济指标外，其他比较重要的指标还有政府预算赤字、贸易赤字、盈余的变动、利率和汇率的变动等。这些变量间有没有内在联系，一个变量的变动是否会引起另一个变量变动以及在多大程度上相互关联，这些属于宏观经济学研究的问题。总的说来，微观经济学以价格为中心，可以被称作“价格理论”；宏观经济学以国民收入为中心，可以被称作“收入理论”。

2. 宏观经济学的基本理论框架

宏观经济学是研究国家经济总体运行的科学，因此不考虑个体经济的差异，只把经济划分为家庭、企业和政府三大部门并研究它们之间的相互关系。这是因为，如果我们认真考察一下，所有经济活动主体，虽然可以有各种差异，但归根结底都不外乎属于这三大部门。所有在工厂、商店、农场、学校、金融机构等地方工作的人员，都是一个个家庭的成员，而所有这些机构或者单位则都是一个个企业（当然，这里的学校不是指政府办的公立学校）。军队、法院以及所有政府机构都属于政府部门，但政府部门中所有工作人员又都是家庭的一分子。因此宏观经济学在研究家庭消费和投资行为时，就把所有家庭作为一个完整的经济部门，而不去管各个家庭有何差异或特点；在研究企业行为时，不去考虑它是经营什么业务的企业、是生产什么产品的企业，而把所有企业都当作一种生产经营的经济部门。宏观经济学也涉及国外的家庭、企业和政府，但也只是把它们都当作国外部门来对待。

现代经济是市场经济，市场经济中的市场多种多样。然而宏观经济学在宏观层面上研究市场活动时，只把各种市场归结为三大类：产品市场、货币市场和劳动市场。在产品市场上，无数有形和无形的产品（服务产品）形成供给、需求和交易价格、交易量；在货币市场上，所有金融资产（银行存贷款、证券、保险、信托等）在这里形成供给、需求和交易价格、交易量；在劳动市场上，作为劳动者的劳动供给方和作为劳动需求方的企业、政府在进行交易并形成劳动价格和就业量。

正是对这三大经济部门在三大类市场的交互作用的研究，构成了目前西方宏观经济学的基本理论框架。那些仅仅研究产品市场供求关系如何决定国民收入的理论模型，称为国民收入决定的最简单的理论模型，即国民收入决定的收入-支出模型；在收入-支出模型中加入货币市场供求关系来研究国民收入决定的理论模型，称为国民收入决定的 IS－LM 模型；在 IS－LM 模型中再加入劳动市场供求关系来研究国民收入决定的理论模型，称为国民收入决定的总需求-总供给模型，即 AD－AS 模型。实际上，前面两个模型只是研究总需求如何决定国民收入，第三个模型研究的是总需求和总供给如何一起决定国民收入。这里讲的还是与国外不发生关系的封闭经济的情况。如果引进国际经济部门，那么决定国民收入的总需求中，除了产品市场和货币市场，还有国际市场。

3. 宏观经济学的加总法

宏观经济学研究社会总体经济行为，因而不能像微观经济学那样运用个量分析方法，而要用总量分析方法，即从个量分析的加总中引出总量的分析方法。

“经济加总”是人们用以描述某些经济生活的一个简单的抽象。例如，总产出就是一个经济加总的概念。比方说一定数量的香蕉、衣服、钢铁等各不相同的东西无法直接加总，但是在市场上都有一定的价值，于是通过货币就可以把物质形态不同的产品的产量都还原为一定的市场价值从而加总。中国有句老话：“春种田园皆万物，秋收遍地是黄金。”这是说春天播种各种农作物种子，秋天可收获各种值钱的农作物。根据收获的这些农作物的价值，也就可以计算出农业创造出的国内生产总值。

宏观经济学运用经济加总法时有几点值得注意：

一是宏观分析中有些总量变化可以从微观分析的个量中直接加总（大部分是加权平均加总）得到，因为微观是宏观的基础，就像树木是森林的基础一样。例如每个人的消费支出加总就构成整个社会的消费总支出，每个人的消费支出与其收入成一定比例，才有总量消费函数。又如每个厂商的投资支出加总就构成全社会的总投资，每个厂商的投资随利率变化而变化，就有了总量投资函数。

二是有时候微观经济学中的一些个体变量虽然可以加总，但是这种加总达不到研究整个社会经济行为的目的。例如降低工资对每个厂商来说都可以降低成本、增加利润，从而增加产量并增雇工人。但我们无法从每个厂商降低工资的加总中得到整个社会能增加生产和就业的结论，因为如果每个厂商都降低工资，则工人们的消费支出会下降并使总需求下降，从而会影响整个社会的生产和就业。可见，虽然微观是宏观的基础，但总体经济行为并不是个体经济行为的简单加总。对微观经济是正确的东西，对宏观经济未必也是正确的，其原因除了经济个体与经济总体所追求的目标不同以外，还在于某些行为对经济个体之所以正确或真实，是因为假定其他情况不变，即假定某一经济个体的行为对其他个体不产生影响，但宏观经济涉及的是经济总体即所有经济个体，因而不能再假定其他同一类别的个量不变。例如，某厂商降低工资时不能假定其他厂商不降低工资。

三是有时候一些微观经济个体的行为根本不能直接加总。例如，在一个经济社会的经济景气情况发生变化时，各个厂商的投资意愿可能有很大差异，也许有人会认为经济可能会开始走下坡路从而投资意愿和投资支出下降；而另一些人可能会认为经济会继续向好，从而投资意愿强烈，投资需求旺盛。在这样的情况下，宏观经济分析就难以通过将各厂商的投资直接加总而得出总投资会增加或者减少的结论。

可见，总量分析运用加总方法时需要谨慎，要区分能否加总的不同情况以及弄清楚加总能否达到研究宏观经济行为的目的。

4. 宏观经济学鸟瞰

根据以上的论述，宏观经济学的最终目标是寻找保持国民收入稳定增长的对策。所谓稳定的增长系指既无失业又无通货膨胀的增长。为了达到这一目标，第一，西方学者必须探寻市场上有哪些经济变量可以决定国民收入；第二，在得知这些变量以后，人们就可以进一步制定政策来控制这些变量，以促进国民收入稳定增长。这两项内容构成了宏观经济学的主要框架，如图 1-5 所示。

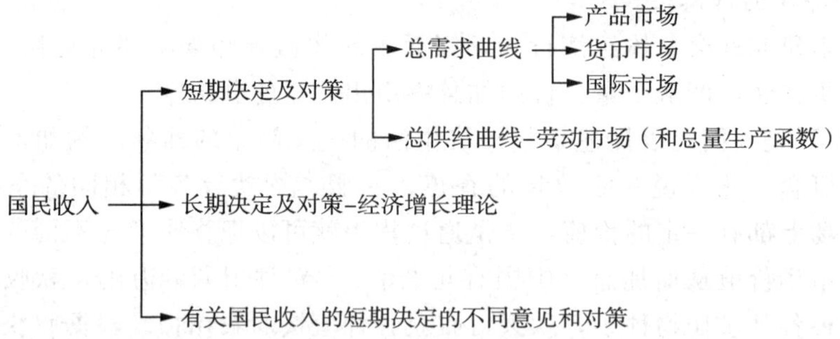

图 1-5　宏观经济学框架

1.3　绿色经济学的内涵

1.3.1　绿色经济学与主流经济学的联系与区别

绿色经济学有别于主流经济学模式，主要体现在两个方面：第一，它本质上与社会正义有关。对于主流经济学来说，“福利经济学”是一个附加的部分，只是该学科的一个次要部分，甚至被认为是边缘学科。对于绿色经济学家来说，平等和正义是工作的核心，并且优先于效率等因素。绿色经济学的许多贡献者都有发展经济学的工作史，并且关心平等解决世界各国人民关切的问题。第二，环保运动人士和绿色政治家对绿色经济的需求使其成为绿色经济的发源地。它是自下而上发展起来的，从那些在实践中而不是从抽象理论中建立可持续经济的人那里发展起来的。

经济学界的一些学者注意到了由经济增长引起的明显问题，并试图将这些问题纳入他们的学科。这促进了环境经济学发展，也导致了自然资源经济学的相关研究。传统经济学认为环境影响是一种“外部性”，这是它所不关心的。环境经济学家热衷于将这些负面影响带回到讨论范围内。然而，他们仍然以科学和基于测量的方式来探讨这个问题，例如使用影子定价来衡量人们对噪声污染或栖息地丧失的担忧程度。换言之，经济学传统上对无法定价的事物进行边缘化或忽略的方式仍然是坚持的，但回应是试图以某种方式评估经济学忽略的生活方面。绿色经济学家会认为这是一个类别错误，换句话说，他们认为重要的是接受生活的某些方面具有根本无法衡量的社会或精神价值。

事实上，许多绿色经济学家甚至认为计量本身就是问题的一部分。例如，为了计算任何事情，我们必须将世界划分为不同的类别，比如兼职或全职工人、男性或女性等。这挑战了整体主义的原则，即绿色经济和社会方法的核心。又如，在考虑经济的同时，我们可以庆祝生产率的提高和劳动力参与率的提高，却忽略了一个事实，即那些衡量社会变化的人报告说，儿童的压力越来越大。测量过程本身的本质是将我们的经验进行划分，这样左手就看不到右手所造成的损害。虽然这类“环境核算”是有益的，但它仍然属于将数量置于质量之前的范式中。

虽然环境经济学在将经济活动的社会和环境影响更加坚定地列入议程方面取得了很大的成就，但它继续采取分层的方法来解决这些问题，这与绿色方法背道而驰。其中一本著名的环境经济学著作的书名清楚地表明了这一点。1989 年，切尔诺贝利和博帕尔灾难之后的第一波环境问题达到高潮，《绿色经济蓝皮书》（*Blueprint for a Green Economy*）出版。它采用了一种明确的数值方法，提出了估值和计量方法。对于绿色经济学家来说，这样一个广义的“蓝图”概念是有问题的。环境经济学家很可能会讨论环境问题，绿色经济学家更可能谈论地球问题。

生态经济学试图弥合生态学和经济学这两个独立学科之间的鸿沟。因此，它牢固地植根于生态，生态也是绿色经济的基础。然而，它仍然相当重视计量和估价，认为这是一个科学的论题，并从主流经济学中汲取了许多概念和技术。以下引用有助于澄清区别：环境经济学和生态经济学之间有广泛的区别，尽管术语通常可以相互使用。一般来说，环境经济学在传统经济的框架内解决了生态问题，生态经济学家则处于更为关键的位置。然而，《生态经济学》杂志的创始编辑 Herman Daly 批评主流的循环流动和经济增长理论，仍然使用主流经济修辞中的“自然资本”等术语（Hutchinson 等，2002）。

这不是对生态经济学重要贡献的谴责，只是绿色经济学家有不同的角度。例如，他们从非正统的经济学领域，特别是生态女权主义和生态社会主义经济学家以及发展经济学家的工作中获得了很多。表 1－4 明确了这些不同经济学之间的联系，并以不同的方式优先考虑环境问题。

表 1－4　关注环境问题的不同经济学分支的比较

经济学分支	与绿色经济学的差异
环境经济学	基于传统经济学的分析范式：度量和数字方法；不强调价值的重要性
生态经济学	试图将生态和经济学统一起来；不强调精神维度的重要性
生态社会主义	强调平等，但捍卫唯物主义和人类中心主义
生态女权主义	强调信念和价值，但覆盖范围有限，理论上存在而不是政策驱动

当绿色经济学家从事计量工作时，他们试图以一种更人性化、更易接近的方式进行计量。这在一定程度上基于这样一种信念，即在过去，经济学一直是博士生的领域，最好是数学领域。这限制了讨论，减少了对我们的民主至关重要的领域的经济选择。“生态足迹”是一个可能对绿色经济学家有用的衡量标准的例子，它是一个土地和水的面积，使用流行的技术，无限期支持给定人口的物质生活水平。这使得我们可以直接比较可用土地和我们对土地的需求，例如伦敦的生态足迹是城市本身面积的 120 倍。这一概念实际上是在生态经济学学科中发展起来的。然而，绿色经济学家可能会更进一步，寻求一个更简单、更人性化的经济指标，也许是种植地和消费地之间的平均食物运输距离。表 1 - 5 有助于比较两种衡量经济活动对环境影响的方法：生态足迹法和影子定价法。

表 1 - 5　生态足迹法和影子定价法的比较

生态足迹法	影子定价法
人类尺度，易接近的	学术上的
简单的数学知识即可	复杂的数学公式及推导
组织和个人可以立即使用这一概念作为改变的工具	在这一概念能使用之前需要大量而复杂的研究
这一概念可以一种吸引人眼球的方式在图中绘制出来	这一概念很难推广使用并被众人理解
大众化	不易大众化，严重依赖专家

影子定价法是一种试图在经济计算中包括生活中不可测量的方面（如鸣禽的价值）的方法，例如询问人们准备支付多少费用来阻止一个物种灭绝。生态足迹法是一种根据生产性土地面积衡量人类对地球现有资源需求的方法。虽然测量不可能准确，生产用地也不统一，但足迹的概念是人易接近的，因此已成为讨论个人对环境影响的一种流行方式。例如，如果每个人的生活方式都与普通美国公民的生活方式相同，那么对地球的需求数量是多少呢？因此，“一个地球生计”的概念得到了发展。

1.3.2　绿色经济、循环经济与低碳经济

绿色经济、循环经济与低碳经济本质上都是符合可持续发展理念的经济发展模式，具有相同的系统观、发展观、生产观、消费观和最终目标。三者在针对具体问题、作用范围和方式上存在一定的区别。绿色经济是一切资源节约、环境友好的经济活动及其结果的总称，循环经济、低碳经济都属于绿色经济。

绿色经济思想的产生缘于人类对人与自然关系的反思。20 世纪中叶，遭遇了黑烟滚滚机器轰鸣的黑色文明之后，人类开始进行绿色反思。先驱者是美国生物学家 Rachel Carson。她在 1962 年出版的《寂静的春天》一书中，揭示了工业发展带来的环境污染对于自然生态系统的巨大破坏作用，倡导工业发展要注重减少对生态环境的污染和破坏。这一思想被认为是绿色经济思想的萌芽。

1972 年是人类绿色反思的标志性年份。这一年，罗马俱乐部的研究报告《增长的极限》向人们发出警示：人口和工业的无序增长终会遭遇地球资源耗竭与生态环境破坏

的限制。同年，联合国人类环境会议在斯德哥尔摩召开，联合国环境署（UNEP）成立，与会各国代表共同发出了“只有一个地球”的呼声，达成了《人类环境宣言》。从此，环境保护被提上人类发展的议事日程，经济发展必须兼顾生态环境保护的思想逐步被人类接受。

1989年英国环境经济学家David Pierce等在其著作《绿色经济的蓝图》中，首次提出“绿色经济”一词，将绿色经济等同为可持续发展经济，并从环境经济角度深入探讨了实现可持续发展的途径。

2008年10月，联合国环境规划署启动了全球绿色新政及绿色经济计划，旨在使全球领导者以及相关部门的政策制定者认识到经济的绿色化不是增长的负担，而是增长的引擎。在全球能源、粮食和金融等多重危机的背景下，联合国环境规划署首次较为系统地提出了发展绿色经济的倡议，得到了国际社会的积极响应，并已经成为全球环境与发展领域新的趋势和潮流。

从绿色经济思想的演变过程来看，绿色经济本身并不是一个新的概念，它与可持续发展思想是一脉相承的。绿色经济以人与自然和谐为核心，以可持续发展为目的，其内涵包括以下要点：经济增长要建立在生态环境容量和资源承载力的约束条件下，将环境资源作为经济发展的内在要素，将环境保护作为实现可持续发展的重要支柱；要把实现经济、社会和环境的可持续发展作为绿色经济的发展目标；要把经济活动过程和结果的绿色化、生态化作为绿色经济发展的主要内容和途径。

循环经济思想是美国经济学家Kenneth Bolding在《未来宇宙飞船的地球经济学》（1966年）一文中首先提出的。Kenneth Bolding从物质不灭定律出发，把地球比作宇宙飞船，旨在说明地球是一个物质上封闭的系统，系统中经济与环境的关系不是线性关系，而是循环关系。循环经济思想的提出，是人类对难以为继的传统经济增长方式的反思，体现了人类对人与自然关系认识的深化。

1990年，David Pierce和Kelly Turner根据Kenneth Bolding的循环经济思想，建立了第一个正式以循环经济命名的循环经济理论模型。在这个模型中，经济系统与自然生态系统不再是两个独立的系统，而是合二为一，共同组成生态经济大系统。循环经济的核心思想可以概括为“内外均衡，一体循环”。“内外均衡”就是把反映经济系统内部再生产关系的内部均衡，与反映经济系统与生态系统之间再生产关系的外部均衡紧密地结合起来；“一体循环”包括两方面的意义：从生态-经济系统整体出发，统筹经济系统内部以及经济系统与生态系统之间的物质循环流动关系；把经济系统与生态系统看作是一个功能上相互依存的统一系统，从大系统整体功能的再生产循环出发，把握人类经济的可持续性问题。

循环经济实践始于二十世纪七八十年代，发达国家陆续步入后工业化阶段，工业化遗留下来的大量废弃物以及消费型社会产生的大量废弃物逐渐成为其可持续发展面临的重要问题。在这一背景下，德国、日本等一些发达国家将发展循环经济、建设循环型社会作为实施可持续发展战略的重要途径，首先从解决废弃物问题入手，对生活和工业废弃物进行无害化处置和再利用，继而向生产领域延伸，实现静脉产业与动脉产业的衔接，推动可持续生产和消费模式建立。

循环经济在实践中主要体现为：一是将产业共生和产业生态体系的构建作为循环经济的技术特征，通过生态经济综合规划、设计社会经济活动，使不同企业之间形成共享资源和互换副产品的产业共生组合，使上游生产过程中产生的废弃物成为下游生产过程的原材料，实现废物综合利用，达到产业之间资源的优化配置，使区域的物质和能源在经济循环中得到持续利用。二是把减量化、再利用、再循环的“3R”原则作为循环经济实施的核心。三是把循环经济的推广实施分为由低到高三个层面：以清洁生产为主要内容的企业层面，以产业共生网络和生态园区建设为主要内容的区域层面，以推动绿色消费和废旧物品回收循环利用网络建设为主要内容的社会层面。

低碳经济作为一个正式概念被提出，起源于2003年英国的能源白皮书——《我们能源的未来：创建低碳经济》；此后，在《联合国气候变化框架公约》（UNFCCC）中被进一步肯定。国际金融危机之后，随着美国政府将低碳经济与经济拯救联系起来，发达国家纷纷部署和实施低碳经济战略，从而使低碳经济在全球范围内得到广泛关注。

低碳经济是指在可持续发展理念指导下，通过技术创新、制度创新、产业转型、新能源开发等手段，尽可能地减少煤炭、石油等高碳能源消耗，减少温室气体排放，达到经济社会发展与生态环境保护“双赢”的一种经济发展模式。低碳经济是以低能耗、低排放、低污染为特征，以应对碳基能源对气候变暖的影响为要求，以实现经济社会的可持续发展为目的。发展低碳经济就是要在减少温室气体排放量这个核心理念和目标的指导下组织人类社会经济活动，通过产业、能源和生活消费等低碳化转型，降低经济发展中以二氧化碳为主的温室气体排放量，遏制全球气候变暖趋势。

产业的低碳化转型包括四个方面的内容：一是建立低碳化的产业结构，主要手段是大力发展相对低碳的第三产业，提高第三产业对国民经济发展的贡献率；二是形成低碳化的生产和流通过程，通过清洁生产、能量的梯次利用、使用低碳能源等手段减少能源浪费，提高能源利用效率，减少生产和流通过程中的碳排放；三是设计生产（或提供）在消费过程中碳排放较少的产品和服务，实现产品和服务的低碳化；四是大力发展为低碳化发展提供技术和服务支持的新兴产业，如碳排放权交易、低碳能源技术研发及推广、森林碳汇等。

能源的低碳化转型就是改善以高碳能源为主导的能源结构，提高低碳能源特别是零碳能源（太阳能、风能等）占总能源消耗的比重。生活消费的低碳化转型包括大力发展和推广低碳建筑、低碳交通、低碳生活方式等内容。

绿色经济、循环经济和低碳经济本质上都是符合可持续发展理念的经济发展模式，在指导思想上完全相同：相同的系统观，即人类和自然界相互依存、相互影响；相同的发展观，即经济发展要在资源环境的承载力范围内进行；相同的生产观，即节省资源的投入，提高利用效率，进行清洁生产；相同的消费观，即适度消费、物质尽可能多次利用和循环利用；相同的最终目标，即促进人与自然和谐，实现可持续发展。因此，发展绿色经济、循环经济、低碳经济在本质上是一致的。

绿色经济泛指人与自然和谐的（或者说资源节约、环境友好的）经济活动及其结果，是一个涵盖面很广的概念，包括生产、流通、分配、消费等经济活动的各环节，也包括环境保护和生态建设活动。循环经济、低碳经济都属于绿色经济范畴。循环经济指的是生态经济大系统良性循环的经济形态，强调通过自然资源的节约利用、物品的再利用以及废弃物的资源化和无害化，将经济系统对于自然生态系统的压力控制在可承载的范围内，并充分利用自然生态系统的高熵物质和能量的转化能力，将经济系统和谐地融入自然生态系统的物质和能量循环之中。在实践层面，循环经济由于通过贯彻“3R”原则大大推进了资源节约和环境友好，更具有可操作性，也可以将其看作是绿色经济的实现途径。低碳经济或者说低碳发展的主要目的是应对气候变化、减少温室气体排放，它是绿色经济的一个重要组成部分。低碳发展要求实现产业、生活消费和能源的低碳化，减少经济发展中的温室气体排放。从减少碳消耗、提高能源利用效率、减少碳排放的角度来看，它是发展循环经济的一个具体途径。同时，发展循环经济包括所有自然资源的节约和所有废弃物、污染物的减排，是推动低碳发展的有效途径之一。

1.3.3　绿色经济学的内涵

绿色经济学是从对地球和对人际公平的关注出发，以生态环境容量和资源承载力为约束条件，在商品交易发生的社会和环境情景下，讨论有限资源优化配置和经济增长问题的交叉经济学科。

对于绿色经济的内涵，目前还没有国际统一的说法，其中联合国环境规划署对绿色经济的界定被广泛地接受和认可。环境规划署将绿色经济定义为：可促成提高人类福祉和社会公平，同时显著降低环境风险和生态稀缺的经济，表明绿色经济不只是涉及经济增长和环境保护，更是综合考虑社会公平及人类发展，强调生态、经济、社会三者协同可持续发展。换言之，绿色经济可视为一种低碳、资源高效型和社会包容型经济。在绿色经济中，收入和就业的增长来源于能够降低碳排放及污染、提高能源和资源效率，并防止生物多样性和生态系统服务丧失的公共及私人投资。绿色经济需要政府通过有针对性的公共支出、政策改革和法规变革来促进和支持这些投资。绿色经济强调，发展路径应能保持、增强并在必要时重建作为重要经济资产及公共惠益来源的自然资本。绿色经济联盟（GEC）将绿色经济定义为一种能在地球生态极限范围内为所有人提供更高生活质量的弹性经济。

虽然国际组织、研究机构和学者对绿色经济的认识和理解存在一些差异，但这些认识和理解都强调经济增长、生态环境和社会包容性之间的相互依存关系。总体而言，绿色经济主要包括三个核心层面：一是要保证经济增长，即国家或地区的经济需要保持一定的增长速度，处于一定的合理区间，至少应该能够保证宏观经济的平稳，如就业充分、人均国民收入提高等；二是生态系统和环境质量得到改善，至少不退化、不降级；三是要实现包容和平衡增长，即绿色经济的最终成果应该能够在不同区域、城乡和人群之间得到合理、公正、平衡地分配和享有，实现整体的帕累托改进。

1.3.4　本书的章节安排

本书从微观经济学中的消费理论、生产理论和公共物品理论以及宏观经济学中的增长理论出发，将绿色概念和理念与这些西方经济学的核心理论相结合，介绍绿色消费理论（第 2 章）、绿色生产理论（第 3 章）、绿色公共物品理论（第 4 章）、绿色国民经济核算

（第 5 章）以及绿色增长理论（第 6 章）的前沿研究成果，为读者展现绿色经济学的发展脉络，指出绿色经济学的发展方向；第 7 章介绍经济向绿色转型过程中常用的政策工具，第 8 章就全球在绿色经济治理方面的努力进行梳理。

思考题

1. 相较于传统的西方经济学，绿色经济学更关注经济的哪些方面？
2. 请根据本章内容，试着对绿色经济学的内涵进行界定。

第 2 章　绿色消费理论

引导消费者使其消费行为更加绿色和可持续性，是从需求出发，促进经济向绿色转型的重要动力。本章回顾和总结市场营销和行为经济科学的学术文献，探讨将消费者行为转变得更具可持续性的有效方法。在综述的过程中，本章提出一个综合性的框架，用来构思和鼓励可持续的消费者行为变化。该框架的首字母缩略词是 SHIFT，它指出当信息或语境利用了以下心理因素时，消费者更倾向于亲环境行为：社会影响（Social Influence）、习惯形成（Habit Formation）、个体自我（Individual Self）、情感和认知（Feelings and Cognition）以及有形性（Tangibility）。本章还指出了鼓励可持续行为所面临的五大挑战，并利用这些挑战为未来的研究提出了新的理论主张和方向。最后，本章概述了旨在鼓励可持续消费行为的从业者如何使用这个框架。

2.1　消费者的绿色与可持续消费行为

我们不控制我们紧张的但在地理和人口上不平衡的物质消费，这正在危害着我们的未来……在充分限制人口增长、重新评估根植于增长的经济体的作用、减少温室气体、激励可再生能源的应用、保护栖息地、恢复生态系统、抑制污染、停止动物灭绝以及限制外来入侵物种等方面的失败，人类未采取必要的紧急措施来保护我们的生态圈……

——世界科学家对人类的警告：第二个通知（Ripple 等，2017）

我总是做可持续性的生意。它是如此引人注目。我们的成本在下降，而不是上升。我们的产品是有史以来最好的。我们的成员被一个共同的更高目标所激励——为之献身的团队精神。还有市场上的商誉让人吃惊。

——Ray Anderson（2009），Interface Carpet 创始人兼首席执行官

作为个体消费者，我们的行为对自然环境有着史无前例的影响。由于我们的消费模式，社会和商业面临着环境退化、污染和气候变化等因素的共同影响；社会不平等和贫困的加剧以及可再生能源的需求日益增长——这指向一种新的经营模式。因此，许多公司认识到可持续经营的必要性。在各个行业中，我们看到诸如 Interface Carpet、Unilever、Nike 和 Starbucks 等公司将可持续性融入其品牌的 DNA 中。本章回顾有关可持续消费行为变化的文献，并概述了一个综合的心理学框架，以指导研究人员和从业人员培养可持续行为。

2.1.1　营销与可持续消费行为

首先，有许多原因可以解释为什么理解可持续消费者行为的服务商应该引起市场营销人员的兴趣。其中一个原因如 Ripple（2017）所述：营销人员应认识到，传统营销鼓励的

消费心态是负面环境影响的关键驱动因素。其次，正如 Ray Anderson 所说，能够适应不断变化的世界需求，包括对可持续性迫切需求的企业，将更有可能长期蓬勃发展，并享受战略利益。可持续的业务重点具有识别新产品和新市场、利用新兴技术、促进创新、提高组织效率、激励和留住员工等优势。此外，研究表明，对社会和环境负责任的做法有可能获得消费者对公司更多积极的看法，并提高公司的盈利能力。

那些不但能够可持续地运营，而且能够考虑提供和鼓励可持续消费的新商业模式的企业，有潜力获得更多的长期利润。举例来说，"共享经济"的增长表明，通过可持续地转变消费者从拥有产品到使用现有产品和服务，可获得巨大的环境和经济收益。虽然市场营销与可持续消费相关的问题在历史上以识别"绿色消费者"细分市场的形式受到关注，但学者们现在呼吁研究可持续消费的预测因素。营销人员可以扩大其市场规模，以实现公司和全球的长期互利，而不是仅仅瞄准绿色消费者细分市场。因此，当企业以更可持续的方式运营和提供产品和服务时，他们可能同时希望消费者认识、接受和回报他们的可持续价值和行动，以刺激可持续消费并最大限度地提高企业的可持续性和战略业务优势。

当前研究的动机是对可持续消费者行为变化的关键驱动因素进行全面的回顾和构架。本章以现有的工作为基础，适当地概述了营销人员用来识别、培养和评估可持续行为的步骤。虽然现有工作详细阐述了社会营销的概念和重点实例，但它并不能为影响消费者行为变化提供一个全面的心理框架。现有的工作通常关注在一组更为集中的、可以激励可持续行为的因素上。当前工作的第一个预期贡献是概述一个全面的帮助从业者和研究人员鼓励可持续消费者行为的框架。获得更广泛的框架（包括文献中的所有主要因素）将使从业者能够制定最有效的干预措施。第二个预期贡献是本章框架独特的、过程驱动的特点确保了随着技术和社会的变化，从业者可以轻松地将本章的框架应用到新的情境中去。因此，本章的一个关键贡献是：提供了一套全面的工具，当企业在追求可持续性和战略业务目标时可以使用这些工具。第三个预期贡献是进行更全面的回顾，使本章能够描绘出可持续消费者行为变化所面临的更广泛的挑战，这些挑战可以为从业者和研究人员提供信息。本章在理论贡献部分讨论了这些挑战：自我-他人的权衡、长期视野、集体行动的要求、抽象性问题以及受控过程替代自动过程的必要性。最后，本章利用这些挑战对可持续消费行为的改变，引入一套新颖的理论命题，以指导进一步的概念发展和未来的研究。

2.1.2 消费者可持续消费行为的转变

初看，营销的目标和假设似乎与可持续发展的目标和假设不相容。传统营销鼓励增长，促进对满足需求和欲望的无止境追求，并且似乎将资源视为前所未有的丰富。相反，可持续性重点表明，可通过模拟自然资源的循环流动来更新已利用的资源，并且要尊重资源和环境有限的事实。正是由于这一明显的矛盾，营销和可持续发展是密不可分的。此外，营销学和行为学对于我们如何影响消费并使其更加可持续，还有很多潜力可以挖掘。本章回顾文献，并强调鼓励消费者采取更可持续的行为方式。对文献的回顾导致了首字母缩略词 SHIFT 的出现，这反映了考虑如何利用社会影响（Social Influence）、习惯形成

(Habit Formation)、个体自我（Individual Self)、情感和认知（Feelings and Cognition)，以及有形性（Tangibility）来鼓励更具可持续性的消费者行为的重要性。

SHIFT 框架可以帮助解决可持续性问题中常见的“态度-行为差距”。尽管消费者报告了他们对亲环境行为的赞许态度，但他们通常没有随后表现出可持续性行为。消费者言行之间的矛盾可能是市场营销者、企业、公共政策制定者和旨在促进可持续消费的非营利组织面临的最大挑战。

虽然消费者对可持续选择的需求肯定在上升，例如全球66％的消费者（73％的“千禧一代”）表示愿意为可持续产品支付额外费用，但仍有进一步鼓励和支持消费者可持续行为的空间。本章将消费者可持续行为定义为在产品、行为或服务的整个生命周期中导致不利环境影响减少以及自然资源利用下降的行为。虽然本章关注环境可持续性，但也注意到，这与整体可持续性方法一致，改善环境可持续性可以带来社会和经济进步。本章研究消费过程，包括信息搜索、决策、产品或行为采用、产品使用和处置，以实现更可持续的结果。因此，可持续的消费者行为可以首先包括自愿减少或简化消费；选择具有可持续采购、生产和特点的产品；在使用过程中节约能源、水和产品以及利用更可持续的产品处理模式。

与典型的消费者决策不同，传统的消费者决策注重最大化自己的即时利益，可持续性选择则涉及对他人和自然界的长期利益。虽然更广泛的营销策略在这个领域是有用的，但营销人员还需要一套独特的工具来促进可持续性。本章努力以一个全面的框架来概述可持续消费的关键驱动因素，对有关可持续消费的文献回顾始于对顶级营销期刊的初步选择：《市场营销杂志》(*Journal of Marketing*)、《市场营销研究杂志》(*Journal of Marketing Research*)、《消费者心理学杂志》(*Journal of Consumer Psychology*）和《消费者研究杂志》(*Journal of Consumer Research*)。这些行为营销和消费者行为期刊是该领域最受欢迎的期刊，具有很高的影响因子（高于3.0)，它们都被列入了英国《金融时报》(*Financial Times*) 50强的榜单。利用这组期刊，本章在 Web of Science 上用特定的关键词进行了文献检索。这些关键词包括：sustainab *、ecolog *、green、environment *、eco－friendly and consume *、behavi *、choice、usage、adopt *、disposal。

然后，笔者阅读这组论文并将其按主题分类，进而形成了 SHIFT 框架中的五个因素。本章之所以使用这五个类别，是因为它们是本书最初的回顾中经常出现的概念，并且以包容的方式总结有关可持续行为变化的相关文献。本章使用第一组搜索词，并用与五个主题相关的更具体的标签替换第三个搜索词，从而更广泛地搜索文献。本章改进了搜索范围，包括行为科学、商业、心理学多学科、经济学和管理学期刊。例如，在第一部分社会影响(Social Influence）中，本章搜索了“社会影响”(Social Influence）和“规范”(Norms)。本章的研究结果使读者能够在同行评议的营销、心理学和经济学学术期刊上找到更多的文章。本章回顾了这些文章，这些质量和相关性是在纳入本章的分析之前，通过作者之间的共识来确定的。本章回顾识别并确定了一组320篇文章，其中一些文章用于框架介绍（$n=40$)，其余的表示 SHIFT 因素（$n=280$)。接下来，本章将讨论消费者可持续行为变化的五种确定途径。

2.2 SHIFT 框架

2.2.1 社会影响

影响消费者可持续行为的第一条途径是社会影响。消费者经常受到他人的存在、行为和期望的影响。社会因素是影响可持续消费者行为变化的因素之一。本章研究了社会影响的三个不同方面：社会规范、社会身份和社会期许。

1. 社会规范

社会规范或在特定的背景下关于什么是社会适当的和认可的信念，可以对消费者可持续行为产生较强的影响。社会规范可预测行为，如避免乱扔垃圾、节约能源、选择可持续来源的食品、选择环保交通、选择绿色酒店、选择太阳能电池板等。计划-行为理论表明，伴随着主观规范、态度和感知的行为控制塑造了意图，从而预测行为。该框架已应用于可持续行为。

Cialdini 等（1990）使用"描述性规范"一词来指关于其他人正在做或通常做什么的信息。描述性规范可以比其他因素（如自我利益）更有力地预测消费者的可持续行为，人们往往低估了这些规范的影响程度。描述性规范与类似情境相结合时最有效，例如，与传统的环境信息相比，传达他人参与酒店节能项目的描述性规范会更有效，尤其当描述性规范指的是与客人相同的酒店房间时。虽然描述性规范通常十分有影响，但如果大多数人不从事预期的可持续行为，突出的描述性规范可能会无意中导致预期行为的减少。一项实地研究揭示了这样的一个例外：当社区组织者自己在家里安装（而不是不安装）太阳能电池板（这种行为反映了低标准），他们能够招募 62.8%的居民来做同样的事情。

相反，"禁令性规范"传达了其他人不认可和反对的行为。因此，这种规范可以影响可持续行为，应谨慎使用。禁令性规范在与关于派系的想法结合在一起且不威胁自主性时最有效，当它们威胁自主性时可能会导致"反抗"反应。所以，描述性规范和禁令性规范都会影响可持续行为，应谨慎使用。

2. 社会身份

社会影响的作用取决于人们的"社会身份"，或源于群体成员身份的认同感。例如，如果群体成员这样做，那么该群体的其他消费者更有可能采取可持续行动。此外，将自己视为一个亲环境群体的成员是做出亲环境选择和行动的关键决定因素。将自己视为类似于"典型的再循环利用者"，可以预测再循环利用的意图，它超过了其他的因素，如态度、主观规范和感知行为控制。

社会身份的另一个含义是，个体希望积极地看待自己的群体，而不希望看到自己的群体被其他群体超越。这一点尤其适用于消费者不希望与之关联的外部群体，即所谓的"隔离群体"（Dissociative Groups）。例如，研究人员研究了采取可持续行动的意图，如节水和循环利用。当人们了解到一个参照的隔离群体在积极的、可持续的行为上表现得更好（从而衬托得该派系比较黯淡），那么该群体成员会增加他们自己的积极行为。这些影响在公共环境中得到了增强，因为这是集体自我最相关的条件。该工作的一个实际启示是可以鼓励竞争团体之间的友好挑战，如城市、社区、组织或商业单位。

另一个来源于社会认同文献的发现是，对于那些“群体认同”程度高的人，社会身份的影响更高。例如，确定为“有机消费者”或“绿色消费者”，可以预测有机购买。此外，多数群体成员以及对群体依恋程度较高的少数群体成员，会收到鼓励可持续消费的信息。强调一种共享的、高级的群体身份可以提高对可持续行动相关信息的接受程度，尤其是对那些群体认同程度高的人。

3. 社会期许

社会影响力影响可持续行为的另一种方式是通过“社会期许”。消费者倾向于选择可持续的选择，以给他人留下积极的印象，他们支持高参与度的可持续选择（如混合动力汽车）以向他人传达社会地位。然而，观察者有时会消极看待可持续行为，导致一些消费者避免采取亲环境行动。例如，男性避免出现“生态友好”行为是因为它与女性特征相关。因此，一个启示是使可持续产品或行为成为社会期许，并缓冲与可持续消费相关的潜在负面看法。

此外，消费者更有可能在公共环境中以社会期许的方式行事，在这种环境中其他人可以观察和评估他们的行为。此外，鼓励公众承诺参与可持续的消费者行为可以增加此类行动的可能性。例如，那些承诺参加酒店节能计划并佩戴一枚别针作为这一承诺的公共标志的人最有可能参与该计划。

2.2.2　习惯形成

鉴于一些可持续的行为（例如，安装一个高效的淋浴头）只需要一次行动，但还有许多其他可持续行为（例如，缩短淋浴时间）需要重复行动，这就需要形成新的习惯。习惯指的是持续存在的行为，由于人们经常遇到存在前后关系的诱因，从而随着时间的推移，当人们再遇到这种诱因时，人们会相对自动地采取某些行动，因为许多共同的习惯是不可持续的，习惯改变是可持续行为改变的一个重要组成部分（Verplanken，2011）。许多具有可持续性影响的行为，如食品消费、运输选择、能源和资源使用、购物和产品处置等都是非常习惯性的。打破重复的干预措施（如不连续和惩罚）可能会破坏不良习惯；鼓励重复的行动（如便可持续的行动变得容易，并利用提示、激励和反馈）可以培养积极的习惯。

1. 改变坏习惯的不连续性

习惯不连续性假设表明，如果习惯产生的环境以某种方式发生变化，那么很难执行将要发生的习惯。换言之，扰乱自动行为出现的稳定环境可以为习惯的改变创造理想的条件。生活变化使人们更容易改变他们的生态友好行为。因此，将环境变化与习惯形成技术相结合是一种鼓励可持续行为的方法。

2. 处罚

处罚本质上是减少非期望行为倾向的惩罚类型。处罚可能采取税收、罚款或对不可持续行为征收关税的形式。罚款可以促进可监控领域内的行为变化，如废物处理；而税收和关税可以在涉及强习惯领域内发挥有效作用。虽然在某些情况下，惩罚确实可以阻止不可持续的行为，但如果惩罚看起来不合理，就可能会引发逆反效应，以及产生负面影响和防御反应，导致处罚也难以执行和监控。因此，人们通常希望用积极的行为改变策略来替代处罚。

3. 实施意图

将人们从旧习惯转变为新习惯的一种方法是让他们考虑实施的意图，或者思考他们将采取什么步骤来参与行动。这种意图对资源再利用和可持续性食品购买习惯可以产生积极影响。然后，可以通过重复和积极的习惯形成技术来鼓励新的行为，例如让它变得容易、提示、反馈和激励。

4. 使之容易

许多可持续的行动被认为是需要努力的、耗时的或难以执行的，这可能是可持续行动的障碍。因此，鼓励形成可持续习惯的一个策略是使行动更容易进行。改善参与可持续行为的容易度可以鼓励此类行为，如将回收箱放在附近，对可回收物进行不太复杂的分类，提供带有“低流量”设置的淋浴头。让可持续行动变得更容易的一种方法是使其成为默认行为。在一个例子中，当可持续电力被设定为默认选项时，个人更有可能坚持使用它，因为消费者通常缺乏认知资源，简化决策过程可以让他们更自动地形成可持续的习惯。

5. 提示

鼓励形成可持续习惯的另一种方法是使用提示：在行为发生之前发出的信息，提醒消费者所期望的可持续行为是什么。提示可以积极影响许多可持续行为，包括废物处理、能源使用和回收等。当可持续行为清晰、易于遵循且靠近行为执行地点时，提示的效果最佳。提示易于使用且成本效益高，因此它可以作为一个好的初始行为改变策略，但最好与其他策略结合使用。

6. 激励

奖励、折扣、礼物和其他外在的激励可以增加期望行为和积极习惯的形成。回扣、分级定价和现金等货币激励措施可以鼓励人们采取和保持可持续的行为。激励措施已被证明会影响可持续行为，如废物处理和清理、能源使用以及交通选择。虽然激励措施可以鼓励采用和维持可持续行为，但它们确实存在潜在的缺点。与其他类型的激励措施相比，较小的货币奖励往往缺乏激励作用，如免费礼物、彩票入场券或社会赞誉。另外，激励人们从事可持续行为可能导致短期的行动。消费者最初对奖励的反应是积极的，但一旦取消了奖励，可持续的行为往往会消失。因此，与长期改变相比，鼓励一次性可持续行动更容易。此外，由于参与行动的内在动机降低，激励措施可能会产生降低预期行为的意外后果。

7. 反馈

另一种鼓励持续养成习惯的方法是利用反馈。这涉及向消费者提供关于他们自己在任务或行为上表现的特定信息。可以对如水和能源使用等行为进行反馈，并且可以参考消费者过去的行为或与其他个人的表现进行比较。研究表明，当反馈在较长的时间内以实时和清晰的方式呈现时会更有效。在家庭环境和工作环境中，分享群体反馈也是一种有效的行为改变策略。

2.2.3 个体自我

与个体自我相关的因素会对消费行为产生强大的影响。本节讨论的概念包括自我概念、自我一致性、利己主义、自我效能和个体差异。

1. 自我概念

个人希望保持积极的自我观点，并可以通过消费重申自我概念的积极性。由于人们希望积极地看待自我，常表现出自卫反应，以了解自己的行为对环境有负面影响，并贬低其他表现出更可持续的行为。此外，人们表现出积极的偏见，包括寻求和强化信息的倾向，这些信息证实了先前存在的观点。而且，人们避免某些形式的可持续行为改变（例如旅行行为），因为改变会威胁到自我。例如，美国对共和党人自我认同的威胁导致了适得其反的效果，共和党人因此减少了支持减缓气候变化的政策，以应对气候变化的沟通，或者更不可能选择生态友好选项。因此，积极地将可持续行为与自我概念联系起来，缓冲自我威胁信息对于可持续行为的改变至关重要。例如，自我肯定或对重要自我价值观的认可会减轻自我保护的反应，并导致对可持续行动的更大认可。

自我概念也与可持续行为有关，因为人们拥有的财产可以成为他们身份的延伸。这种扩展自我意识的一种表现方式是，由于身份丧失感，人们可能不愿意放弃与自我相关的财产。Winterich 和她的同事们表明，在考虑捐赠之前，让消费者拍下一张产品照片，可以减轻这种身份损失，这导致了更多的财产捐赠。给予他人财产不但具有积极的可持续性影响，而且还可以为给予者带来更大的福祉。最后，消费者对身份相关产品更为关注，也更不可能将其丢弃（与回收利用相比）。

2. 自我一致性

除了希望以积极的眼光看待自我之外，人们还希望把自我看成是一致的。自我一致性研究表明，消费者重申自我概念的一个组成部分（例如，关注环境）或在某个时间点从事可持续行为，往往会导致未来的可持续行为一致。类似地，最初个人承诺采取可持续行动可能会增加随后以可持续方式行事的可能性，尤其是在书面承诺时。伴随个人的一致性，坚持绿色价值观的公司会导致消费者保护行为的增加。此外，有证据表明，在一个领域从事可持续行动的人，往往更可能在其他领域中表现出可持续性（即积极溢出）。对消费者行为的自我评估也会影响一致性，例如那些认为最终可持续性目标不重要的人，在无法实现子目标时会更少有动机去实现最终目标（例如，未能回收报纸）。此外，提醒采取特定行为的人，这种特定行为能够产生积极的可持续性结果，使他们认为自己更关心环境，更可能选择环保产品。最后，简单地提醒消费者，当他们的行为与个人持有的、与可持续性相关的价值不一致时，能够导致消费者以与可持续价值一致的方式行事。

虽然有许多自洽效应的例子，但也会产生不一致效应。如果在某一时间从事可持续行动的个人以后不太可能从事另一种可持续或积极的活动，则可能会产生许可效应。例如，研究人员发现，参与“绿色”（与传统方式相比）虚拟购物任务（要求他们从可持续产品中选择）的人随后更可能表现出反社会行为。环保技术和资源的可用性也可能导致负面溢出效应。例如，Catlin 和 Wang（2013）发现，当消费者知道有回收选择时，他们使用了更多的资源。

此外，不一致性和一致性可以出现在同一个环境中。例如，将可重复使用的购物袋带到市场的人们随后在可持续和放纵的食物选择上花费了更多的钱。此外，做出可持续选择会减少环境意识低下者的后续可持续行为，但会增加环境意识较强者的行为。当与先验价值观而不是自利价值观相关时，一致性的影响更可能发生。

3. 利己主义

经济和进化理论都表明，对自我利益的诉求可以被用来影响保护环境的行为。一种策略是强调与特定可持续产品、服务或行为相关的自我利益。研究表明，如果实现了与自我相关的动机，可持续属性对消费者的影响更大（与未实现相比）。另一种吸引消费者的方法是强调能够抵消可持续行动障碍的自我利益。这些障碍包括认为可持续属性对美学、功能表现、努力、负担能力产生负面影响。研究表明，关注个人利益并不总是有效的。此外，自我利益可以排除保护环境的动机，尤其是当这种吸引包括以自我为中心和以环境为中心的可持续行动理由时。

4. 自我效能

根据 Bandura（1977）的研究，自我效能感涉及个人可以参与所需行动的信念以及实施行为将产生预期影响的信念。消费者的自我效能感可以预测他们的可持续态度，以及他们随着时间的推移继续实施可持续行为的倾向。根据 Peattie（1999，2001）的研究，当消费者的妥协程度较低，且对特定行为会产生影响（即自我效能较高）的信心较高时，消费者最有可能倾向可持续的选择。

5. 个体差异

个人的一个重要区别是“个人规范”或与个人的自我标准相关的个人责任感信仰。可持续性的个人规范的个体差异预测可持续行为，包括回收、选择可持续食品，并愿意为可持续选择支付更多费用。其他研究则更关注环境问题的差异。营销人员可以通过启动，或通过加强现有的个人规范，找到针对那些在可持续性方面具有强大个人规范和价值观的人的成功。此外，个体在观念上的差异以及对与自然有关的感知都被证明可以预测环境问题和可持续行为，而诸如外向性、随和性、责任心和环境问题等特征又可预测绿色购买行为。

最后，人口统计学已经证明与可持续消费行为有关。有时会注意到女性表现出更可持续的消费行为的性别差异。这可能部分是因为女性倾向于更高的性格特征，如随和、相互依赖和对经验的开放。其他研究发现，那些更年轻、更自由、受过高等教育的人很可能从事环境保护行为。以可持续发展呼吁为目标的响应部门是有意义的；干预措施应量身定制，以反映目标消费者的具体需求、动机、障碍和利益。

2.2.4 感觉和认知

本节将感觉和认知的概念一并介绍，通常认为，消费者采取以下两种不同方式中的一种去行动：一种是由影响驱动；另一种是由认知驱动。这个观点与理论相一致，理论认为，在决策过程中，直觉、情感更慎重，认知的路径都可以占主导地位。这一区别可能与对生态问题信息做出反应的领域高度相关。本节首先概述消极和积极的情绪如何影响有利于环境的行为，然后，通过考虑信息和学习、生态标签和框架，讨论认知在决定可持续行动中的作用。

1. 消极情绪

消费者通常会考虑参与或不参与可持续行为的负面情绪后果。一般来说，避免产生过于强烈的负面情绪是很重要的；相反，更微妙的负面情绪激活是有效的。接下来将讨论三种特定的负面情绪：恐惧、内疚和悲伤的影响。

可持续行为的交流经常使用“恐惧诉求”，强调特定行为或不作为的负面后果。一方面，让个人感觉好像后果不确定、暂时距离遥远的沟通会使情况看起来不那么危险，并可能导致无所作为；另一方面，使用强烈的恐惧诉求会导致一种无法克服威胁的感觉，并可能导致否认。因此，最好使用适度的恐惧诉求，并将其与效能信息以及应采取的行动相结合。

内疚会影响可持续的意图和行为。这主要是由于消费者对不可持续的结果承担个人责任，导致人们感到对环境负有道德责任。研究表明，“预期的负罪感”也会影响人们保护环境的方式。当消费者被微妙地要求考虑自己的行为标准时，预期的负罪感在鼓励可持续行为方面更有效，而不是当他们暴露在明显的负罪感诉求中时，这可能会适得其反。“集体负罪感”也可以成为支持保护环境行动的动力。相关信息表明，一个国家有大量的碳足迹，这会导致一种集体负罪感，这种感觉预示着支持可持续事业和行动的意愿。

除了恐惧和内疚，研究人员还分析了悲伤作为可持续态度和行为的驱动因素。悲伤被证明会导致更多有利于环境的行为，例如使用能源足迹计算器和为可持续事业分配更多捐款。然而，一旦情绪消散，那些收到悲伤信息的人与收到非情感信息的人在可持续行动方面的差异就消失了。因此，悲伤等情绪在消费者体验时更具影响力。

2. 积极情绪

当消费者从行为中获得某种享乐或积极影响时，他们更倾向于从事保护环境的行动。可持续行为既可以减少消极情绪，又可以增加积极情绪。一方面，参与可持续行动已被证明会产生“温暖的辉光”感觉，这种感觉会溢出，并导致对整体服务体验的更有利评价。积极的情绪，如喜悦和自豪感，已经被证明会影响消费者减少塑料水瓶使用的意图，乐观情绪会随着时间的推移，促进可持续行为的维持。另一方面，研究表明积极的情绪可以对可持续的消费者行为产生负面影响。例如，驾驶燃油汽车等不可持续的行为与积极的情感利益相关。

同时，“亲近自然”的感觉可以预测可持续的态度和意图。相关研究表明，针对“可爱”诉求（例如以可爱动物为特征的交流）尤其当消费者表现出“接近”动机倾向时，会采取积极的可持续行动。这是由于对这种呼吁的反应，人们越来越敏感。

特定积极情绪（如自豪感）在确定可持续的消费者行为方面的作用也是相关的。自豪感是一种自我意识和道德情感，源于对积极结果的责任感。那些感到自豪的人被证明更有可能随后从事可持续的行为，部分原因是自豪感增强了有效的感觉。最后，积极的环境行动可以带来希望的感觉，也可以增加气候活动和可持续行为。通过将气候变化界定为健康问题而不是环境问题，可以增强人们的希望感。

3. 信息、学习和知识

劝说消费者采取环保行动的一个基本方法是提供信息，传达有关期望（和不期望）行为及其后果的信息。一些人感到遗憾的是，由于缺乏信息接触、信息超载和混乱，人们缺乏理解和知识，这可能导致对可持续行为的理解率较低。此外，智力、教育和知识与对环境呼吁的更大反应以及对生态友好行为的参与有关。在许多方面，知识与我们所有的转变因素有关。消费者必须了解社会规范，了解和理解提示或反馈，理解与自我价值、自我利益、自我效能等有关的信息。

通过呼吁提供信息，强调所需行为或产品可持续性的原因，可以有效地向消费者提供他们在行动和后果方面所需的初步知识。事实上，如果不了解问题、潜在的积极行动和可能的后果，人们不太可能采取更为审慎的可持续行为改变形式。整合的回顾表明，信息对环境保护行动有着重要的影响。同时，相关研究还表明，仅提供信息的干预措施往往不足以刺激长期的可持续变化。因此，将信息与其他策略结合起来更有效。一些研究甚至表明详细的知识可能适得其反。

4. 生态标签

生态标签是传递有关产品可持续属性信息的一种手段。吸引注意力、易于理解和跨类别一致的标签可以使消费者做出更明智的环保决策。有关学者建议，如果将生态标签与强调具有环境有害属性的产品的负面标签进行对比，生态标签将更有效。如果生态标签由第三方认证，以验证可持续性声明，那么它将看起来更透明、更公正。然而，值得注意的是，一些研究表明，生态标签在预测消费者食品选择方面并没有发挥重要作用。

5. 框架

营销人员可以从战略上选择信息框架来鼓励可持续的选择。因为消费者更关心的是未来的损失而不是未来的收益，节能电器上的标签应该比较能源成本而不是收益。此外，营销人员可以收集信息以产生更大的影响，使用电器的寿命（与年度）能源成本和每1000千米的成本标签来促进高效汽车的销售。当与如何参与行为的具体信息相结合时，损失框架信息尤其有效。例如，当丢失框架消息与关于如何回收的详细信息（与关于为什么我们应该回收的更一般的原因）结合时，它们在提高居民回收行为的数量和准确性方面最有效。此外，框架可以对不同的消费者群体产生不同的影响。在美国，将碳价格设定为碳补偿（与税收相比）对共和党有着强烈的影响，但对民主党影响不大，对独立选民也有温和的影响。在另一个例子中，以“约束性道德价值观”（例如，责任、权威、与群体规范的一致性）来构建一个诉求，会导致美国共和党人更多积极地循环利用意图和行为，而对“个性化道德价值观”（例如，公平、同理心、个体化）的诉求导致民主党人的积极反应。值得注意的是，在消息框架中的这种匹配效果通常是由对流畅性或处理的容易性的感知以及对刺激含义的理解所驱动的。

2.2.5 有形性

可持续消费的一个独特方面是，生态友好行动和结果似乎是抽象、模糊和远离自我的。大多数可持续的消费者行为包括将更直接和更接近的个人利益放在一边，优先考虑那些只关注其他人并只在未来才实现的后果不明确的行为。此外，消费者不太可能对自然无法触及的问题采取行动。环境保护的结果很难跟踪和测量，因为随着时间的推移变化缓慢，问题及其解决方案周围存在不确定性。诸如“绿色清洗”之类的坚定行动，也可能出现不确定性。接下来，本节概述一些关于有形性问题的解决方案。

1. 匹配时间焦点

虽然可持续性自然是以未来为中心的，但消费者往往是以当前为中心的。此外，当消费者认为未来的环境收益遥不可及时，那么它就变得不那么可取了。那些更加关注未来的人从事更多的环保行为。要求个人关注后代可以减少目前关注的偏见，并促使考虑遗产增加的可持续选择。

2. 传达局部和近端影响

与特定城市、地区或社区的环境保护行为的直接后果相关的沟通可以使环境行动和结果看起来更加具体和相关。利用人们对特定地点的依恋，强调个人对气候变化影响的体验，并利用当前的问题，如极端天气事件，可导致更多以可持续性为导向的信念和行动。

3. 有形的沟通

解决无形性的另一种方法是使可持续性问题对自身更为相关和具体。这可以通过交流诸如气候变化等环境问题的直接影响，并概述做出改变的明确步骤来实现。通过使用生动的图像、类比和叙述等技术，交流可以使不作为（或行动）的后果变得清晰。

4. 鼓励对无形资产的渴望

可持续行为的一个挑战是，消费者往往渴望拥有物质产品。走向更可持续消费的一种方法是促进非物质化，即消费者减少对有形商品占有的重视。这可能包括体验消费、数字产品。这与市场营销正在演变为更加注重提供服务、无形资源和共同创造价值的观念是一致的。诸如“共享经济”及其对闲置资源协同消费的理想的趋势，以及消费者简化生活方式而不是专注于财产的“自愿简单性”，表明消费者可以满足他们的需求，而无须将拥有有形产品作为重点目标。

2.3　绿色消费理论的未来研究方向

在上节的文献综述中，确定了五条可持续行为改变的途径，同时描述了每一条途径中的具体行为改变策略，回顾部分的重点是根据现有的研究确定可持续消费行为的主要驱动因素。本节将进一步强调一组关于何时和为什么可持续行为改变（即转变因素）的理论主张。本节通过概述一系列使可持续消费不同于典型消费行为的关键挑战来实现这一目标：自我-其他权衡、长期视野、集体行动的要求、抽象性问题，以及用受控流程取代自动化的需要。本节从 SHIFT 框架的角度来研究可持续消费者行为变化所面临的每一个挑战，并概述未来研究的关键理论主张和方向。

2.3.1　自我-其他权衡

对可持续消费者行为的第一个挑战是，消费者经常认为这些行为对自己有成本，例如增加努力、增加成本、降低质量或降低美学标准。同时，可持续的消费者行为会带来积极的外部环境和社会影响。因此，虽然传统的消费者行为观认为，消费者将以满足自身需求的方式选择和使用产品和服务，但可持续的消费者行为观往往意味着将与社会经济相关的需求放在一边，对自我之外的实体（如其他人、环境、后代等）进行优先排序和评估。

在鼓励可持续消费行为的背景下，自我-其他权衡对社会影响如何发挥作用具有影响。虽然可持续消费往往会对自身造成一定的损失，但身份信号传递可能是一种与自身相关的积极影响，它可能会超过可持续行动的成本。这一主张得到了相关研究的支持，这些工作表明，当环境公开或身份动机被激活时，消费者更有可能选择可持续的选项。基于这项工作的一个新主张是，当产品定位于可持续性与传统属性时，产品象征性可能对消费者的态度和选择产生更大的影响。“象征性”这个词，指的是一些产品能够更好地向他人传达关于自我的重要信息的概念。营销人员可以强调与产品相关的象征性利益（即将自我的相关信息传达给他人）或功能性方面（即满足实际需求的信息）。因为与可持续行动相关的直接自我利益可能更少，将可持续选择与象征性利益联系起来可能是一个富有成效的战略。

命题 1：当一个给定的行为或产品基于其符号属性（与功能属性）进行定位时，如果该选项是以与传统产品相比较的可持续性方式构建的，消费者可能会表现出更积极的态度和行为。

克服自我的另一种方法是考虑个人的自我。特别是个人如何看待自己的自我概念可能会预测可持续的消费者行为。虽然有些人倾向于对自我有一个更独立的看法（即自我是独立的，与其他人不同），但有些人有一个更相互依赖的自我解释（即自我与其他人有联系）。一种可能性是，那些以相互依赖的自我解释来思考自我的人（既作为衡量个体差异，又作为一种已准备好的心态）可能更倾向于从事可持续行为，尤其是当这些行动有助于团体成员时。此外，还可以研究如何激活更广泛、更卓越的自我解释，这种自我解释不仅包括自我，也包括其他物种和生物圈。鼓励这种超越自我的观点可能会有效地增加生态友好行动。

命题 2：鼓励自我概念被视为比自我更广泛（相互依赖或超越），这将导致可持续行为的增加。

同时，对个体自我的特定关注可能与可持续行动联系在一起，这种方式克服了不确定性，并具有激励作用，给人们一种代理的感觉（即允许个人将自己视为行为结果的因果因素），使他们能够感知授权和实际影响变化的能力。这可以通过启动机构来激励个人实现给定的可持续目标。由于可持续行动的结果往往是抽象的和不确定的，机构启动可能是可持续行为变化领域的一个相关的激励工具。

命题 3：机构准备工作将导致越来越倾向于从事可持续行为。

对亲社会背景下的个体自我的研究也强调了道德认同在克服自我-其他权衡中的潜在重要性。道德认同是指围绕道德特征、目标和价值观的认知模式。道德认同的力量可以随着个体差异而变化（例如道德认同中心性），并且可以通过情境启动。道德认同预示着利他主义和道德行为，而那些道德认同感较高的人似乎有一个广泛的“道德尊重圈”，其中包括远离自我的实体，如外部成员。虽然研究关注了亲社会行为领域的道德认同，但之前的工作没有研究个人是否将可持续行为视为道德认同所预测的道德义务。

命题 4：道德认同的个体差异和道德认同的启动因素都会增加可持续的消费者行为。

自我-其他权衡也与消费者如何看待可持续消费的成本和收益有关。有的文献缺乏足够的工作来检验积极的消费者与可持续性的联系。虽然有许多关于可持续消费的负面关联的研究，但很少有人明确地研究这些正面关联。例如当可持续性处于创新、开箱即用的思维环境中时，它可能与对设计的积极感受联系在一起。此外，可持续性似乎与健康、新鲜食品、户外和自然有着积极的联系。可持续的选择，与日益增长的趋势相联系，如健康和充满活力的生活。虽然一些研究表明，“有机”的概念与健康相关的积极关联，甚至与卡路里含量更低有关，但更多的研究肯定也可以检验其他领域可持续性的隐含的积极关联。

命题 5：与传统选择相比，可持续选择和行为可能具有独特的积极关联，包括更健康、更创新、与户外和自然联系。

自我-其他权衡突出了一项更为重要的研究，强调了“消极的自我相关”情绪（如内疚和恐惧）的作用。未来的工作可能会进一步探讨“与自我之外的实体相关的积极情绪状态”在影响可持续消费方面的作用。例如，研究人员已经研究了敬畏的影响——一种我们感到惊奇的感觉，存在着超越个体自我的更普遍的亲社会行为。然而，没有工作研究敬畏如何影响可持续的消费者行为。现有的研究表明，同理心可能与亲社会行为有关。尽管移情是以不同的方式定义的，但它通常被概念化为一种情感状态，“源于对另一个人的情感状态或条件的理解，并且与之一致”。此外，表面上集中的情绪，如道德提升，也可能预测可持续的行动。道德提升指的是对另一个人的模范行为的热情和扩张的感觉，这种感觉与钦佩和情感有关。研究敬畏、同理心和道德提升等情绪是未来研究的方向。

命题 6：表面上集中的积极情绪，如敬畏、同理心和道德提升，将预测积极的可持续消费行为。

另一种可能与专注于自我和他人有关，是研究渴望成功的社会影响在可持续消费行为变化中的作用。是否有可能通过将可持续的选择或行为与名人和运动员等有抱负的榜样联系起来，使其成为社会对自我的渴望？虽然研究涵盖了英格鲁成员和离群索居的其他成员的激励作用，但对有抱负的人关于可持续消费者行为的影响的研究却很少。一种可能性是，人们可以利用有抱负的品牌，围绕可持续生活方式的概念，创建积极的、社会认可的联系。营销人员可以通过将可持续的行动与有抱负的其他人联系起来，以培养与可持续产品和行为相关的可取性、奢侈性和价值感，从而实现这一目标。

命题 7：以培养灵感和奢华感的方式将可持续产品和行为与渴望成功的角色模型联系起来，可能会导致可持续行为。

2.3.2　长期视野

对可持续性的第二个挑战涉及这样一个现实，即可持续行为需要很长的时间才能实现成果。总的来说，要求个人从事有利于环境的行为意味着某些后果只能在未来某个时间点才能实现。正如我们所看到的，消费者认为未来的回报越远，回报就越不值得拥有。与可持续行为相比，大多数传统的消费者行为产生的后果更为直接。许多与可持续性相关的回报在未来都遥遥无期，以至于在消费者的有生之年都无法观察到。我们称这一挑战为“长期视野”。

长期视野的概念与个体自我有关，因为它与自我控制有关。事实上，自我调节研究表明，人们很难通过自我调节放弃当前的利益以获得未来的长期收益。可持续行为是一种独特的自我调节困境。虽然大多数自律行为涉及放弃当前的一些积极的回报以获得反映自我相关目标的后期回报（例如，现在不吃冰淇淋，这样人们就可以在即将到来的假期穿上自己最喜欢的衣服），但可持续的行为包括推迟一些积极的回报，以获得不仅距离现在非常遥远而且比自我更宽广的未来的积极的回报（例如，不购买运动型汽车以减少碳排放，其影响只会在未来实现，并将有益于环境和其他人）。虽然人们会认为自控文学对可持续行为的改变有很大的影响，但很少有研究明确地关注自我调节在决定可持续行为中的作用。现有的研究表明，监管资源枯竭的人更容易受到诱惑并冲动购买。鉴于许多可持续的行为需要在短期内为自己付出一笔成本，研究这一领域自我控制的动态可能是有成效的。可持续的行为可能比其他的自我控制行为需要更多的自我控制。例如，同样的行动（如成为素食主义者）可以定位在可持续性与健康目标之间，而且考虑到此类行为对自身的未来影响较少，自我监管更有可能因可持续性原因而失败。

命题 8：监管有限资源的人更有可能在参与可持续行为方面（与其他类型的自我控制行为相比）失效。

与可持续行为相关的长期视野与人们的感受有关，因为人们在当前往往要承受自我享乐的代价，以在未来最大限度地实现一些积极的可持续结果。可想而知，这通常是困难的，因为人们通常不愿放弃自己的情感利益。然而，以帮助他人的方式行事已被证明具有积极的影响，有时被称为“温暖辉光”效应。关注可持续行为如何在当前产生积极影响，可能会增加可持续行为。

命题 9：提供更大即时（与长期）温暖感觉或积极影响的可持续行为将导致对长期视野的认知下降，并增加采取可持续行动的可能性。

长期视野也与有形性有关。虽然人们通常不太关心未来的结果，但他们关心的程度因人而异。“折扣率”较高的人对未来的结果不太关心。同样，对未来后果考虑较低的人表达了较弱的环保意图。因此，有形干预（如沟通局部和近端影响）可能对这些个体特别有效。相比之下，那些低贴现率和高度考虑未来后果的人已经适应了未来的结果，并且可能较少受到有形干预措施的影响。

命题 10：贴现率较高且对未来后果考虑较少的个人可能对提高环境结果的可察觉性更为敏感。

长期视野和自我-其他权衡都与有形性如何在决定可持续消费行为中发挥作用有关。环境影响在未来才可能被观察到，最有可能是被后代察觉。因此，提高可持续行动（或不可持续行动）对后代影响的可察觉性的干预措施可能会鼓励采取更可持续的行动。一种可能是采取前瞻性干预措施鼓励消费者采纳后代的观点。

命题 11：当个人倾向性地或情境地看待后代时，他们将更有动力参与可持续的消费者行为。

长期视野的最后一个含义与所有的转变因子有关。当前回顾的一个显著方面是，大多数现有研究在单一时间点进行的调查或实验。未来的研究可以有益地检验不同干预措施对可持续行为的纵向影响。此外，本节的框架强调的一个二分法是不同行为改变策略的短期和长期焦点。虽然一些构造是由即时情境驱动的，并导致短期行为改变，但其他构造则导致更持久的长期行为改变。例如，虽然在当前环境下，与情感、认知和习惯形成工具相关的工具（专注于当下的行为塑造）是有效的，但一旦它们被移除，可持续的行动就会消失。最好的办法是确保主要行为塑造工具（激励、惩罚、使之容易）与使这些行为随着时间而持续的方式（将行为与消费者的道德、价值观、自我概念、自我一致性联系起来）之间的平衡。未来的研究可以检验这种可能性。

命题 12：可持续的消费者行为可以通过结合即时工具和持久的变革工具在长期内得到

最好的促进。

2.3.3　集体行动的挑战

可持续行为通常需要集体行动，而不是个人行动。一大群人必须采取可持续的行为才能充分实现利益。这与传统的消费者行为不同，在传统的消费者行为中，如果个体单独参与行动，结果就会实现。这也有别于其他具有长期视野的行为，如健康促进行为（锻炼和饮食健康），因为这些行为可以在个人层面上实施，并产生可观察到的结果。

“集体行动的挑战”与考虑可持续（与传统）行动时社会影响如何运作有关。当人们观察其他参与某项行动的人时，这可能会增强对集体效能的认知，或“一个群体对其联合能力的共同信念，即组织和执行产生给定成就水平所需的行动过程”。虽然在可持续发展领域，集体效能几乎没有受到关注，但研究人员在组织领导和政治行动的背景下对其进行了研究。基于这项研究，本节认为集体效能可以成为可持续消费行为的一个令人信服的动力。事实上，由于可持续的结果要求在很大程度上采取行动，因此集体行动在可持续性领域比其他积极行为领域更有动力。这是一个有待未来研究检验的开放性问题。

命题 13：传达他人行为（集体行动）和集体效能的信息将增加参与可持续行动的趋势。

对情感的考虑对如何克服集体行动的挑战具有潜在的影响。虽然一些研究关注了集体情绪的作用（即当追求或挫败群体层面的目标时，群体成员广泛分享的情绪），但该领域研究的情绪类型仅限于过去导致内疚或骄傲的群体行为。同时，利用其他类型的集体情绪，可以更好地培养可持续的行动。例如，集体的愤怒和希望的感觉被证明可以预测集体行动。

命题 14：集体的、面向未来的情绪，如愤怒和希望，可能会促进可持续的消费者行为。

在类似的情况下，对集体行动的认识也可能促进可持续的行为。由于可持续行为具有需要集体行动的独特性质，一种可能性是，交流集体层面的成果（如气候正义）可能对鼓励此类行为产生影响。虽然人们认为恢复正义的能力会导致诸如选择公平贸易产品等行动，但可能是这种情况传达了集体正义理念（如交流有关集体影响的信息和不公正、不可持续行为的后果）在鼓励可持续消费行为方面，将是有影响的。

命题 15：交流有关气候正义的信息可能会激发可持续的消费者行为变化。

集体行动也与有形性有关。有趣的是，一种流行的激励绿色行为的技术是宣传集体影响。例如，如果每个人都用冷水而不是热水洗衣服，我们每年可以减少大约 3000 万吨二氧化碳。虽然这种在应用环境中促进绿色行为的信息传递方式很受欢迎，但学术文献中并未对其进行测试。由于两种对立的力量，这种类型的消息传递对有形和无形的结果具有不同的影响。一方面，集体影响框架突出了集体行动问题（如“美国没有任何人会这样做!”），这可能会减少可持续行动。另一方面，它扩大了影响的感知规模，这可能会增加可持续行为。由于人们通常对环境结果的大数值变化不敏感，因此，“300 万”吨二氧化碳和“3 亿”吨二氧化碳将被视为一样，使用以视觉图像和类比为特征的有形表现可能更有效。

命题 16：有形（与无形）集体影响框架增加了环保行为发生的概率。

2.3.4 用受控过程取代自动的需要

许多不可持续的行为已经可以自动而不是在自然界中以被控制的方式被学习。因此，从事可持续消费往往意味着（至少在最初）用更需要努力的新反应（如携带自己的购物袋）取代相对自动的行为反应。这种挑战可能与习惯的形成有关。回想一下，影响习惯性改变的一种方法是利用不连续性，或者说主要的生活改变事件可以允许其他形式的习惯性改变发生。也有可能某种心态（除了罕见的重大生活变化）会导致习惯改变。拥有“新开始”心态的个人对允许新开始的产品表现出更积极的态度，并且他们持有更积极的意愿，向专注于为受益者提供新开始的慈善机构捐款。将一种新的开始心态定义为“一种信念，即无论过去或现在的环境如何，人们都能创造一个新的开始，并描绘出一个新的人生道路”。他们表明这种心态可以被测量和操纵，新的开始心态可能适用于习惯的形成。对一种新行为采取“新的开始”的看法可能会成为一种不连续的形式，使习惯改变的可能性更大。

命题 17：那些有新的开始心态（被衡量或操纵）的人将更倾向于改变可持续的消费者行为习惯。

虽然采用可持续的行为往往需要用受控的习惯来压倒自动的习惯，但这一过程可以通过可察觉性来促进。因为有形的结果更加生动和直接，它们可能会引发更多的经验（而不是分析）处理，导致人们更多地基于情感。因此，有形性可能会提高基于启发式的干预（如默认值或框架）的有效性，并降低基于计算干预（如属性缩放）的有效性。例如，在网上购买汽车时，将燃油效率表示为每 1000 千米的成本可能更有效，而当在现场购买汽车时，销售人员关于很少需要加满油箱的个人轶事的宣传可能更加有效。

命题 18：有形性干预将人们从分析过程转移到体验过程，因此会降低其他干预的有效性。

2.3.5 抽象性问题

鼓励可持续消费行为的最后一个挑战是，此类行为通常具有抽象性、不确定性和消费者难以理解的特点。此外，可持续行动的后果可能涉及不确定和模糊的结果。虽然遥远的未来结果往往是抽象的，但直接的和局部的环境结果也往往是抽象的（如能源效率、空气质量、生物多样性）。虽然传统的消费者行为具有不同的风险和不确定性因素，但传统消费者环境下的选择结果通常比可持续的消费者环境下的选择结果更清晰和确定。

抽象性问题可以通过考虑社会影响来解决。人们受到社会因素影响的一个原因是，当情况不确定时，人们经常关注他人的期望和行为。例如，有证据表明，不熟悉的行为比熟悉的行为更有可能受到规范的影响。因此，当可持续的消费者行为在某种程度上模糊不清时（如“婴儿尿布最可持续的选择是什么?”）或不确定（如“从事这种行为是否真的会产生预期的影响?”），人们可能更受社会因素的影响。当抽象性很高时，个体不确定性规避差异较大的人可能更容易受到社会因素的影响。

命题 19：当可持续行动或结果在某种程度上模棱两可、不确定或是新的（而不是明确、确定和固定下来的），那么社会因素，如他人的存在、行为和/或期望，将在决定行为方面更具影响力。这可能在那些高度不确定性回避者中被宣布。

习惯的形成也与解决抽象性问题有关。气候变化和其他问题是严重的、模糊的，并可能产生大规模的后果，使个人的行为显得微不足道和无关紧要。这可能导致绿色疲劳，或者由于信息过载和缺乏对有意义的改变的希望而导致的消极怠工，而这种绝望可能降低对消费者的吸引力。一个解决方案可能是庆祝小型的具体胜利，这可以积极加强进一步的可持续行动，并保持消费者的积极参与。

命题 20：奖励小里程碑将鼓励消费者继续从事环保行为，并有助于避免绿色疲劳。

抽象性问题也与个体自我有关。事实上，解决抽象和不确定结果问题的一种方法可能是直接考虑它们如何影响个体自我。让可持续的影响和结果看起来像是局部的，并且与自我相关，可以鼓励可持续的消费者行为。然而，未来的研究可能会考虑更清晰地将可持续结果与自我联系起来的方法。例如，Hershfield 等（2011）通过向人们展示他们未来自我的数字图像来操纵对未来自我的关注。这些研究人员发现，增加与未来自我的联系会增加投资于退休储蓄的意愿。在当前自我和未来自我之间建立联系的操纵可能会导致可持续消费行为的增加。

命题 21：那些被鼓励关注未来自我的消费者更有可能参与可持续的消费者行为。

可持续的行为也可以通过使当前的情感利益和成本更加具体化而变得不那么抽象。未来的工作可能会检查哪些不同的沟通模式最适合让个人感觉到与可持续行为相关的情绪。人们知道，在群体间冲突的交流中，图像更容易激活情感。视觉信息可以最好地传达环境问题将如何影响其他人，从而引发具体的情绪，这些沟通可能会增强对可视化者的影响。

命题 22：视觉交流将有效地激发其他关注情绪，如爱和同理心，并导致更多地参与可持续行动。

抽象性的问题可能与感觉有关。让消费者了解他们行为的影响可能有助于促进相关的情绪和减少感知的抽象性。在慈善捐赠领域，强调这种影响已被证明会导致更多的情感回报附属行为。然而，之前的研究并没有关注与可持续消费行为影响相关的特定情绪。例如，明确和具体的潜在影响可能更容易导致与可持续行动相关的预期自豪感。

命题 23：可持续行为的积极影响在目前更加确定，将导致更大的自豪感，并导致未来有更大的可能性采取这种行为。

感情也可能以另一种方式与抽象性问题联系在一起。社交媒体和分享的普及使消费者接触到其他人，他们可能会将自己的行为与可持续性联系起来。例如，人们可以通过自行车或拼车分享他们上下班的照片以及他们在旅途中的感受。体验积极的情绪会导致更强的亲密感，我们倾向于感觉到更多的同情心，因此更强烈地感受到亲密的他人的情感。亲密的人分享他们参与可持续行为的情感，应该更有效地减少抽象性，通过提升我们参与行为时期望感受到的情感的强度。

命题 24：当与他人分享对可持续行为的情绪反应时，社会距离会导致情绪传染，这样，在实施可持续行为时，近距离（与远距离）的人分享他们如何体验积极情绪，会使行为的好处看起来更为明显。

最后，抽象性问题与有形性有关。提高行动和结果的可察觉性（并使信息不那么抽象）的一种可能方法是使用类比。可持续性是一个抽象的、无形的概念，将可持续性行动或结果与可持续性无关的熟悉经验或例子进行比较可能有助于消费者与可持续性概念之间建立更大的联系。

命题 25：当行动或行为是可持续的（相对于传统的），类比更有可能鼓励消费者行为改变。

2.4 SHIFT 框架在实践中的应用

SHIFT 框架展示了可用于影响可持续消费者行为的不同策略。该框架所确定的行为改变的单一途径都没有“最佳”的效果。相反，本节建议从业者应该了解具体的行为、行为发生的背景、干预的预期目标以及与行为相关的障碍。请注意，经常存在多种障碍阻碍可持续的行为改变，因此组合策略可能会产生影响。

虽然 SHIFT 框架强调了可持续行为变化的不同驱动因素，但也可以用来思考可持续行动的潜在障碍。特别是，使用该框架的一种方法是考虑参与所需行为的主要和次要障碍，然后选择相应的策略来克服这些障碍。一个主要障碍是在目标消费者中引发最强回避反应的障碍，另一个障碍是引发下一个最强回避反应的因素。从转变因素的角度考虑障碍［例如，障碍可与社会影响联系起来（可持续行动被视为社会不良）和习惯（现有的不可持续行动是高度习惯性的）］可以帮助从业者与框架内的工具建立联系，这可能会促进改变。

White 和 Simpson（2013）在一个明确依赖转移框架的一级和二级障碍识别实例中，收集了关于不愿参与草地循环的居民动机的数据（即通过让草屑自然分解来堆肥）。研究人员发现，居民的犹豫是由于社会规范（主要障碍：规范是没有人参与行为，而且似乎没有得到认可）和个人因素（次要障碍：行为被认为对自我是昂贵的）。作者开发并测试了两种不同的解决方案，通过使用与社会规范和个体自我相关的策略来解决关键障碍。这些研究人员创造了一些信息，这些信息通过门上的衣架传递给居民，并随着时间的推移（干预前后）跟踪了居民的草地循环实践。首先，当个体被激励去思考集体（“思考我们作为一个社区如何能做出改变”）时，描述性规范（“你的邻居也可以进行草地循环”）和禁令性规范（“你的邻居希望你进行草地循环”）是最有效的。其次，当人们被提示去思考自我时（“想想你作为个体是如何发挥作用的”），强调相关的自我利益是最有效的（“草地循环提高了你的草坪质量”）。通过解决与社会影响和个体自我相关的关键障碍，作者在大规模的实地研究中提升了可持续行为效果。

另一个例子是“Our Horizon”，这是一个非营利组织，其任务是阻止由驾驶汽车引起的汽油消费。降低汽油使用量的两个主要障碍是社会因素（驾驶既符合社会规范，又符合社会要求）和可察觉性（消费者报告不确定驾驶减少的影响）。作为回应，Our Horizon 制定了一个战略，以社会规范和有形性为目标，并鼓励地方政府在燃气泵上贴上警告标签，这与许多国家现在在烟草包装上贴上警告标签的方式类似。组织计划实施的标签既有助于传达规范标准的内容，又有助于描述具体的和个人相关的当地影响。虽然提供了一些例子来说明实践中的转变原则，但重要的是要认识到不同的行为和环节对行为改变具有独特的障碍和益处。

思考促进环境行为改变的主要和次要障碍是营销人员、政策制定者和非营利组织可以使用SHIFT框架的一种方法。然而，有一个重要的细微差别：从业者应该确保所使用的工具是互补的，而不是对立的。例如，在前面描述的草地循环研究中，反映个体自我和社会规范的信息传递不如关于个体自我和自我利益（或集体自我和社会规范）的信息传递有效，因为一致的信息传递导致目标兼容的结果。在另一个例子中，强调可持续行动的外在利益与内在利益可能比单独交流内在利益的影响小，因为外在动机与内在动机不相容。

一个具有现实意义和理论意义的问题是，SHIFT框架是否可以应用于其他行为，如亲社会行为或健康行为，或者这些因素是否是可持续行为特有的。该框架的许多方面可能也适用于其他积极行为。然而，有些元素可能是可持续消费所独有的。例如，健康行为不受集体行动与个人行动的挑战，其程度与可持续行为相同。虽然健康行为的改变可以共同带来积极的经济和社会效益，但不可否认的是，健康行为的改变也主要具有个人效益（经济合作与发展组织和世界卫生组织，2015）。虽然健康和亲社会行为（如慈善捐赠）都存在明显的问题，但可持续的行为和结果可能被认为比健康和亲社会行为更不实际。这是一个有待于未来研究和探索的开放性问题，在其他领域应用该框架具有一定的理论和实践潜力。

综上所述，本章首先对行为科学文献进行了回顾和分类，揭示了鼓励可持续消费行为变化的五大心理路径：社会影响、习惯形成、个体自我、情感和认知以及有形性。SHIFT框架将有助于指导有兴趣促进可持续消费行为的从业者。其次，该框架将帮助研究人员概念化影响可持续消费者行为的不同方法，并将推动这一重要领域的进一步研究。最后，该框架将有助于刺激可持续的消费者行为变化，并允许希望以可持续方式运营的公司以最大限度地实现其可持续性和战略业务目标的方式进行运营。

思考题

1. 关于如何引导消费者行为更加绿色和可持续，请思考并列举其他可能的途径和策略。

2. 请总结消费者绿色和可持续消费行为对应的偏好类别，并试着将不同偏好类型融入传统的消费者经济决策框架中。

第 3 章　绿色生产理论

绿色发展理念对企业生产提出了新的更高的要求，严格的环境标准虽然会直接增加企业的生产成本，但是也会激励企业进行技术变革。传统的新古典主义经济理论认为，环境监管的机会成本很高，对成本和利润会产生负面影响，进而对经济增长和国内生产总值（GDP）产生负面影响。少数人认为，环境规制会导致成本抵消，从而将这种机会成本降至最低，但这种观点被传统观点边缘化了。传统观点认为，经济因素在生产中具有 X 效率。本章提出一种企业行为模型，即在一个完全由理性经济主体主导的产品市场竞争世界中，生产的 X 非效率仍然普遍存在。在这个模型中，环境规制既影响 X 效率水平，也影响技术变革的程度，绿色企业可以具有成本竞争力和盈利能力。

3.1　绿色企业的竞争优势

3.1.1　美国的绿色策略

严格的环境标准是否降低了美国工业在国际市场上的竞争力？许多观察家的回答是肯定的。美国管理和预算办公室主任 Richard Darman 曾打趣道："美国人在 20 世纪的战争中并没有为保卫这个世界的绿色蔬菜而战，也没有赢得战争。"

环境保护与经济竞争力之间的冲突是一个错误的二分法，它源于对繁荣来源的狭隘看法和对竞争的静态看法。

严格的环境法规不一定会妨碍对外国竞争对手形成竞争优势，事实上，它们反而会经常增强竞争优势。严格的标准会触发创新和升级。在《国家的竞争优势》一书中，环境法规最严格的国家往往在受影响产品的出口方面处于领先地位。

虽然美国曾在制定标准方面明显领先，但这一地位一直在下滑。国会自 20 世纪 70 年代中期以来几乎没有通过任何环境立法，直至 1990 年通过《清洁空气法》（Clean Air Act），而《清洁空气法》本身就是拖延 12 年的结果。今天，美国在许多领域已经丧失了制定环境标准的领导地位，日本在重要领域领先于美国。日本汽车的氮氧化物（NO_x）排放标准比美国和欧洲严格得多：日本固定性（Stationary）硫氧化物（SO_x）和氮氧化物（NO_x）排放标准是根据严格的每日（相对于每年）平均每小时的排放量制定的。

随着其他国家环境立法的推进，美国的贸易受到了冲击。在固定性（Stationary）空气污染的控制方面，德国的法规或许是世界上最严格的，而德国企业在空气污染和其他环境技术的专利申请、出口等方面遥遥领先。如今，在美国销售的空气污染控制设备中，多达 70％是由外国公司生产的。英国是另一个例子，由于环境标准落后，在过去的十年里英国在环境技术方面的出口与进口比例从 8∶1 下降到 1∶1。

相比之下，美国在其监管最为严格的领域处于领先地位，比如杀虫剂和环境破坏的修复。这样的领先地位应该被珍惜。环境保护是所有主要国家经济支出日益增长的领域，也是一个主要的出口行业。如果没有具有竞争力的技术，美国不但会放弃一个增长的行业，而且环境支出将越来越多地用于进口。

即使在更广泛的经济领域，严格的环境法规实际上也可能提升竞争力。企业将改进生产过程，以减少稀有或有毒资源的使用，并回收被浪费的副产品。例如，3M 公司估计，自 1975 年以来，其“污染预防付费”计划已节省 4.82 亿美元，同时消除了 50 多万吨废物和污染物，并通过节约能源节省了 6.5 亿美元。

严格的产品法规还可以促使企业进行创新，生产出污染更少、资源效率更高、在国际上具有较高价值的产品。例如，由于美国提议逐步淘汰氯氟烃（CFCs），杜邦公司和其他美国公司率先寻找到了替代品。

那些感觉受到国际竞争威胁的行业对严格标准的厌恶尤其强烈，就像今天的美国面临的情况一样。例如，汽车行业一直在与提高燃油效率的要求做斗争，尽管达到这些要求可能会刺激创新，使产品更具竞争力。

环境保护不会降低企业竞争力的最有力证据是那些法规最严格的国家的经济表现。德国和日本都有严格的监管，两国在国民生产总值增长率和生产率增长率都继续超过美国。在开发污染控制设备和更清洁、更高效的流程方面，日本已成为世界领导者。值得注意的是，在美国，许多受制于最大环境代价的部门在国际贸易上的表现得到改善，其中包括化学品、塑料、合成材料、织物和油漆。

美国的环境法规违反了这些原则，在保护环境上的大量资金支出并没有带来应有的效益。例如，20 世纪 70 年代，环境空气质量标准鼓励建造高达 244 米的大烟囱，这些烟囱非但没有减少污染，反而将污染输出到其他地方。即使在今天，大多数标准是通过末端技术来满足的，在这种技术中，设备只是简单地添加到流程的末尾。

因此，不能惊慌地看待人类对环境问题的重新关注，而应将之视为美国在环境技术方面重新取得领先地位的重要一步。美国环境保护局（Environmental Protection Agency）必须将其任务制定为刺激投资和创新，而不仅仅是设定限制。

企业必须摒弃那种认为监管必然导致成本提高和对监管机构的敌对态度的“胆小鬼”心态。只要采取适当的措施，环境保护就可以提高企业的竞争力。

3.1.2　Porter 假说及其批判

Porter 假说由多个部分组成，最早出现在 Michael Porter 的《科学美国人》（1991）文章中。Porter 假说中最不被强调的部分是，环境监管将促使企业生产新的环保产品来证明国际竞争力，从而提高一个经济体的竞争力。几乎没有波特假说的批评者否认这种可能性。但被否认的是，在将预调整时期作为比较基准时，这些新产品并没有增加一个经济体的总体生产成本。Porter 假说的另一个组成部分也没有争议，它指出执行规制的方式将影响这些规章的成本。Porter（1991 年）认为：“把环境问题转化为竞争优势，需要制定正确的规制。这些规制必须强调污染的预防，而不仅仅是减少或清理。它们不应限制用于实现这些目标的技术，否则创新将受到遏制。标准必须对所涉及的成本敏感，并利用市场激励措施对成本加以控制。”有争议的是，在没有污染规制的情况下，私人部门的净成本是否会更低。

Porter假说的以下关键部分引发了更多的争议和批评。Porter假定，与传统的经济理论相反，环境立法的引入或加强（Porter，1991）“不能明显地对外国竞争对手形成不利的竞争优势，事实上，它们经常提高竞争优势。严格的标准引发创新和升级”。此外，(Porter，1991）“乍一看，严格的标准似乎会提高成本，降低企业竞争力，尤其是当竞争对手来自规制较宽松的国家时。如果一切保持不变，这可能是真的。但一切都不会一成不变。针对结果而非方法进行合理构建的监管标准，将鼓励企业重新设计技术。在许多情况下，结果是在生产过程中，不但污染更少，而且降低了成本或提高了质量”。因此，环境监管有望促使产生污染的企业提高生产率，这似乎将抵消甚至超过规制为企业带来的单位成本。然而，Porter认为“这并不是说所有公司都会对严格的监管感到高兴：至少短期成本的增加以及重新设计产品和流程的需要都令人不安”。因此，Porter希望，从长远来看，出于短期的原因，企业能够成功地抵制对其长期经济优势有利的东西。

这个论点在其他地方也有详细阐述（Porter和Van der Linde，1995a，1995b；Van der Linde，1993）①。Porter和Van der Linde得出结论，不同于主流经济学的观点：经济体被视为一个动力系统，从投入组合和技术进步的角度来看，在其中的企业并不总是做出最优选择。因此，总是有可供选择的机会等待着我们——500美元钞票随处可见——只要有监管法规（Porter和Van der Linde，1995a；Porter和Van der Linde，1995b）。他们一度认为（Porter和Van der Linde，1995b）：“……相信公司在没有监管推动的情况下会选择盈利机会，是对竞争现实的一个错误假设。也就是说，所有关于创新的盈利机会已经被发现，所有经理人对盈利机会都有完全的信息，组织激励与创新一致。事实上，在现实世界中，管理者往往拥有高度不完全的信息和有限的时间和注意力。”

传统的观点假设缺乏严格的监管标准对公司管理者和所有者而言是最优的，因此传统观点夸大了污染的真正私人成本。从而忽略了被当作是污染规制的直接后果的盈利机会。这一论点经常直接引用Porter假说，被污染管制的主要倡导者采纳。从传统观点的角度来看，波特假说的基本困境是这样一种假设：企业领导者将系统地选择不减少污染物，尽管这样做有利于企业的经济利益。

Porter假说的批评焦点不是实证的。相反，它是建立在一种信念的基础上，这种信念植根于传统的经济观点，即理性的经济行为主体、管理者和所有者都不会在没有环境法规的情况下固执地放弃盈利机会。各种讨论都达成了一致观点，即环境规制给企业和整个经济带来了巨大的成本。这些成本包括企业为遵守污染规制的直接支出，以及向受监管的供应商支付更高的投入价格而产生的间接成本（假定投入价格必须因为环境规制的设立而增加）。公司增加的直接和间接费用包括工厂和设备的费用、运营费用、研发投资以及与环境规制相关的行政和法律费用。此外，与（假定的）生产效率更高的替代技术相比，投资于环境友好技术存在机会成本。而存在着政府制定、监督和执行这些规制的成本，这些成本最终必须由消费者和企业承担。虽然存在这些诱发的经济成本（Jaffe等，1995），“总的来说，几乎没有证据支持环境规制对竞争力产生了巨大的负面影响的假设，无论这个难以捉摸的术语是如何定义的”。环境规制的长期社会成本，包括对生产力的负面影响，可

① Porter假说在经济合作与发展组织（1985年）关于技术变革的研究中以一种较弱的形式被阐明。

能是显著的。但试图衡量环境规制对净出口、总体贸易流量和工厂选址决策的影响的研究已经得出了以下估计：对于模型规格的测试而言，这是一个很小的、统计上不显著的，或者不具有稳健性。

在批评 Porter 假说的文献中，环境规制对经济（包括管制相对严格的美国经济）不产生负面影响的关键原因在于，环境管制的成本相对于国民生产总值（GNP）或总生产成本是很少的。这些费用不超过国民生产总值或总生产成本的 2%～3%，尽管平均值存在很大的差异。出于这个原因，Palmer 等（1995）认为这些成本是："（在大多数情况下，）这些成本足够小，可以被国际上劳动力和原材料成本、资本成本、汇率波动等方面的差异所淹没。"此外，有研究认为，竞争经济体和竞争企业在不同经济体中都有一套环境规制，即使在许多发展中的经济体中也是如此，从而限制了一个特定经济体或企业可能获得的竞争优势。此外，跨国公司甚至倾向于在环境规制不完善或不存在的地方建造环境友好型工厂。因此，Porter 假说的批评者认为，更严格的环境规制并没有损害美国的竞争地位，这一事实并不能证明这些规制会像 Porter 假说所认为的那样诱导成本抵消。当然，很有可能产生了成本抵消，这些抵消保护了那些投资于减少污染的公司。然而，由于理论原因，这种可能性在很大程度上被排除在之外。

用于批评 Porter 假说的传统模型假定，不可能出现使污染治理的净成本可以忽略不计的成本抵消。在一篇对 Porter 假说进行清晰批判的文章中，Palmer 等（1995）认为，传统的新古典主义理论与 Porter 假说中所阐述的思维方式的区别在于后者的假设，即经济主体系统地忽视了有利的机会，而这些机会将导致更少的污染和更低的二氧化碳排放，此外政府还可以通过设计、实施、监测和以较低的成本执行适当的环境规制来纠正这种"市场失灵"，该成本远远低于这些规制带来的私人收益。这意味着，由于环境规制可以引起成本抵消，这提供了一种免费减少污染的可能性。

他们设计了一个简单的模型，该模型假定产品市场完全竞争，所有污染企业利润最大化，并给出了竞争对手的产出和研发支出。更重要的是，该模型的设计使得环境规制增加了对企业选择的限制，必然会增加企业的净边际成本。他们得出结论（Palmer 等，1995）："……在这种减排技术的创新模式中，环境规制严格性的增加将明确地使污染企业境况变差。即使公司可以投资并采用一种新的、更有效的减排技术，如果该技术以前不值得投资，其收益也不足以在提高环境标准后提高公司的利润。"在这个模型中，由于在引进或加强环境标准之前不存在鼓励企业采用环境友好型技术的激励措施，因此假定私人生产成本必然会因环境规制而增加。这一论点与 Jaffe 等对 Porter 假说的另一个批判中提出的逻辑十分吻合（1995）："……在声称公司不在其生产可能性边界上生产时，必须谨慎（这一主张隐含在 Porter 假设中）：如果投资新的生产技术需要管理成本，那么即使公司直到规制规定采用新的、更高效的流程才意识到这种流程的存在，公司也可能是有效的。换言之，如果公司投入资源寻找，可能找到许多提高效率的想法，并且公司可以实施这些想法。如果公司在某个特定领域成功地搜索到了有益的想法，那么在事后会发现，由于没有尽早研究该领域，它们的行为是次优的。但是，由于资源有限，真正的问题不是搜索是否产生新的想法，而是由系统地监管产生的特定搜索是否比企业从事的其他搜索产生更多或更好的想法。"在这种世界观中，总会有这样或那样的成本使私人经济主体实现当前生产结构的最优化，至少从私人经济主体的角度来看是这样。在这种情况下，任何强制偏离最佳生产结构的情况，如环境规制，都会给企业带来额外的成本①。

3.1.3 绿色企业的竞争力

环境规制在多大程度上需要增加生产成本、降低投资回报、降低人均国内生产总值水平呢？与此相关的问题是："绿色"能否具有竞争力？建立在新古典微观经济学理论基础上的传统经济智慧认为，环境监管的机会成本是正向的，而且相当高，增加了成本，降低了利润，从而对增长和人均 GDP 水平产生了负面影响。传统理论并不否认，这种规章制度可能产生社会效益，因为污染是生产的一种外部性，而且边际社会效益甚至可能超过边际私人成本。它只是否认这些利益可以以经济上微不足道的私人代价获得。这与少数人的观点相反，少数人认为环境规制会导致成本抵消，因此传统观点预测的机会成本是最小的。Porter（1991）、Porter 和 Van der Linde（1995a；1995b）清楚地阐明了少数人的观点，并称之为 Porter 假设，不同于传统的理论，它利用新古典主义理论的分析框架，由此假设经济因素在生产的所有时间点是具有 X 效率的（Leibenstein，1996）。假设经济主体是沿着生产可能性边界进行生产的。从新古典主义的角度来看，提高经济效率的机会是独立于环境监管而失去的，并将在引入此类监管之前失去。

遵循适度贪婪的公理，理性的追求利润的经济主体不会让任何显著的或有经济意义的经济机会不被利用。正如 McCloskey（1990）阐明的公理："适度贪婪的公理不涉及对利益的精确计算，也不涉及愿意冒险的强烈意愿。"一般人看到一分硬币就会忽略它。当他看到一张百元的钞票就高兴地跳起来。这个公理没有争议。所有经济学家都赞同这一观点，不管他们是否相信市场……我们也应该这么认为。从这个公理可以知道，百元不会被到处乱扔。也就是说，任何实质性的数量上的经济效率低下，都不应被认为是在等待着通过监管机构和有先见之明的经济主体的行动加以利用而造成的。因此，强迫企业变得更环保，虽然会产生社会效益，但必然会导致私人经济成本。此外，任何证据都表明绿色经济似乎具有经济活力，因此是可行的和有竞争力的，不应被视为环境规制导致适当的成本抵消的证据，因为这种抵消违反了传统经济智慧的分析预测。正如 Thomas Kuhn 所指出的，它确实是一个存在已久的科学传统。"异常的观测结果……不能吸引（科学家）放弃他的理论，直到另一个理论被提出来取代它……在科学实践中真正的问题确认总是涉及两个理论的相互比较以及两个理论与真实世界之间的比较，而不是一个理论与真实世界的比较。"②

---

① Stigler（1976）在他对 Leibenstein（1966）的 X 效率理论的批判中也提出了类似的观点。他曾写道（Stigler，1976，P214－215）："现代经济理论中的几乎普遍的传统是假设从一定数量的生产投入中获得最大可能的产出，即生产函数，并断言每一个企业都在生产边界上运作，这是利润或效用最大化的一个简单推论……在新古典经济学中，生产者总是处于生产边界，但其边界可能高于或低于其他生产者。该过程将过去的产品分配给某个因素，因此反过来，该因素的所有者将被激励来正确分配它。"

② 这一逻辑很好地融入了芝加哥学派的方法论世界观（Reder，1982 年）。

3.2　绿色企业行为模型

本节的目的是建立一个企业行为模型，其中污染是生产的联合产出（“好的商品”和“坏的商品”都生产）。在这个模型中，即使在由理性效用最大化的经济主体主导的产品市场完全竞争的世界中，生产中的 X 无效率仍然占主导地位。在这种情况下，环境规制既影响 X 效率的水平，也影响技术变革的程度，因此就建立了规制诱导成本抵消的条件。绿色企业可能比污染企业更具生产力，而且绿色经济可能比污染经济体具有更高的人均产出水平。换句话说，绿色企业和污染企业都具有成本竞争力和盈利能力。然而，私人经济机构不可能在不受监管的情况下采取绿色经济政策，因为在这种模式下，受影响企业在变得更加绿色环保时不需要获得任何经济优势，成为绿色的企业没有途径。公司内部发生的诱导性变化在很大程度上是为了抵消或降低污染水平所产生的更高成本，因此用于抵消成本的诱导而导致生产率提高并不需要为企业所有者带来进一步的好处。所以，即使在竞争性的经济中，也可能同时存在绿色企业和污染企业，这是经济生活中的典型事实之一。与传统观点相反，经济理论本身并不阻止环境规制或环境友好型公司所有者鼓励增加作为环境友好型公司的发展的成本抵消的公司生产力。因此，与污染密集型经济体相比，绿色经济仍有可能保持成本竞争力、盈利能力。绿色与成本竞争力和盈利能力是否相互矛盾，取决于一个经济体是否是典型的 X 无效率以及技术变革是否独立于环境监管。

3.2.1　X 无效率和环境监管

最初在其他地方得以阐述的公司行为模型（Altman，1996），是建立在 X 效率和效率工资理论的基础上，即使不会产生更高的单位生产成本或更低的利润率，工厂也很可能系统地避免开发和实施环境友好型的生产过程。产品市场是完全竞争的，而且假设所有经济主体都有合理的效用最大化行为（这也是正确的）。在这种情况下，从事环保行为不需要给企业带来任何好处，正如 Porter 假设中设想的那样；相反，它只是假设环境规制为开发成本补偿提供了激励。在这种情况下，对于企业管理者和所有者——典型企业中的决策者而言，污染密集的生产结构和相对环境友好的生产方法会产生相同的平均成本和相同的收益率。

本节所采用的公司行为模型的本质是公司，是典型的 X 无效率企业。如果单位投入的产出低于理想的最大值，那么企业被认为是 X 无效率的，当企业员工（Leibenstein，1966，1978）“……这样解释他们的工作，即他们做出了努力选择，其中包括与同级、上级和下级合作，并且以这样一种方式，最大限度地发挥其对产出的贡献”时，给定了这个理想最大值。因此，最外层生产可能性边界决定了 X 效率。这是由技术状态和理想的、相对合作的劳资关系系统决定的。X 无效率公司在内部某处运营，从根本上说，生产的 X 无效率意味着公司生产的产品数量和质量低于技术和经济上可行的水平。现在有相当多的证据支持存在 X 无效率（Frantz，1998）。

存在 X 无效率的一个必要条件是存在努力的自由决定权，而努力的自由决定权又因存在（基于其交易成本的）不完整的合同和不同的行为功能，特别是在员工和公司高层成员之间的不同，而得到促进。换言之，经济主体被假定为最大化的不同的行为功能。相比之下，传统的理论智慧所暗示的是，经济主体没有被赋予努力的自由决定权，它们最终做出努力的选择，从而为生产力和产出质量问题提供X效率的解决方案。从这个意义上说，本书认为，经济主体都在努力工作，尽可能地或正在最大限度地提高投入生产过程的工作量和质量。然而，为了达到X效率，企业必须至少在短期内需要对企业的组织资本进行投资(Tomer，1987)，公司员工也必须更加努力和聪明。至少，他们必须重新设计人力资源管理的方案。此外，并非所有的企业层级都能从构建相对X效率的企业所需的更优秀、更合作的工作文化中获益。例如，在相对更加合作、更加X效率的工作环境中，管理层与员工的比例往往要低得多，从而威胁许多中层管理者的职位。此外，负责人可能会见证权力和威望的丧失，而权力和威望正是他们所重视的效用和目标函数的重要组成部分。从这个意义上说，实现X效率并不是免费的。很明显，它涉及的机会成本（包括物质成本和非物质成本）在公司经济行为主体的范围内有所不同。尽管如此，如果存在工作的自由决定权，单位时间内投入生产过程中的工作数量和质量不会固定在某一个最大值上，而是会受到企业工作文化的影响，X效率就成为在理想情况下每单位投入的最大产出的基准。

Porter假设可以根据企业行为模型进行研究，其中生产中的X效率是可能的(Altman，1996，1997)。假设所有的经济主体都试图通过前瞻性（理性）的计算方式实现效用最大化。此外，更具体地说，污染企业被假定是利润最大化。根据传统的模型，假设在其约束条件下，企业试图使边际成本和边际收益相等。但是，代理人和委托人的目标函数可能不同，他们可能面临不同的目标约束。在努力可以自由决定的世界中，效用最大化并不意味着努力最大化，因为这样做的边际成本不等于边际收益。同时假设在竞争性的产品市场中，委托人受到单位成本必须具有竞争力的约束。产出是资本、劳动力、土地和技术等投入以及工作文化的产物，在其他条件相同的情况下，更有效的工作文化会产生更高水平和更高质量的产出。另外，假设产品市场面临着严重的竞争压力，并且公司在竞争过程中不受到任何形式的保护，例如通过补贴和关税，因此效率低下的公司必须承受竞争压力带来的全部影响。进一步假设企业将规制和竞争对手在研发方面的产出和投资视为外生因素。根据公司的典型事实，还假设为了增加工作量或提升工作质量，公司还必须投资公司的组织基础设施。这些假设与Palmer等（1995）对Porter假设的批判中采用的标准模型不同，仅考虑关于努力的自由决定权和X无效率的假设。

Porter假说的一个基本问题是，如果两家企业生产相同的产品并使用相同的技术，环境友好型企业是否比污染型企业的成本更高？为了解决这个问题，假设污染企业是X无效率的。这家公司生产两种商品：向市场销售的商品和无市场价值的污染。然而，减少污染会带来正的生产成本。向企业生产市场化产出的平均成本（私人经济成本）由以下公式得出：

$$AC=\frac{EC}{Q}+\frac{OC}{Q} \tag{3-1}$$

其中，AC为平均成本，EC为减少污染的减排成本，OC为其他生产成本，Q为产量。EC和OC包括劳动力和资本成本。假设正在污染的公司的EC为零。同样，随着污染减轻的增加，平均成本也会增加，则式（3-1）可转化为：

$$AC=\frac{P_{EC}\times EI}{Q}+\frac{P_{OC}\times OI}{Q} \tag{3-2}$$

其中，P_{EC} 和 P_{OC} 分别是与 EC 和 OC 相关的投入价格。EI 和 OI 分别是与 EC 和 OC 相关的投入。为简化起见，假设 EI 和 OI 由劳动力和资本组成。平均成本受到投入价格上涨的正向影响。然而，在其他条件不变时，即使保持投入价格不变，平均成本也与生产过程中投入数量的增加呈正相关。因此，增加环境投入会提高平均成本，除非对产出产生的某些正向影响所抵消。一般的假设是，只有增加 OI 才能增加产量，而增加 EI 只能减少污染。后者是一种公共物品，没有相应的私人收益。平均成本与投入价格、投入和产出之间的关系用式（3－3）表示，式（3－3）反过来又由式（3－2）得出：

$$AC=\frac{P_{EC}}{\frac{Q}{EI}}+\frac{P_{OC}}{\frac{Q}{OI}} \tag{3-3}$$

平均成本受投入的价格和数量的正向影响，也受这些投入生产率的负向影响。假设为了减少污染，增加 EI 和 P_{OC} 其中一个或同时增加。如果投入生产率能够有效提高，则无须产生更高的平均成本。在这种情况下，增加环境投入不仅会降低与特定产出水平相关的污染水平，还将有助于提高企业的平均生产率。

如果污染企业是 X 无效率的，为减少污染物而重新组织生产过程所需增加的成本可以产生减少 X 无效率的程度所必需的激励措施，防止平均成本上升需要这些激励措施。无论是自愿还是通过规制的力量，努力成为环境友好型企业的公司实际上会变得相对更加 X 高效，以保持平均成本的竞争力。换句话说，企业决策者对于变得更加绿色的要求或愿望使它们将企业重新配置成更加 X 效率的生产单元，以便在竞争激烈的市场中生存[①]。事实上，如果生产率和减少污染的相关成本以抵消的方式上升，那么具有更高生产率和环境友好的 X 效率的企业可能与具有更低的生产率和 X 无效率的污染企业具有相同的平均成本。因此，X 效率的公司有可能在更高效以及合作的工作文化的基础上进行竞争，这种工作文化会产生更高水平的生产力，从而使环境友好型公司能够在竞争环境中生存甚至繁荣。在这些条件下，在竞争环境中有可能同时存在大量生产相同产品的企业，每一个企业的污染下降率及其相关成本都不同，抵消和投入的生产力也不相同。在这种情况下，与相对环保的公司相比，污染相对严重的公司没有成本优势。当然，在一个轻微 X 无效率的世界里，减少污染的成本可能不会被 X 无效率程度的降低所抵消，这就是传统新古典主义的观点。在这种情况下，降低污染水平会使绿色企业的平均成本提高，并使传统观点的分析预测变得可行。如图 3－1 所示，其中横轴从零开始，是一系列污染治理水平不同的企业。在图中，OB 范围内的企业以相同的平均成本 OA' 进行生产，这是由于提高减轻污染水平的成本被更高水平的 X 效率所补偿。以 B 点为例，在一定的减排水平下，平均成本会上升，是因为在给

① 这一论点，特别是环境法规或更环保的偏好对企业决策者在竞争环境中的 X 效率水平的潜在影响，是在其他地方详细发展的更一般的理论的一个子集（Altman，1996，1997），其中成本的增加可能会导致生产力抵消提高。这一替代理论框架有助于解释有效和无效经济制度同时存在的典型事实（Altman，2000）。从这个角度来看，污染密集型企业可以被视为一个无效（X 无效率）经济体制的一个子集，它可以与更高效、更环保的企业竞争。

定的技术水平下，投入的生产力不能长期足量地提高，以抵消减排成本的上升。

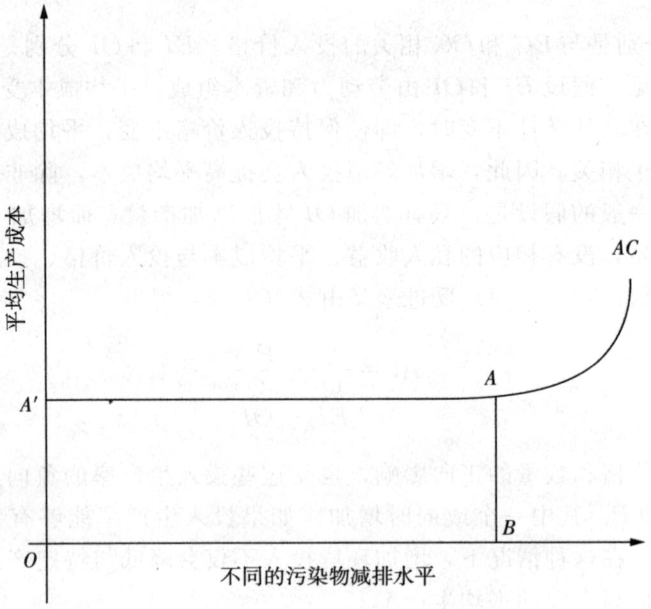

图 3-1　具有不同污染治理水平的企业的多重均衡

如果生产率的提高仅仅抵消了企业污染治理的成本，包括与提高企业的 X 效率相对水平相关的成本，那么进行污染治理或采用绿色战略不会给污染企业带来任何竞争优势。在没有环境规制的情况下，采用绿色战略就成为相对 X 无效率的污染企业的管理者和所有者的偏好问题。很明显，即使污染治理的成本增加并不会增加平均生产成本，绿色环保也不是免费的。与 Porter 假说不同的是，这里没有规定：从增加利润或降低单位生产成本的意义上来说，采用环境友好型的生产系统是有利的。因此，未能变得更环保并不意味着所有者和管理者在某种程度上系统性地忽视了市场经济中获利的经济机会。后者是 Porter 假说对传统新古典世界观所提出的基本困境。在 X 无效率的世界中，这种困境将不存在，环境规制将有机会推动企业决策者采用更绿色环保的生产过程，从长远来看，这些过程不会产生更高的成本或更低的利润。

3.2.2　诱导技术变革和环境规制

Porter 假说认为，企业可以在现有技术的限制范围内调整生产流程，从而在不产生更高成本或更低利润的情况下变得更环保。应用一个简单的诱导技术变化的行为模型，可以证明 Porter 假说可能是正确的，而且不会对传统的经济理论创造困境，即产生由企业决策者系统忽略的盈利机会。根据 Hicks（1932）确立的传统，假设要素价格和相对要素价格的变化影响技术变化的速度和路径。此外，在此文献的传统中，无论相对要素价格的变化如何，增加单位生产成本也会引起技术变化。Leibenstein（1973）假设，技术变化的速度受到企业中存在或预期存在 X 无效率的程度的影响。如前文所述，假设企业追求利润最大化，产品市场中存在完全竞争。

在图 3 - 2 中，资本和劳动是组成 OI 和 EI 的两种要素投入。后者需要减少污染物。资本和劳动力分别沿纵轴和横轴绘制。市场产出的初始均衡由等产量线 Q_1 上的 A 点给出。为了减少污染，需要更多的 EI，因此，需要更多的资本和劳动来生产一定水平的市场化产出。这可以通过预算线或等成本线从 $B'C'$ 向外移动到 BC 以及等产量线从 Q_1 向外移动到 Q_0 来说明，其中 Q_1 和 Q_0 的产出水平相等。新的均衡由等产量线 Q_0 上的 E 点给出。换言之，减少污染会增加市场化产出的平均成本，如 Q_0，因为生产特定水平的市场化产出需要更多的支出。为了使平均成本在减少污染的情况下保持不变，需要进行技术变革或降低 X 无效率的水平，使等产量线从 Q_0 移动到 Q_1，其中 Q_1 和 Q_0 的产出水平相等。在这种情况下，如果减少污染导致了技术进步或提高了 X 效率来抵消减少污染的成本，则单位成本不会增加。然而，通常生产率的提高同时也需要改善劳动条件，从而提高劳动的相对价格，这可以通过将等成本线的斜率从 $B'C'$ 增加到 $B'C''$ 来说明。在不进一步改进技术或进一步降低 X 无效率水平的情况下，利润最大化的企业将沿线 2 调整其投入组合为等产量线 Q_2 上的点 A^*，从而将单位成本降到最低。在现在单位成本更高、污染更少的情况下，为了生产等产量线 Q_1 给出的初始产出水平，并转化为生产市场化的产出，等产量线会沿着线 2 向外移动到等产量线 Q_1。然而，这一预期的或已实现的减少污染成本的增加可能会引发进一步的技术进步，将等产量线从 Q_1 移动到 Q_2，其中 Q_1 和 Q_2 的产出水平相等。由于等成本线 $B'C'$ 和 $B'C''$ 表示相同的支出水平，公司就可以按照原始的单位成本生产原始的产出水平。本节讨论了：X 无效率水平的降低和技术进步，预计将同时进行，以应对因减少污染而导致的成本增加。

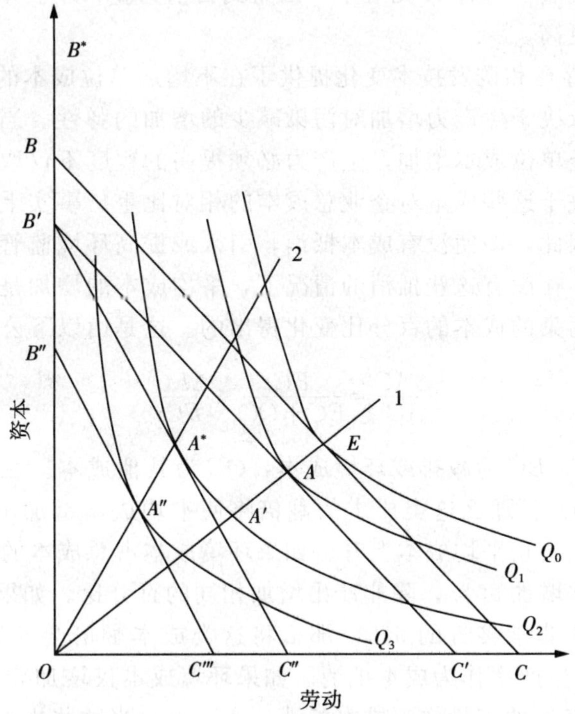

图 3 - 2　技术变革和污染治理

在这种情况下，一旦引入技术变革，污染相对密集型的企业与相对绿色的企业将以相同的单位成本生产市场化的产出。从这个角度来看，如果新技术没有为企业带来单位成本优势，那么污染密集型企业就没有动力采用新技术。此外，新老技术与特定成本和差异成本相关联，这些成本反映在等成本曲线 BC 和 $B'C''$ 中。换言之，减少污染技术需要投入时间、精力和资金。此外，如果要求企业提高 X 效率以使新技术具有成本竞争力，那么企业采用绿色技术的成本就会更高。因此，在缺乏监管的情况下，除非企业决策者的偏好促使其朝着这一方向发展，否则污染企业没有经济激励变得更环保。实际上，环境规制有助于诱发与环境有关的技术变革。只有当相对绿色的公司发展出更先进的技术，例如等产量线从 Q_2 移动到 Q_3，其中 Q_2 和 Q_3 的产出水平相等，并且等成本线从 $B'C''$ 向内移动到 $B''C'''$，绿色企业的单位成本才会低于污染严重的企业。在这种情况下，市场力量促使污染密集型企业变得更加环保。

Rosenberg（1982）就技术变革的过程提出了这样的观点："……存在着一个临界水平，在这个水平上新技术的成本比旧技术的成本更有竞争力。"因此，不必广泛采用新技术，除非使用新技术产生的生产成本低于旧技术。如果没有越过这个临界水平，只有环境规制才会导致绿色技术的广泛采用，此外污染相对密集的企业将不会通过避免绿色技术来放弃经济收益。诱发的技术变革为企业的绿色生产能力增加了另一个自由度，而不会导致单位生产成本上升或利润率下降。然而，值得重申的是，即使绿色技术具有成本竞争力，且不会导致平均成本增加，但这绝不意味着只要污染企业本身保持成本的竞争力和盈利能力，自由市场就会迫使它们采用这些技术。如果新技术为所有企业所熟知，且未被污染密集型企业采用，这就代表了一种 X 无效率，因为到目前为止，新技术产生的产出水平比旧技术可能的产出水平更高。

虽然 X 无效率的存在和诱发技术变化提供了在不增加单位成本的情况下减少污染的可能性，但这种可能性取决于生产力增加对污染减少的增加的弹性。当然，后者是一个实证问题。然而，为了防止单位成本增加，生产力必须提高的程度不仅取决于减少污染的成本增加的百分比，还取决于这些成本对企业总成本的相对比重。事实上，减排成本只是总成本的一个组成部分，因此，即使没有成本抵消，引入或提高环境监管的严格性也不需要单位生产成本增加太多。在没有这些抵消的情况下，平均成本的增加是由减少环境成本占总成本的比例乘以减少污染的成本的百分比变化得出的。这是由以下公式得出：

$$\frac{\Delta AC}{AC}=\frac{EC}{EC+OC}\times\frac{\Delta EC}{EC} \qquad (3-4)$$

其中，AC 为平均成本，EC 为减排或环境成本，OC 为其他成本。在极端情况下，如果减排成本占总成本的 100%，那么这类成本的翻倍将使平均成本增加 100%，产出将不得不增加相同的百分比，以防止平均成本上升。如果环境成本占总成本的 50%，那么这类成本的翻倍只会使平均成本增加 50%，除非产出增加相同的百分比。如果环境成本占总成本的比例下降到与典型事实非常接近的 3%，那么将这类成本翻倍会导致平均成本增加 3%，并且只需要提高 3%的生产率作为成本抵消。如果环境成本仅增加 50%，平均成本将增加 1.5%，则仅需增加 1.5%的产量作为成本抵消。实际上，当这些成本仅占总成本的一小部分时，企业更容易遵循环境法规。不用说，只要劳动生产率能够得到有效提高，引入或加强此类法规并不意味着生产成本变得高或更高。随着环境成本在总成本中所占份额的减少，通过降低 X 无效率水平和诱发技术变化而发生这种情况的可能性也随之增加，而且，这些成本占总成本的比例相对较小。

3.2.3　结论

传统新古典主义世界观对 Porter 假说提出的一个根本挑战是，它违背了最小贪婪公理，即个人，尤其是企业决策者，应利用 Porter 假说假定的一直存在于污染治理领域合理的经济机会。根据这个论点的逻辑，假设环境监管必须增加私营企业的经济成本并降低其利润。此外，证明此类监管通常不会影响企业的竞争优势的证据，可归因于与企业抵消污染减排成本的能力无关的因素。

与传统的智慧相反，在一个存在努力的自由决定权、存在 X 无效率的世界中，企业的决策者可以被环境法规诱导变得更加高效和绿色。因此，企业可以被诱导产生更多的市场化产出（“好的商品”）和更少的污染物（“坏的商品”）。在本章节提出的模型中，如果合理的最大化企业只用于抵消减少污染的成本，那么它们会避免使用更绿色的生产系统和技术。此外，如果绿色生产的单位生产成本低于污染相对密集的企业的单位生产成本，正如传统理论所预测的那样，绿色企业会将污染企业赶出市场。在这种情况下，无须制定环境法规。然而，从理论上说，如果变得更加环保是一个代价高昂而非免费的过程，而且它只起到抵消私人成本的作用，使决策者在经济上不会比一开始更好，那么就有理由期望决策者会避免变得更环保。然而，这种逃避给社会带来的代价不仅是更高的污染水平，而且是一种比必要的效率更低（更加 X 无效率）的经济。这还不包括减少污染所带来的公认的社会效益。在这种情况下，环境规制有助于促进经济发展。

思考题

1. 严格的环境规制一定会减少企业的利润吗？

2. 试着将企业面临的环境规制成本纳入传统的企业生产经济模型中，并给出企业应对环境规制的生产策略。

第4章 绿色公共物品理论

本章提出了私人提供公共产品的一般模型，包括选择使用非纯的公共产品（Impure Public Goods）。该模型用于研究“绿色市场”的正向和规范性结果，使用共同生产私人产品和环境公共产品的经济学思想。结果表明，在合理假设下，绿色市场对环境质量和社会福利的影响具有两面性。该分析同样适用于非环境选择的情景，适用案例是从对社会负责的投资到与慈善筹款有关的商业活动。

4.1 非纯公共物品理论

过去25年来，关于私人提供公共物品的文献得到了广泛的发展。这一领域理论研究的一般假设是，个人在私人产品消费与对纯公共物品的贡献之间做出选择。基于这一假设的模型为理解私人提供的公共产品奠定了基础。然而，个人越来越多地面临第三种选择：消费不纯的公共产品，即可以共同产出私人产品和公共产品。本章解决了消费非纯公共物品的选择如何影响私人供给和社会福利的一些基础问题。

“环境友好型”商品和服务市场是经济中非纯公共产品供应增加的例证。这些市场的显著特点（以下简称“绿色市场”）是通过联合生产私人产品和环境公共产品而产生的非纯公共产品（即绿色商品）的可得性。例如，考虑不断增长的“绿色电力”市场，即使用可再生能源发的电。消费者越来越多地选择购买绿色电力，其价格补偿适用于家庭的全部或部分用电。作为回报，绿色电力的生产会减少化石燃料产生的电力产生的污染排放。因此，绿色电力的消费者购买联合产品-电力消费和减少污染物排放。另一个例子是，高价、阴凉处生长的咖啡市场规模的日益扩大，咖啡是在热带森林的树冠下种植的，而不是在开阔的田地里种植。树荫下种植的咖啡有利于增加热带生物多样性，包括为候鸟提供了重要的避难所。因此，树荫下生长的咖啡的消费者也购买联合产品-咖啡消费和生物多样性保护。

一般来说，绿色市场正在许多经济领域发展，以回应对环境有利的商品和服务的支付补偿。根据美国市场调查，绿色产品占经济中所有新产品引进量的9.5%（营销情报处，1999），分析家认为绿色市场的增长和机会是小企业的“下一个大事件”（MurphY，2003）。此外，全球绿色市场规模的扩大也促使了数十个国家数千种产品的认证和贴标。促使这些趋势产生的原因是，许多政府、非政府组织和行业鼓励将绿色市场作为一种分散机制，以鼓励私人支持环境公共产品。

除了绿色市场之外，人们越来越普遍地看到具有各种私人和公共特征的联合产品。在许多情况下，公司只是将一定比例的利润捐赠给慈善事业。这种做法从化妆品和冰淇淋等商品到信用卡和长途电信等服务中都存在。许多慈善和非营利组织通过出售私人物品（如剧院门票和杂志订阅）来资助他们的活动。最后，“对社会负责”投资的机会将正向的外部性与投资回报相结合。在这些例子中，联合产品构成了一种不纯的公益，具有私人和公共特征。

本章提出了私人提供公共产品的一般模型。基于消费者行为的特征方法（Lancaster，

1971；Gorman，1980），该模型假定个人从商品的特征而不是从商品本身获得效用。该模型假定个人有机会通过消费私人产品为纯粹的公益做出贡献，每项活动都产生自己的特点。此外，通过非纯公共物品的消费，可以同时获得同样的私人和公共特征。

该模型的显著特征是可通过多个活动获得相同的特征。如上文所述，标准纯公共物品模型只有私人物品和公共物品。在标准的不纯公共物品模型中，不纯公共物品的特征不能通过其他方式获得（Cornes 和 Sandler，1984，1994）。这种设置已在其他模型中扩展，通过直接捐赠来获得公共物品的特征（VicarY，1997，2000），但不纯公共物品的私人特征仍然不可获得。与此相反，本章的模型可适用于不纯公共物品的两种特征可分别获得的情形①。

选择设置的这种泛化使模型得以广泛应用。在绿色市场中，该模型可阐释这样一个事实，即个人通常有三种相关选择：传统的纯私人产品、直接捐赠给环境纯公共产品以及绿色非纯公共产品，该非纯公共产品共同提供其他两个选择的特征。例如，绿色电力的消费者可以选择购买传统电力并直接捐赠以减少排放。同样，消费者可以选择购买传统咖啡，并捐赠以保护热带生物多样性。

第二节介绍模型。之后本章重点介绍了三个主要问题：绿色市场是否真正导致环境质量的改善？环境质量发生变化的能力如何取决于经济中个体的数量？绿色市场将如何影响社会福利？虽然模型是讨论绿色市场和环境质量，但该结果适用于有替代方式的不纯公共产品获得其联合产品的任何市场环境。

虽然绿色市场可以改善环境质量，但事实证明，在合理的条件下，引入绿色市场或改进绿色技术，实际上会阻碍私人提供环境公共物品。然而，如果经济在个体数量方面足够强大，或者环境质量是私人消费的总消耗，这种违反直觉的结果将不复存在。该模型的另一个惊讶之处在于，虽然绿色市场既扩大了市场商品的选择范围，又扩大了生产特征的可能性，但绿色市场仍可以实现福利改善。总体而言，这些结果对于绿色市场作为改善环境质量机制有关的公共政策产生了影响。研究发现还有助于理解不纯公共物品如何影响私人福利和社会福利。

4.2　模型

经济中有 $i=1, \cdots, n$ 个个体。个人从商品的特征而不是从商品本身中获得效用。为简单起见，假设有两个特征，X 和 Y。特征 X 具有复合私有产品的属性，而特征 Y 具有纯公共产品的属性。可以把 Y 解释为环境质量。每个人的偏好都由严格递增的拟凹效用函数 $U_i=U_i(X_i, Y)$ 表示，其中，X_i 是个人 i 在 X 上的私人消费，Y 是公共物品特征的总供给，满足 $Y=\sum_{i=1}^{n} Y_i$，其中，Y_i 是个人的 i 私人供给。

每个人都被赋予了外生财富 $w_i>0$，其可以分配给三种市场商品：一种传统的商品 c_i，产生 X_i，一种直接捐赠 d_i，产生 Y_i，以及一种绿色（或不纯公共）商品 g_i，共同产生 X_i 和 Y_i。为了简化符号，选择 c_i、d_i 和 g_i 的单位，将所有价格标准化为一。此外，选择

① Kotchen（2005）的研究中具有类似的设置，但分析侧重于个人行为的比较静态结果。

X_i 和 Y_i 的单位，以使一个单位的 c_i 生成一个单位的 X_i，一个单位的 d_i 生产出一个单位的 Y_i。令 $\alpha > 0$ 和 $\beta > 0$ 描述绿色技术，使一个单位的 g_i 产生 α 单位的 X_i 和 β 单位的 Y_i。最后，假设市场商品和特征之间的相互关系是外在确定的，并且被所有人知道。接下来，本节将考虑纳什均衡，在该策略中，每个人选择如何在购买这三种商品时分配资金。

为适用于最感兴趣的情形，其中 c_i、d_i 和 g_i 都是可变商品，有必要对绿色技术进行进一步的假设。

技术假定：$(i) 0 < \alpha < 1$，$(ii) 0 < \beta < 1$，$(iii) \alpha + \beta = 1$。

此假设意味着 c_i 是获取 X_i（第一部分）的成本最小的唯一途径，d_i 是获取 Y（第二部分）的成本最小的唯一途径，而 g_i 是同时获取 X_i 和 Y_i（第三部分）的弱最小成本途径。

每个人把其他人的行为当作是外生的。尤其注意的是，个人 i 把其他人的贡献当成既定的，即 $Y_{-i} = \sum_{j \neq i} Y_j$。个人 i 在市场商品的选择中效用最大化的问题可以表示如下：

$$\max_{c_i, d_i, g_i} U_i(X_i, Y_i + Y_{-i})$$

满足 $$X_i = c_i + \alpha g_i, \ Y_i = d_i + \beta g_i, \ c_i + d_i + g_i \leqslant w_i。 \tag{4-1}$$

式(4-1)的解在特殊情况 $\alpha+\beta=1$ 下不唯一。这是因为任何涉及严格正数量的 X_i 和 Y_i 的特性都可以以相同的成本用无限数量的商品束捆绑获得。但是，如果 $\alpha+\beta>1$，则式(4-1)的解是唯一的。此外，在这种情况下，个人永远不会同时选择 $c_i > 0$ 和 $d_i > 0$。因为如果发生这种情况，可以通过增加 g_i 和减少 c_i 和 d_i 的方式，以更低的成本获得相同的 X_i 和 Y_i。

把式(4-1)写成特征的选择而非商品是有效的。图 4-1 显示了预算集关于(X_i，Y)的两种可能性。如果 $\alpha+\beta=1$，则边界是线性的(虚线段 BM)；如果 $\alpha+\beta>0$，则边界是分段线性(线段 BEM)。扭结点 E 是所有收入都花在 g_i 上的分配。定义 $\varphi=(1-\alpha)/\beta$ 和 $\gamma=(1-\beta)/\alpha$。请注意，$1/\varphi$ 是线段 EM 上的价格比 p_X/p_Y，其中，个人不直接捐赠给公共物品(即 $d_i=0$)。此外，γ 是线段 BE 的价格比，其中个人不购买纯私人产品(即 $c_i=0$)。

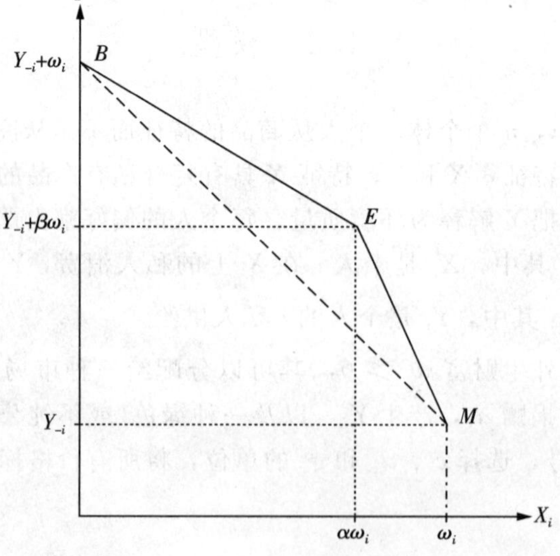

图 4-1　特征空间上的预算前沿面

在另一种情形中，预算集是凸的，并且式(4-1)可以改写为：

$$\max_{X_i,\ Y_i} U_i(X_i,\ Y_i+Y_{-i})$$

满足 $$X_i+\varphi Y_i \leqslant w_i,\ \gamma X_i+Y_i \leqslant w_i \tag{4-2}$$

同样，个人的选择问题可以通过选择 Y 的总体水平来描绘：

$$\max_{X_i,\ Y} U_i(X_i,\ Y)$$

满足 $$X_i+\varphi Y \leqslant w_i+\varphi Y_{-i},\ \gamma X_i+Y \leqslant w_i+Y_{-i},\ Y \geqslant Y_{-i} \tag{4-3}$$

以这种方式描绘问题会产生个体的"全额收入"预算限制，这一预算限制包括个人收入加上其他人提供的公共产品的外溢价值。全额收入相当于 Becker(1974) 的"社会收入"概念。

式(4-3) 的解是沿 *BEM* 前沿面的某处分配，线性前沿面 *BM* 是一个特例。可以以个人对 Y 的需求来表示该问题的解。

简化 w_i 的表示方法，令函数 $f_i(Y_{-i},\ \alpha,\ \beta)=Y$ 代表式(4-3) 的唯一解。

最后一个假设是私人提供公共物品模型的标准假定。它只是假设私有和公共产品(或特征 X_i 和 Y) 都是正常商品。从形式上讲，假设可以表述如下。

正常商品假设。考虑两种不同的分配，其中个人 i 的边际替代率相等：$MRS_i(X'_i,\ Y')=MRS_i(X''_i,\ Y'')$。然后，如果 $Y''-Y'>0$，则存在一个常量 ε，满足对所有的 i，$X''_i-X'_i \geqslant \varepsilon>0$。

正常商品假设的一个有用的含义是 $0<\dfrac{\partial f_i(\cdot)}{\partial Y_{-i}} \leqslant 1$。可以把这一导数解释为个人 i 对其他人财富溢出变化的全收入扩展路径的斜率。每个人对 Y 的需求都在随着财富溢出的增加而增加。在内部解中，该斜率严格小于 1。这是因为最低收入量必须花费在 X_i 上。斜率在点 E 必然等于 1，其中所有收入都花在绿色产品上，或者在 M 点，其中所有收入都花在私人产品上。如果溢出足够大，就会出现角点解，这样个人完全搭便车，并且 $f_i(Y_{-i},\ \alpha,\ \beta)=Y_{-i}$。注意，该等式必然有解，这是因为在内部解的范围内 $\dfrac{\partial f_i(\cdot)}{\partial Y_{-i}}$ 严格小于 1。

第一个命题表明唯一存在纳什均衡。

命题 1：对于所有的 i，在$(X_i^*,\ Y_i^*)$上，存在唯一的纳什均衡；如果 $\alpha+\beta>1$，均衡选择$(c_i^*,\ g_i^*,\ d_i^*)$也是唯一的。

4.3　绿色市场与均衡供给

本节考虑绿色市场影响 Y 均衡供给的不同方式。虽然从直觉上可能认为引入绿色市场或改善其技术将增加环境质量的供给，但实际上均衡供给实际上可能会减少或保持不变。

本节从特殊情况 $\alpha+\beta=1$ 开始。在这种情况下，式(4-2) 中的效用最大化问题等价于在 g_i 不可获得的市场情景中，即当个人只能在 c_i 和 d_i 之间做出选择。这相当于私人提供公共物品的标准模型的假设。如果令 $Y^*(0,\ 0)$ 代表在没有绿色市场情况下的均衡供给情况，则式(4-2)保持不变这一事实证明了以下结果。

命题2：如果 $\alpha+\beta=1$，则 $Y^*(0, 0)=Y^*(\alpha, \beta)$。

命题2表明引入以满足 $\alpha+\beta=1$ 生产技术的绿色市场，对公共物品的均衡供给没有影响。另一个值得强调的结果是，满足 $\alpha+\beta=1$ 条件的不同绿色技术将产生相同的供应水平，该水平与根本没有绿色市场时没有什么不同。

命题2的含义很重要，因为它们适用于绿色商品只是单位商品束的情况。例如，如果处于完全竞争市场中的公司将其收入的一部分(即 β) 捐赠给公共物品，该公共物品与公司产品或服务的生产无关。在这种情况下，无论 β 的水平如何，绿色市场就会出现中性。这是因为，个人除了购买 g_i，要同样满足于购买 α 单位的 c_i 和直接捐赠 β 单位的 d_i。值得注意的是，此命题中的隐含假设是标准化的价格，考虑了与两种不同备选方案关联的交易成本的潜在差异。

现在来看更一般的情景，即 $\alpha+\beta>1$。两个简单的例子可用于演示不同的可能性。假设经济体由两个具有相同禀赋 $w_i=w$ 和偏好的个体组成，不变弹性的替代效用函数为 $U_i=(X_i^\rho+Y^\rho)^{1/\rho}$。令 $w=100$ 和 $\rho=0.3$。如果没有绿色市场，纳什均衡将是对称的，并且直接解出每个人的均衡供给水平为 $Y_i^*=\frac{w}{3}$，则加总的供给水平为 $Y_i^*=\frac{2w}{3}=67$。以此 Y 的供给水平作为下面包含一个绿色市场的例子的参考点。

案例A：绿色技术的特点是 $\alpha=\beta=0.6$。求解每个人的均衡提供水平，$Y_i^A=\varphi^{\pi-1}w/(2+\varphi^\pi)$，其中，$\pi=\rho/(\rho-1)$。代入数值，有 $Y^A=2Y_i^A=112$。图4-2(a)说明了此示例的环境质量从 Y^* 提高到了 Y^A。

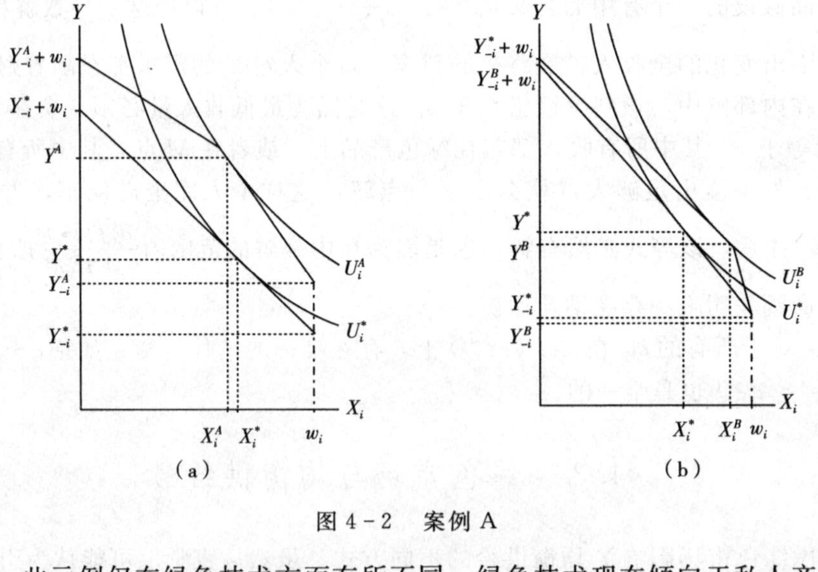

图4-2 案例A

案例B：此示例仅在绿色技术方面有所不同，绿色技术现在倾向于私人产品特征的生产，即 $\alpha=0.9$ 和 $\beta=0.3$。求解每个人的均衡提供水平，$Y_i^B=w/(1+2\gamma^\pi)$。代入数值，有 $Y^B=2Y_i^B=62$。图4-2(b)说明了此示例的环境质量从 Y^* 降低到了 Y^B。

为了从这些例子中获得启示，假设引入绿色市场会对每个人有双重作用。第一种是价格效应，即 Y_{-i} 保持不变，X_i 和 Y 的隐含价格发生了变化。第二个是溢入效应，即 Y_i 水平的变化。这两种效应都有助于改变每个个体对 Y 的需求，进而影响 Y 的均衡水平。

在案例 A 中，价格效应和溢入效应都刺激了对 Y 的需求。两个个体都移动到新的预算线的下部，因此面临较低的 Y 的相对价格(从单位 1 到 $\varphi<1$)。这种价格效应刺激了对 Y 的需求，进而刺激了对 Y 的供给。然后，每个增加的供给水平增加了对于其他人的 Y_{-i} 水平。这会产生积极的溢入效应，因为 Y_{-i} 的增加提高了全收入水平并且 Y 是正常商品。总的结果就是 Y 的均衡水平的增加。

与之相反，案例 B 描绘了价格效应和溢入效应都降低了 Y 的需求的情况。个体移动到新预算边界的上部，因此面临较低的 X_i 的相对价格(从单位 1 到 $\gamma<1$)。该价格效应减少了对 Y 的需求，因为在示例中，$\rho\in(0，1)$，Y 是 X 的总替代品。然后，随着个体开始减少他们的供给，溢入 Y_{-i} 同样也减少了。这会产生负的溢入效应，总体结果是 Y 的均衡水平下降。

价格效应对于解释这两个示例之间的数量差异尤为重要。价格效应在案例 A 中刺激了对 Y 的需求，而在案例 B 中，它减少了对 Y 的需求。因此，值得强调的是，示例 B 中的负价格效应是 Y 作为 X 的总替代品的结果。如果 Y 是 X 的总互补品，这意味着对 Y 的需求随着 p_x 的增加而下降，引入绿色产品或改进绿色生产技术的价格效应总是(弱) 正向的，就有如下引理的表述。

引理 1：对于个体 i，如果 Y 是 X_i 的总互补品，则对于所有的 $\alpha\leqslant\alpha'$ 和 $\beta\leqslant\beta'$，有 $f_i(Y_{-i}，\alpha，\beta)\leqslant f_i(Y_{-i}，\alpha'，\beta')$。

引理 1 可以通过几何方法来证明。当 Y_{-i} 保持不变，技术从$(\alpha，\beta)$到$(\alpha'，\beta')$的改变只能扩展个人的预算集。新的边界类似于图 4 - 1 中的线段 BEM，初始边界完全位于其中。线段 BE 上的新组合消费束意味着 X 价格的降低，而线段 EM 上的消费束意味着 Y 价格的降低。如果 Y 是 X 的总互补商品，则这两种情况都意味着对 Y 需求的增加。在拐点 E 处，对 Y 的需求只能增加或保持不变。最后一种可能性是，对 Y 的需求保持在拐点 M 处，由于 Y_{-i} 保持不变，对 Y 的需求也就保持不变。因此，这表明对 Y 的需求不可能减少，引理 1 必然成立，

将引理 1 的证明放到均衡结果上同样成立。当绿色产品可获得时，如果每个个体都愿意贡献更多的 Y，那么引入绿色市场将增加 Y 的均衡供给水平。同样地，如果改善绿色产品的生产技术刺激了每个个体对 Y 的需求，就会增加均衡的供给水平。这两个结果都在下一个命题中提及。

命题 3：对于个体 i，如果 Y 是 X_i 的总互补品，则对于所有的 $\alpha\leqslant\alpha'$ 和 $\beta\leqslant\beta'$，有 $Y^*(\alpha，\beta)\leqslant Y^*(\alpha'，\beta')$。

如果没有总互补商品的条件，那么绿色市场可能会导致一些个体经历正向的价格效应，而使另一些个体经历负的价格效应。因此，均衡供给水平的变化将取决于偏好、收入分配和绿色技术。案例 A 和 B 表明，如果 Y 是 X_i 的总替代品，那么引入绿色市场或改进绿色生产技术可以增加也可以减少公共物品的供给水平。环境质量下降的可能性同样存在，因为绿色市场技术的变化会影响私人消费和环境质量的相对价格。

4.4　大经济体中的绿色市场

众所周知，群体规模影响私人公共产品供应的均衡结果。本节讨论群体规模如何影响绿色市场对Y的均衡供给水平，有两个主要结果：① 首先，如果经济规模足够大，就个体数量而言，那么基于满足$\alpha+\beta>1$条件的绿色生产技术的绿色市场将会挤出所有的直接捐款；其次，在一个足够大的经济体中，绿色市场对均衡供给水平的影响是模糊的，引入绿色市场或改进其技术绝不会减少Y的总供给水平。② 首先，需要建立改变经济规模的机制，一个有效的方法是通过一系列复制经济来添加个体。考虑由n个个体组成的经济体，其中每个人代表一个独一无二的类别；其次，扩大经济规模，复制到最初经济体的q倍，因此经济q由$N=nq$个个体组成，在初始经济中具有每种类型的q个个体，即具有相同的偏好和禀赋。

命题4：如果$\alpha+\beta>1$，则存在若干经济复制$\hat{q}\geqslant1$，满足对于所有的$q\geqslant\hat{q}$，在经济体q中的均衡直接捐赠为0，即对于所有的i，有$d_i^*(q)=0$。

命题4的直觉直接源于纯公共物品模型。从标准的模型可知，愿意捐款的人数的增加将增加总的供给水平。但是，与此同时，每个贡献者有更大的激励搭便车，因此贡献更少。同样的推理也适用于绿色市场，但还有如下结果，个体的较低供给水平最终将意味着没有直接捐赠，因为个体仅通过绿色产品提供较低数量的Y。

在大型经济体中，绿色市场对Y的均衡供给水平有何影响？本节已经表明，如果$\alpha+\beta=1$，绿色市场对均衡供给水平没有影响。如果$\alpha+\beta>1$，绿色市场可以增加或减少Y的总供给水平。本节可以得到进一步的结果，就意味着在足够大的经济体中，绿色市场的影响是模糊的。

命题5：存在若干经济复制$\hat{q}\geqslant1$，满足对于所有的$q\geqslant\hat{q}$，对所有的$\alpha\leqslant\alpha'$和$\beta\leqslant\beta'$，均衡结果将满足$Y^*(\alpha,\beta,q)\leqslant Y^*(\alpha',\beta',q)$。

命题5表明，在任何足够大的经济体中，引入绿色市场或改进绿色技术不会减少总供给水平，并且通常会增加总供给水平。对该命题的证明是已经证明结果的一个特例。技术的实际改进意味着$\alpha'+\beta'>1$。从命题4中可知，在技术(α',β')中，存在一个$\hat{q}$，满足对于所有的$q\geqslant\hat{q}$，经济体中不存在个体进行直接捐赠。因此，只要表明如果没有个体在新技术下直接捐赠，那么均衡供给水平必然(弱)增加。但这一结果可直接来自引理1和命题3。如果新技术没有直接捐赠，则引理1在没有总的互补商品的条件下，引理1对每个个体都适用。因此，对命题3的证明也无须互补商品的条件，这便证明了命题5。

命题5显示了个体数量、直接捐赠的数量和公共物品的总供给水平之间的相互作用。在较大的经济体中，个体不太可能直接捐款，而是选择通过绿色产品提供环境质量。然而，在更大的经济体中，绿色技术的改进很有可能提高环境质量的整体供给水平。

4.5　社会福利

在其他人提供的公共物品水平固定的条件下，引进或改进绿色技术可以扩大每个人的选择集和生产的可能性。然而，绿色市场并不一定会产生帕累托改进。本节使用一系列例子来说明引进或改进绿色技术对社会福利可能产生的后果。结果表明，即使公共产品的总供应水平增加，某些个体的效用也可能下降。如果公共产品的总供给水平减少，那么所有个体的效用都可能会下降。

首先从绿色市场增加 Y 的总供给的案例开始。图 4－2(a) 描述了帕累托改进的案例。如果再次考虑价格效应和溢入效应，很明显，Y 的较低价格和增加的溢入效应都会导致正向的收入效应，从而导致两个人的效用增加。

一般个人偏好和禀赋的异质性会导致绿色市场价格效应的符号和大小的差异，而这反过来又会诱使某些个体提供更多的 Y，而其他人提供更少的 Y。因此，虽然 Y 净增加，隐含价格下降，但由于大量减少的溢入效应，对其收入产生了负向影响，某些个体的福利会下降。换句话说，绿色市场可以转移供给的负担，使某些人的处境变得更糟。可以证明，无论 Y 是 X_i 的替代品还是互补品，这种情况是可能的。

现在考虑绿色市场导致 Y 的总供给减少的情形。图 4－2(b) 说明了帕累托改进的另一种情况。虽然两个个体的供给均下降，减少的溢入效应会产生负的收入效应，但这些影响被 X_i 较低价格带来的正向的收入效应所抵消。因此，虽然 Y 下降，但对两个个体而言，效用都增加了。

也许最违反直觉的可能性是绿色市场使每个人的福利均变得更糟。图 4－3 给出了一个示例($w=100$，$\alpha=0.95$，$\beta=0.15$，$\rho=0.88$)。同样，均衡的供给水平下降(从 Y^* 到 Y^+)，减少的溢入效应对两个个体均产生了负的收入效应。但在这种情况下，X_i 较低价格产生的正向收入效应不足以抵消这一影响。因此，两个个体的效用都会下降(从 U_i^* 到 U_i^+)。

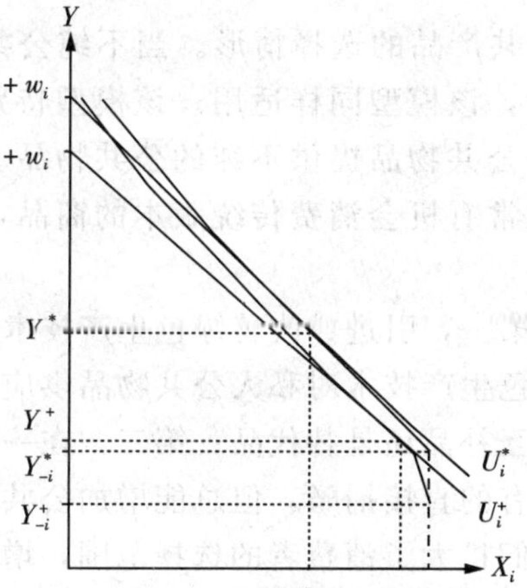

图 4－3　绿色市场导致供给水平和效用下降

绿色市场何时会降低福利？假设有 n 个个体有相同的偏好和禀赋，即便存在绿色商品，他们也直接捐赠。在这种情况下，该分析与 Cornes 和 Sandler(1989) 关于公共物品经济增长可能性的研究有着密切的相似之处。他们的方法可以适用于推导出在 $dU/d\alpha<0$ 和 $dU/d\beta<0$ 条件下的均衡结果。这些条件为：

$$\frac{dU}{d\alpha}<0 \Leftrightarrow \gamma X_i < \frac{\alpha f_\alpha(Y_{-i}, \alpha, \beta)}{f_{Y_{-i}}(Y_{-i}, \alpha, \beta)-[n/(n-1)]} \tag{4-4}$$

$$\frac{dU}{d\beta}<0 \Leftrightarrow \gamma X_i < \frac{\alpha f_\beta(Y_{-i}, \alpha, \beta)}{f_{Y_{-i}}(Y_{-i}, \alpha, \beta)-[n/(n-1)]} \tag{4-5}$$

正常商品假设表明上述不等式右侧的分母为负值，因此，分子必须是负的，以满足条件。因此，Y 是 X_i 的总替代品是必要条件但非充分条件。价格效应（f_α 或者 f_β）的量越大，条件就越有可能得到满足。这与 X_i 和 Y 之间较大的替换弹性是一致的。如图 4-2(b) 和图 4-3 中的无差异曲线之间的对比所示。另一些重要的事实是，使贫困化更可能发生的是较大的溢入效应，由 $f_{Y_{-i}}$ 表征；绿色生产技术更有利于 X_i 的生产，由较大的参数 α 表征；较低的 X_i 的初始消费，意味着绿色市场上 X_i 价格下降的收入效应将不那么显著；更大的 n 意味着更多的个体减少了他们的供给水平，并降低了每个个体的溢入水平。

在异质性偏好和禀赋的情况下，当个人对特征价格的变化反应更灵敏时，绿色市场将会产生更大的影响。如果绿色市场鼓励提供公共产品，该市场更有可能改善社会福利。相反，如果绿色市场激励替代公共产品，福利影响就有可能是负面的。当绿色生产技术有利于私人特征的生产，并且当私人特征的初始消费相对较低时，这种福利降低的可能性就更大了。

4.6 结论

本章分析了私人提供公共产品的选择情形。当不纯公共产品的特征可以通过私人物品和纯公共物品分开获得时，该模型同样适用。该模型特别适用于绿色市场，该市场通过联合生产私人商品和环境公共物品提供不纯的公共物品。绿色市场符合这种模型是因为除了绿色商品，消费者通常有机会消费传统版本的商品，并直接捐赠相关的环境公共物品。

本章有四个主要结论：第一，引进或改善绿色生产技术可以增加或减少私人提供的相关环境公共物品；第二，绿色生产技术对私人公共物品供应水平的影响，在很大程度上取决于公共物品是私人消费的互补品还是替代品；第三，在一个足够大的经济体中，引进或改进绿色生产技术将挤出所有的直接捐赠，但总能增加公共物品的供给水平；第四，绿色生产技术可以改善福利，它们扩大了消费者的选择范围，增强了生产的可能性。

如果私人供给部分是由于光辉形象的效应，结果会如何变化？使用光辉形象的偏好，个体效用函数可表示为 $U_i=U_i(X_i, Y, Y_i)$，这意味着从自己的供给水平中获得独特的私人收益（Andreoni，1989，1990）。唯一可能的不同是对于一个足够大的经济体，相关的结果可能不再成立。如果光辉形象动机足够强烈，无论其他人提供多少 Y，他们都可以继续直接捐赠。因此，在一个非常大的经济体中，绿色市场的价格效应也有可能抑制 Y 的供给。

经济体中不纯公共产品不断增加的可得性有积极的和规范的结果。在绿色市场的背景下，本章展示了这些后果是如何反直觉的。虽然鼓励绿色市场是为了改善环境质量、提高社会福利，但其实际效果可能对两者都有不利影响。这些结果为了解绿色市场作为分散的环保政策机制的潜在优缺点提供了新的见解。这些结果也可应用于其他更加一般的情景，比如对社会负责任的投资和通过商业活动进行慈善筹款等，在这些例子中，不纯公共物品的联合产品也可单独获得。

思考题

1. 私人供给的绿色公共物品在什么条件下可以达到社会所需的最优水平？

2. 根据本章的理论，在私人能够供给一定水平的绿色公共物品的基础上，政府应如何制定政策，以实现绿色公共物品的社会最优供给量？

第5章 绿色国民经济核算

绿色国民经济核算体系，又称资源环境经济核算体系、综合环境经济核算体系（联合国有关文献使用的概念是 System of Integrated Environmental and Economic Accounting，缩写为 SEEA）。它是指在全面、协调和可持续的发展观指导下，通过建立经济环境的投入产出关系，把经济活动过程中的资源环境因素反映在国民经济核算体系中，将资源耗减成本、环境退化成本、生态破坏成本以及污染治理成本（或环境保护成本）从 GDP 中加以扣除这样一种新的国民经济核算体系。绿色国民经济核算体系可以提供一整套反映经济与环境关系的数据，为环境经济决策分析、科学地进行政府绩效考核提供依据。本章从资源和环境的价值理论与估价方法、国际上典型的绿色国民经济核算体系和常用的绿色宏观经济指标三个方面对绿色国民经济核算作简要介绍。

5.1 资源和环境的价值理论与估价方法

5.1.1 资源与环境价值理论

1. 自然资源与环境的使用价值

马克思在《资本论》中指出：每一种这样的物都是许多属性的总和，因此可以在不同的方面有用，发现这些不同的方面，从而发现多种物的使用方式，是历史的事情。这说明：物的使用价值是多方面的；人对物的使用价值的认识有其历史的局限性，然而是不断向前发展的。一般来说，人类对客观世界使用价值的认识主要来自三方面的影响，即科学技术水平、生产力水平和客观世界自身的表现。自然资源与环境的使用价值是多方面的，人类对它们的认识也有一个发展的过程，不同的时期，人们对同一自然资源使用价值的认识与利用的广度和深度也不同。随着现代生态学、生态经济学和系统科学及其他应用科学的出现与应用，人类认识自然、改造自然的能力不断提升，人们从正反两方面逐渐认识到，不但以组成生态系统的资源要素为原料而制造出来的商品有使用价值，如粮食、果品、畜禽水产品、林木等，而且生态系统所表现出来的生态效益，如保持水土、调节气候、防风固沙、娱乐休息等对社会生产和人民生活也起着很重要的作用，即生态环境系统也具有使用价值。可见，不论从单个元素的角度或从整体系统角度来看，自然资源和环境都具有使用价值。

作为自然资源系统中某一个单个的要素，当它被开发参加社会商品生产时，就具有一般产品生产的特性，如森林中砍伐出的木材、水体中捕出的鱼类等，无论是作为使用价值还是作为价值来说，和一般的矿藏开采、农田种植所生产出的产品是同样的。本节讨论的是那些作为生态系统组成部分而存在的自然资源又称生态资源的使用价值和价值问题，如天然森林、自然水域等。

2. 自然资源与环境的价值

马克思主义经济学认为价值是凝结在商品中的一般的无差别的人类劳动或抽象的人类劳动，而商品的价值量由生产商品所消耗的人类劳动量来决定，也就是生产商品所耗费的社会必要劳动时间的多少来决定。作为人类劳动与自然生产结合的产物，自然资源也是使用价值与价值的统一体。

马克思在考察商品价值时采取了从具体到抽象的方法，提出：如果把生产活动的特定性质撇开，生产活动就只剩下一点："它是人类劳动的耗费。""使用价值或财务具有价值，只是因为有抽象人类劳动体现或物化在里面。""只是社会必要劳动量，或生产使用价值的社会必要劳动时间，决定该使用价值的价值量。"这就表明，任何商品的价值都是人类劳动的凝结，离开了人类劳动便没有什么价值可言并且其价值的大小只是与无差别的人类劳动量的多少有关，与产品具体形态无关。那么，在什么样的条件下人类劳动才能凝结为价值呢？对一般商品的生产劳动来说，首先，这种劳动必须是有用劳动，它创造的使用价值能够满足人们的某种需要，只有这样，它才有与劳动相交换的可能性及权利；其次，使劳动表现为价值的，不是物品的有用性，而仅仅是特定的社会形式或社会关系——商品交换关系；最后，这种劳动必须以其对人类的有用性或使用价值为载体并通过使用价值的让渡，从而得到社会的承认，于是私人劳动转化为社会劳动，价值得以实现。马克思说过，价值只是无差别的人类劳动的单纯凝结，即不管以哪种形态进行的人类劳动力耗费的单纯凝结。自然资源与环境的价值和商品价值是完全同质的，只是两者在量的规定及表现形式等方面存在差别。

5.1.2　自然资源估价方法

上一节介绍了自然资源与环境价值理论，形成了对自然资源与环境估价的原理和准则。但是，这些依据原理和准则都还是自然资源与环境估价的一般性思路，要确定特定的自然资源和环境的价值，还需要加以具体化。本节内容讨论自然资源估价方法，下一节讨论环境估价方法。

1. 现值法

现值法是人们针对地下资源等自然资产进行估价所提出的一种方法。该方法认为地下资产等自然资源的出售价格超过各项成本之和的部分，即为其内在"价值"。如果地下资源是在若干年内开采出来的，则应视其开采时距现在的时间长短，对自然资源的价值进行贴现，各年的现值总和即该自然资源存量的价值。估价模型为：

$$V=\sum_{t=0}^{T}\frac{(S_t-C_t-R_t)}{(1+r)^t} \tag{5-1}$$

其中，V 为自然资源存量的总价值；T 为预计开采年限；S_t 为资源在 t 期销售额；C_t 为 t 期开采费用(包括中间消耗、工资、折旧等)；R_t 为作为 t 期投资资本的"正常回报"；r 为贴现率。

现值法应用了目前比较成熟的货币时间价值理论及未来价值的贴现方法，有其合理的一面，但是作为自然资源的估价方法，它尚存在不足：该方法要用到贴现率，人们对贴现率大小的选择问题存在着较大的争议。不同估算者选择不同的贴现率，对同一自然资产会得到不同的估值。现值法需要用到的数据太多，有的不易得到。该方法要求预测出未来各年的资源开采量、销售价格和各种开采成本。如果开采寿命期较短，对这些变量尚可以估算。如果开采寿命期较长，随着不确定因素的增加，对这些变量的预计值误差将会变得很大，影响对资源的精确估价。

2. 净价格法

净价格法也是人们对地下资源为主的实物供给型资源估值的一种方法。它对地下资源价值的界定与现值法相同，不同之处在于该方法认为，已探明的地下资源，无论是当年开采的，还是未来开采的，它们都具有同样的内在价值。不能因为人为的开采技术能力的限制，或对产量的限制，而影响到矿藏的本身价值。因此，不需要对未来开采的矿藏价值进行贴现。估价模型为：

$$V_t=(\frac{S_t-C_t-R_t}{Q_t})\cdot\sum Q_t \tag{5-2}$$

其中，V_t 为作为 t 期某自然资源的全部存量价值；S_t、C_t、R_t 与式(5－1)中的相同，分别表示该资源在 t 期的销售额、开采费用和投资资本的“正常回报”；Q_t 为 t 期资源开采量；$\sum Q_t$ 为资源预计开采总量。

式(5－2)等号右边括号中的分式表示自然资源的单位价值(被称为资源的单位净价格)。用单位净价格乘以经济活动消耗的该种资源量，则得到对该种资源的环境耗减成本。因此，净价格法不仅能用于资源存量估价，也能用于资源的流量估价。此外，净价格法也可以用于对水资源、森林资源、海洋生物资源及其他野生动植物资源的估价。

与现值法相比，净价格法的形式较为简单，它只需估算自然资源在寿命期中的开采总量，而不需要估算出各年的开采量。此外，它也不需要使用贴现率，避免了人们对其大小选择的争论。然而净价格法对地下资产价值的规定与现值法相同，存在以下缺陷。

一方面，这两种方法对自然资源价值的规定，限制了它们对自然资源估算的应用范围。对于地下资源来说，现值法和净价格法仅能估算那些在当前技术条件下，具有经济开发价值的资源，即按这两种方法定义的“价值”为正的($S_t-C_t-R_t>0$)资源。对于目前尚无经济开发价值的资源，这两种方法估算的“值”为负值(只能令其为零)。然而，对此类地下资源的勘探等活动也要耗费人类活动，因而它们也应该是具有价值的。

另一方面，按照这种“价值”定义，大多数地下资源随着开采难度加大，开采成本会不断提高，因而资源的“价值”会不断减少。这就意味着同样数量的自然资源消耗，对应着较小的环境耗减成本，即此时这两种方法会较少地反映对自然资源的消耗。当开采成本上升到使地下资产的“价值”为零或负数时，由于实际资本转移的相对困难性，此时即使投资资本“正常回报”有一定的减少，对资源的开采活动还会继续下去。虽然自然资源被不断开采和消耗，但这两种方法反映的对自然资源的消耗成本都为零。因此，这种情况低估了对自然资源的消耗成本。

3. 再生产补偿费用法

根据马克思再生产补偿理论，资源的价值量等于对经济活动消耗自然资源的再生产成本。据此，能够估算出被消耗资源的价值及单位价值，用资源的单位价值分别与资源总存量和资源耗量相乘，则可以得到对资源的存量估价和资源的消耗成本估价。

(1) 资源存量估价模型

$$V_t = (\frac{C_t}{\Delta Q_t}) \sum Q_t \tag{5-3}$$

(2) 资源消耗成本估价模型

$$V_t = (\frac{C_t}{\Delta Q_t}) Q_t \tag{5-4}$$

其中，V_t 为资源存量价值或资源耗减成本的估价；ΔQ_t、C_t 为 t 期再生产(即补充)资源数量以及活动中所消耗的物化劳动成本；$\sum Q_t$ 为资源总存量；Q_t 为资源在 t 期的消耗量。

式(5-3) 与式(5-4) 等号右边括号中的分式代表资源的单位价值，为了避免各个时期的波动性，这一单位价格可以用最近几期的平均数代替。

该方法估算模型中的 ΔQ_t 表示耗费成本 C_t 所补充的资源数量。因此，该方法假定前提是，只要付出一定费用，总可以补充新的资源。如果这种假定永远成立，则新补充的资源成本就是资源再生产活动所消耗的活劳动和物化劳动的价值。在这种情况下，该方法无疑是最合理的估价方法，因为这就像对待一般固定资产一样，该资产消耗的价值就是其再生产出来的社会平均成本。从短期来看，这种假定是可以接受的，然而从长期来看，由于不可再生的自然资产(如地下资产等) 总有耗尽的时候，这种估价方法是否科学呢?

即使从长期来看，再生产补偿费用法也有其合理的一面。诚然，某种地下资源总有耗尽的时候，但是在这一情况出现之前，由于科学技术的进步，或者人类消费习惯的改变，人们已经发现了另外可替代的新资源，或者不再需要原来的那种资源。例如，在煤炭和石油作为能源被耗尽之前，人类可能对其他新型能源(如原子能和太阳能等) 的应用技术已相当成熟。届时，人类已不再担心煤炭或石油资源的供给问题，因为那时可能已不再使用这些资源，对自然资源和能源方面的考察目标已经转向铀矿等矿产的储藏量或消耗量上。

4. 机会成本法

机会成本的概念是新古典经济学派提出来的一项原理，它的概念所包括的范围比传统的会计成本更为广泛。在费用-效益分析中，把社会费用看作是机会成本。这就是说，从社会的角度来看，费用是一种代价，由于某种决策或选择，把有限的资源用于某种用途后，就放弃了用于其他用途的机会。因此，费用就是效益的损失。一种抉择的费用，可由其他抉择的效益来评价。也就是说，某种商品的机会成本是指该商品假设用于其他用途时所能创造的最高价值。

自然资源的机会成本是以自然资源的稀缺性、有限性为前提，以自然资源的个别应用、消费过程为出发点，以各个部门行业乃至整个社会的经济利益作为参照系数而确定的价格，是一种比较逼近某种自然资源对人类社会的真实使用价值的表征。具体地说，自然资源的机会成本，就是将其安排这种用途，而不安排另外几种用途，或放弃其他用途所造成的损失、付出的代价，也可以说是一种自然资源不同使用方式途径的比较成本或比较利益的价格表述。比如，某种自然资源被开发、利用于某种或某项生产活动，带来了新效益，增加了产量，提高了质量，或者减少了生产的其他耗费等；而同一种自然资源，用于不同部门、不同行业、不同项目的生产活动，所带来的或所增加的效益往往又是不同的或有较大差别的。该种自然资源的机会成本，一般即参照其在各部门、各行业的效用，结合整个社会经济状况、技术经济条件来确定。由此可知，采用机会成本对自然资源估价，不是按自然资源的某种直接使用的个别收益来确定，而是按其使用过程中的社会收益及其关系来确定。因此，采用机会成本估价自然资源，是一个从个别到一般反复进行的社会过程，这必须反映出自然资源的社会规定与调节。

5. 替代市场价值法

自然资源的替代市场价值法，是在研究不可再生性自然资源的稀缺性、有限性，及其与人类社会对该种资源的需求消费不断增加的矛盾时提出的。其目的：一是促使人们更加合理、更加经济地节约利用不可再生性自然资源，或者说，以限制其需求与消费，求得延长自然资源的使用时间；二是提醒人们去探寻、开发不可再生性资源的替代资源。任何一种不可再生或非补偿性自然资源的稀缺性都是相对的，因为人们对某种自然资源的需求，主要不是特定资源物质本身，而是其物质特性；这种自然资源的物质特性和性能，又可通过一定的技术经济条件，被另一种或另一些资源物质所替代，例如，钢铁、水泥和木料，在某些情况和条件下，可以用塑料物质替代；钢铁与水泥、木材之间在某些场合也可相互替代使用等。

科学技术的发展，为人类开发、利用自然资源不断探索、开拓出新的途径，也为人类不断扩展和开辟新的自然资源领域。从社会经济和技术经济的观点来看，不可再生或非补偿性自然资源的估价，就应根据发现、开发和获取替代资源的费用(成本)来确定。这是符合社会经济运行规律和经济学理论要求的。值得注意的是，自然资源的替代市场价值法主要是或常常是在某种自然资源使用将尽，亦即接近枯竭之时，人们研究、开发替代物质的机会成本，并参照对社会经济发展的作用以价格形态给出的；这样给出的自然资源替代价值，由于研究、开发的途径、方案变动的幅度往往较大，并且缺乏确定性，所以，自然资源估价，特别是不可再生自然资源的估价，不能完全依赖该方法。因此，该方法只可作为不可再生资源估价的参照，或作为预测其价值的重要参数。

5.1.3 环境估价方法

经济活动对自然资源的非实物消耗，引起了环境质量的下降，人们对环境恶化的成本估价，提出了不同的估价方法。这些方法从不同的侧面评估人类经济活动的环境成本和代价。根据这些方法对环境成本分析和处理的不同角度，将其分为两大类，并分别称之为收入损失型估价方法和维护成本型估价方法，现分别予以介绍。

1. 收入损失型估价方法

这类方法是从经济活动引起的环境质量下降，给人类经济福利带来的损失和代价的角度出发，估计经济活动带来的环境恶化的社会成本。

(1) 生产率下降法

生产率下降法将自然环境作为传统生产要素一样看待。人类经济活动向自然环境排放废物，引起环境质量下降，使环境要素的服务功能下降，即环境资产的生产率下降。其直接表现是，同样的其他初始投入(资金和劳动力等)条件下，产出量下降。可以利用减少的产出量的市场价值，作为环境资产质量恶化的成本。由于生产率下降引起的成本和利润的变化是以市场价格来计量的，故该法又称为市场价值法。估价模型为：

$$D=\Delta Q\cdot P \tag{5-5}$$

其中，D 为环境资产的恶化成本；ΔQ 为环境资产生产率下降导致的经济产品产出减少量；P 为产品单位价格。

上述估价模型假定，产出量的减少量 ΔQ 相对于整个市场(全国范围）的销售量的比例很小，可以认为产出量的减少不会引起产品价格的上升。如果产出量的减少量 ΔQ 相对于整个市场的销售量已不可忽略，且引起市场价格的上升，则需要了解该产品的供给和需求曲线的信息。若价格变化不大，则环境资产的恶化成本可以由修正后的模型近似估价：

$$D=\Delta Q\cdot\frac{(P_1+P_2)}{2} \tag{5-6}$$

其中，P_1、P_2 为产出量变化前和变化后的单位价格。

生产率下降法具有估价公式简便的优点，公式中所需的价格资料也容易得到。然而，该方法在有效获取 ΔQ(环境资产质量下降引致的产品减少量）资料时，存在两个棘手问题：第一，确定环境因素的减产。实际观察到的产品产量由多种因素决定，例如，农产品产量的大小取决于地力、种子、施肥量和降雨量等，在土地受到轻度污染时，其他因素的改善，农产品产量也有可能增加。这时，要确定土地受到污染的减产量是一件很费力的事。第二，产量减少的滞后性。模型中的环境恶化成本、产品产出减少量均为本期数值，而实际上产品减少量并不是由当期经济活动造成的。

(2) 人类健康损害法

经济活动的外部不经济性不仅表现为环境质量的下降而且还会对人类健康造成损害，引起发病率上升、寿命减短等，使劳动力水平下降或提前丧失。人类健康损害法部分地类似于上面讨论过的生产率下降法，它将人看作劳动力(生产要素之一)，用环境污染引起的人类劳动力损失的价值作为环境质量下降成本的估计值。因此，也有人称之为“人力资本”法。

将环境污染给人类健康带来的损害，在经济上造成的损失分为两大类：一是人类健康受损后，为了治疗疾病和恢复健康，需要花费一定的医疗费用，可称为第一类损失；二是由于劳动力的暂时丧失(住院等)、永久性丧失(致残等）和提前丧失(死亡提前退休等)，以及劳动力生产率的下降(有些疾病出院后体质将下降而不能完全复原等造成 GDP 的减少)，可称之为第二类损失。第一类损失和第二类损失，从表面上看都给国家或个人带来了收入减少的后果，但是从宏观上看，它们对国民收入或 GDP 的影响是不同的。对于人类健康损害的估价，人们已提出了不少方法。然而，从国民经济核算的角度出发，它们均具有理论上和方法论上的缺陷，现结合具有代表性的估价公式分析如下：

$$\begin{aligned}L&=L_1+L_2\\&=L_1+L_{21}+L_{22}+L_{23}\end{aligned}$$

$$= \sum_{i=1}^{n} A_i + \sum_{i=1}^{n} B_i + \sum_{i=1}^{n} C_i + \sum_{i=1}^{n} D_i \tag{5-7}$$

其中，L 为环境污染对人体健康损害的经济损失；L_1 为治疗因污染而患病人员的支出（第一类损失）；L_2 为污染引起劳动力生产率下降造成的经济损失（第二类损失）；L_{21} 为因污染而引起患病的劳动力患病期间的收入损失；L_{22} 为因污染而引起患病，出院后致残和提前退休损失的收入；L_{23} 为因污染而过早死亡的收入减少额。

对年龄为 X 的劳动力因过早死亡的收入损失可由式（5－8）估价：

$$V_x = \sum_{n=x}^{\infty} \frac{(P_x^n)_1 (P_x^n)_2 (P_x^n)_3 Y_n}{(1+r)^{n-x}} \tag{5-8}$$

其中，V_x 代表年龄为 X 的人未来收入的现值；$(P_x^n)_1$ 代表年龄为 X 的人活到年龄 n 的概率；$(P_x^n)_2$ 代表年龄为 X 的人活到年龄 n 且有劳动能力的概率；$(P_x^n)_3$ 代表年龄为 X 的人活到年龄 n，且有劳动能力同时又被雇用的概率；Y_n 代表年龄为 n 时的平均收入；r 代表贴现率。

从式（5－8）中可以看出，估价公式的提出者认为，污染对人类健康造成的损失仅有上文中划分的两类，且其总额就是这两类损失之和。从居民个人角度出发，这两类损失都会带来收入和福利的减少：一方面要支付额外的医疗费用；另一方面劳动力生产率的下降减少了个人收入。但是，这两类损失对 GDP 带来的影响是截然不同的。此类估价公式的提出者（梅纳德，1998）一般认为环境污染给人类健康带来的这两类损失，均属于环境污染的成本，在对全国经济总量指标 GDP 进行调整时，应将该损失总额减去。

从国民经济核算的角度出发，这种处理方法是不科学的。下面分别分析这两类损失的特点，以及它们对经济总量指标 GDP 的影响。第一类损失是额外的医疗费用。这类费用是为了恢复人类健康的额外支出，它与人们为治理污染恢复环境质量的工程支出的性质是类似的。由环境污染引起的这种支出使 GDP 增加，此时的 GDP 与没有发生污染、对应着较少的医疗费支出和较少的 GDP 时相比，并没有体现出人类经济福利的任何增加（甚至可以说是经济福利下降了）。也就是说环境污染引起健康损害，健康损害引起医疗支出增加，医疗支出增加又引起 GDP 的增加。对个人来说的第一类损失，在宏观上导致“反映”宏观经济福利总量的指标 GDP 的增加。这种虚假的、对人类没有任何益处的 GDP 增加部分，应该从 GDP 中减去。第二类损失是劳动力丧失（或部分丧失）带来的收入损失。这种损失是否需要从 GDP 中减去呢？我们认为答案应该是否定的。可以这样认为，假如没有环境污染，这部分劳动力就不会丧失，这部分劳动力就会给社会创造出更多的增加值。由此可见，第二类损失对 GDP 的影响与第一类损失正好相反，它使 GDP 减少。也就是说，我们实际观察到的 GDP 已经是减少了的。假如要用第二类损失对 GDP 进行修正的话，应该是将这部分损失加入 GDP，而不是将其减去，以考察与分析避免和消除环境污染时，GDP 应该达到的水平。

（3）数学模型法

数学模型法可以帮助人们确定环境质量下降的成本。这里以空气污染对农产品产量的影响为例进行分析，讨论数学模型的应用。

现实世界中，任何事物的运动都与其周围的事物相互联系和相互作用。因此，反映在客观事物运动的各种变量之间，就存在着一定的关系。例如，单位面积农产品产量的大小与降雨量、播种量、施肥量、除草次数、空气污染程度等因素有关。

单位面积农产品产量与各因素之间的关系一般形式为：

$$Q=f(X_1, X_2, \cdots, X_n, X_{n+1}, X_{n+2}, \cdots, X_{n+m}) \tag{5-9}$$

其中，Q 为单位面积农产品产量，是因变量；X_1，X_2，…，X_n 为各种污染物浓度；X_{n+1}，X_{n+2}，…，X_{n+m} 为污染因素以外的其他因素；$X_i(i=1, 2, \cdots, n+m)$ 为解释变量。

如果上述函数为线性的，则单位面积农产品产量的数学模型形式可以设计为：

$$Q=a_0+a_1X_1+a_2X_2+\cdots+a_nX_n+a_{n+1}X_{n+1}+\cdots+a_{n+m}X_{n+m} \tag{5-10}$$

其中，$a_i(i=0, 1, 2, \cdots, n+m)$ 为待定参数，如果能获得不同地块农产品产量和各解释变量的观察值，则可以估计出参数 $a_i(i=0, 1, 2, \cdots, n+m)$，以及求出各种污染物浓度与单位面积农产品产量之间的相关程度。

因为污染程度加重时，单位面积农产品产量减少，因此，$a_i(i=0, 1, 2, \cdots, n)$ 应该为负值，则 $a_i(i=0, 1, 2, \cdots, n)$ 表示第 i 种污染物浓度每上升每一单位，单位面积农产品产量的减少量。

当其他因素不变时，第 i 种污染物浓度上升 ΔX_i 个单位时，则单位面积农产品产量减少量为：

$$\Delta Q_i=a_i \cdot \Delta X_i \tag{5-11}$$

用 ΔQ 乘以该种污染加重的受害面积 S_i，再乘以农作物单位价格 P_i，则可以得到该种污染物加重的环境恶化成本：

$$C=\Delta Q_i \cdot S_i \cdot P_i \tag{5-12}$$

数学模型方法除利用农产品产量的变化估价环境恶化成本以外，还可以用在其他方面。例如通过建立土地、房屋或其他固定资产的价格与若干解释变量（包括环境污染因素）之间的关系，就可以用类似上面的方法，估算出环境的恶化成本。数学模型法在应用中的最大限制之一是，对模型参数的估计，需要收集多种变量的统计资料，如该例中的各种污染物的浓度等。此项工作目前比较欠缺，但是随着统计资料的日益完善，数学模型法必将会得到更多的应用。

2. 维护成本型估价方法

此类方法是从环境资产经过使用后，维护其质量不下降所需的补偿费用角度出发，评估经济活动对非实物型自然资源消耗的环境成本，即环境恶化成本。环境资产的维护成本是指环境资产经过经济活动的使用之后，维护其质量不下降的成本。可以看出，它与前文中提出的，经济活动对非实物型资源的消耗成本，或环境质量的再生产（补偿）成本是一致的。由定义可知，维护成本法对环境资产维护成本的估算，与通过计算固定资本消耗（折旧额）而对传统国民账户中生产的资本消耗量进行估价是相似的。固定资本消耗是通过重置投资，以保持生产的资本完好的必要成本来估算的。由于不知道实际的投资支出是否与维护成本相同，因而按这种方法计算出来的资本消耗是假定的。生产资产（人造资产）的折旧和环境资产采用维护成本作为估算方法，从这一点讲，两者具有相似之处。

环境资产维护成本的估算也有不同于生产资产之处。一般说来，生产资产经过一段时间的使用之后，其功能或质量肯定或多或少地会降低。这也是要对其提取折旧的原因所在，这一折旧额就是对该生产资产的消耗成本。然而，对于环境资产则不尽如此。我们虽然同样把环境资产的维护成本作为对环境资产的消耗成本，但是根据环境资产维护成本的定义。如果对自然环境资产的使用（消耗），没有影响到其将来的使用，则此时环境资产的维护成本为零，即对环境资产的消耗成本为零。对于海洋捕鱼和森林伐木来说，如果它们的自然增加量能补偿人类对其的使用量，则此时的使用没有维护成本，即折旧值为零。此外，如果自然环境能安全地吸收、同化和分解经济活动产生的废物，则对自然资产使用（利用其排放废物）的维护成本也为零。

环境资产维护成本的具体估算方法，取决于维护环境资产质量的各种活动的选择，如防护（避免）活动、恢复活动、重置活动等，包括防护（避免）成本法、恢复成本法和影子工程法等。

5.2 国际绿色国民经济核算体系

早在20世纪70年代初，美国著名经济学家诺德豪斯和托宾（Nordhous和Tobin，1973）就提出应该修改国民经济核算体系（The System of National Accounts，SNA），因为国民生产总值（Gross National Product，GNP）无法反映国民福利水平。两位学者扩展国民经济核算账户，首先纳入休闲、地下经济、非市场的生产成果、政府服务的价值等，同时删除无益的产品，如国防与通勤成本，最后减去污染造成的损害，得到的指标称为“经济福利指标”（Measure of Economic Welfare，MEW）。从此，引发了人们对SNA改革和发展的兴趣，并且取得了许多研究成果。

十几年来，伴随经济增长而来的环境污染与自然资源消耗的问题日益严重，令人质疑：以牺牲自然资源与环境为代价所换得国内生产总值（Gross Domestic Product，GDP）的增加，真的是国民福利的增加吗？有鉴于此，联合国、欧盟、世界银行和经济合作与发展组织等重要的国际组织，以及许多国家纷纷建立各种绿色国民经济核算体系（综合环境与经济核算体系），作为经济、自然资源与环境政策和管理的基础，其中几个重要的体系有：联合国综合环境与经济核算体系（System of Integrated Environmental and Economic Accounting，SEEA）、HenrY Peskin教授发展与应用于菲律宾的“环境与自然资源核算项目”（Environmental and Natural Resources Accounting Project，ENRAP）、欧盟统计局的欧洲环境的经济信息收集体系（European System for the Collection of Economic Information on the Environment，SERIEE）、荷兰统计局的包括环境账户的国民经济核算矩阵体系（National Accounting Matrix including Environmental Accounts，NAMEA）。其中，SEEA体系在传统国民账户体系的基础上，建立涵盖各种自然资源与环境卫星账户，并且兼容各种体系的优点，因此受到许多国家的青睐，采用 SEEA 体系的国家最多。

5.2.1　SEEA 体系

SEEA 是联合国邀请统计、会计、经济和环境等相关领域学者组成专家组，经过多年努力而研制的绿色国民经济核算体系。自联合国 1993 年首次公布 SEEA 核算手册（以下称“SEEA1993”），引起社会各界巨大的反响，许多国家以它为指南编制本国的绿色国民经济核算体系，也有一些学者提出改进的建议。因此，联合国统计局于 1997 年委托 1993 年成立的伦敦小组（London Group）负责发展与完善 SEEA。经过几年的不懈努力，伦敦小组于 2003 年完成修正版 SEEA，并且获得联合国、欧盟、国际货币基金组织、世界银行和经济合作与发展组织等五大国际组织接受，正式出版成为国民经济核算手册，称为 SEEA2003。

SEEA1993 的产生背景为人们认识到自然资源并不是取之不尽、用之不竭的资产，各种社会经济活动使用的自然资源不应该被视为“免费”的，所以使用这些自然资源和环境的代价应该翔实地反映在国民账户体系之中。SEEA1993 的特征在于以卫星账户的方式将有关自然资源和环境的账户与传统的国民账户连接起来。当时对于 SEEA1993 的框架和方法尚没有达成一致的结论，因此，联合国统计局强调 SEEA1993 是一个临时版本。SEEA1993 包括了五个主要模块，主要讨论绿色国民经济核算账户的概念、基本账户框架、资源耗减和环境质量退化的估算方法，并且着重将账户核算结果应用于调整传统的国民经济指标。

SEEA1993 出版之后，许多发达国家和发展中国家纷纷以它为依据编制本国的绿色国民经济核算体系，且伦敦小组于 1993 年成立，以作为各先进国家的绿色国民经济核算专业人员交流编制经验与方法的非正式园地，并逐步达成了绿色国民经济核算账户编制框架与方法的共识。另外，由联合国环境规划署（United Nations Environmental Programme, UNEP）成立的 Nairobi Group 依据 SEEA1993，于 1995 年完成《综合环境与经济核算体系：操作手册》（《Integrated Environmental and Economic Accounting: An Operational Manual》），提供编制绿色国民经济核算账户的详细步骤，并阐述各账户在制定环境政策方面的作用。

联合国统计委员会（Statistical Commission）在 1997 年要求伦敦小组与联合国统计局合作开展 SEEA1993 的修改工作，1998 年伦敦小组在法国 Fontevraud 的会议中达成 SEEA 修正大纲的共识，同时确立了修正版各章的负责人。讨论修正版 SEEA 草案且在 2001 年 5 月荷兰 Voorburg 的会议中选出了各草案汇总的编辑，讨论编制手册的第一版草案。历经多次的讨论并汇总各方对 SEEA 草案的意见之后，伦敦小组在 2002 年 1 月公布了新版的 SEEA 草案。最终草案则于 2003 年 3 月联合国统计委员会的会议后定案，即 SEEA2003。

SEEA2003 除涵盖 SEEA1993 已有内容及修正 1993 版的相关缺点外，亦整合了其他各种核算体系的优点。与 SEEA1993 相比，SEEA2003 对于编制绿色国民经济核算账户的方法及定义提供了更为一致的看法，并且重视编算过程所获得的信息资料，即更重视经济发展、资源消耗与环境质量退化的政策分析。

5.2.2 ENRAP 体系

ENRAP 是美国经济学家 HenrY Peskin 在美国国际发展署（U.S. Agency for International Development，USAID）自 1990 年起提供基金协助菲律宾试行的“环境与自然资源账户计划”下发展出来的，其编制框架与 SEEA 类似，都是建立在传统 SNA 体系上，并将与环境相关的账户以卫星账户方式呈现，其框架前提在于其认为完整的经济账户应包括经济体系中所有的经济投入与产出项，且这些投入产出应“具有经济价值”。然而具有经济价值的先决条件是必须具备稀缺的特性。

SEEA 和 ENRAP 都旨在扩展传统国民经济核算体系，以便全面考察经济系统与环境资源之间的相互作用。SEEA1993 保留传统国民经济核算体系既有的框架，且尽量避免重复核算，但是，佩斯金认为该框架无法将环境资源提供的服务价值呈现出来，且对于自然资源消耗和环境质量退化的估算常有误导之处。因此，ENRAP 将环境资源视为经济系统中的生产部门之一，以解决 SEEA1993 的缺失，同时 ENRAP 采用符合经济学理论的方法来核算自然资源消耗和环境质量退化。

在自然资源方面，ENRAP 以净现值计算森林、渔业、矿产及土壤等自然资源价值的耗减，因为 ENRAP 的重点在于衡量可持续收入而非可持续生产，因而自然资源消耗指的是真实的经济消耗，即特定期间资产价值的变化。

在环境资源服务方面，佩斯金认为无市场的环境资源服务大致可包含三类：第一类为环境资源所提供的涵容服务，例如对于废弃物的处理；第二类为环境资源的产出服务，例如休闲功能；第三类为环境质量退化。因此，ENRAP 中包含这三类的服务项目：一是环境所提供的废弃物处理服务；二是环境所提供的直接服务；三是环境质量退化。对于这三类服务项目，ENRAP 采用影子价格（Shadow Price）的方式估算。

佩斯金认为绿色国民经济核算体系具有两层意义：第一层意义为绿色国民经济核算体系的“记录”（scorekeeping）角色，绿色国民经济核算体系是调整传统国民经济核算体系，使其对环境资源的变化能做更翔实的记录。它进一步提出绿色国民经济核算体系的第二层意义，即“管理”角色，一个社会决策者（通常为政府）的目标为社会福利最大化，社会福利函数中包括市场货物（marketed goods）和环境自然资源等非市场货物（non-marketed goods）所提供的货物与服务，例如环境对于废弃物的吸收，人们享受舒适环境所得到的满足，社会福利同时会因为自然资源耗减和环境质量退化而减少等。因此，政府应该利用绿色国民经济核算体系提供的综合信息来管理经济系统与个体的行为，以达到社会福利最大化的目标。

佩斯金也指出，从使用方便性的角度考虑，核算账户的结构不必完全依赖经济理论，但若基于经济理论去调整核算账户，将使账户更完整且符合逻辑上的一致性。他认为 SEEA1993 的账户格式过于考虑编制上的完全性和方便性，牺牲了账户的逻辑一致性，使其难以用于环境管理政策分析。

ENRAP 账户体系主张“经济系统中所有的经济投入及其产出都应记录在核算账户中”，所谓的经济投入及产出并不一定具有市场价值，却一定具有稀缺性。换言之，如果为那些不具有市场价格的经济投入建立一个“虚拟”的市场，这些货物会有异于零的价格。ENRAP 希望通过扩展传统国民经济核算体系的模式来囊括这些不具有实际市场交易价格的货物所提供的服务。虽然 ENRAP 被大部分人视为核算账户，但佩斯金认为它应是一个政策工具，因为任何一个政策工具都是希望将资源的使用及分配以有效率且适当的方式导向最适合的境界，ENRAP 足以承担这一任务。

ENRAP 账户体系包括了传统国民经济核算体系中具有市场的资本（Marketed Capital）所提供的服务，例如机器设备、劳动力的投入和原料。如前文所述，虽然传统账户中也包含一些来自环境资源的投入，但仅限于具有市场交易的环境资源部分，不具有市场交易价格的环境资源都被排除在外。佩斯金认为这些没有市场交易价格的环境资源服务大致包含三类：第一类是环境资源所提供的投入服务，例如对于废弃物的处理；第二类是环境资源的产出服务，例如休闲功能；第三类则是污染损害。对这三类服务的价值，ENRAP 是采用影子价格的方式来估算，利用影子价格的概念来计算不具有市场价格的资源，这和一般的国民经济核算体系有很大的区别。在实物账户方面，ENRAP 尝试将环境资产予以货币化，但佩斯金承认，并不是所有的环境资产都能成功地货币化。因此，ENRAP 的资料中仍包含一些实物账户，但他还是强调 ENRAP 的实物账户有它的独特之处，即 ENRAP 的实物账户中包含影子价格高于零的环境资源服务市场。

ENRAP 账户框架包含所有传统国民经济核算账户的框架，而与传统国民经济核算账户不同的是 ENRAP 中另外含有三个新的项目，即环境提供的废弃物处理服务（Environmental Waste Disposal）、环境损害（Environmental Damage）和环境提供的直接服务（Direct Consumption of Environmental Quality Services）；除此之外，Enrap 定义了净环境利益（Net Environmental Benefit，NEB）及自然资源耗减（Natural Resource Depreciation）两个名词。净环境利益（以下简称“*NEB*”）主要的功能有两个：第一，NEB 代表的是环境服务价值（环境提供的废弃物处理服务与直接服务之和）与损失（环境损害）之间的差额，是一个平衡项目。第二，*NEB* 可用来作为环境管理效率的一个粗略指标。若 *NEB* 为零，则隐含着环境服务达到一个帕累托的最优分配；若 *NEB* 为负数，则意味着社会中的污染过多，且由于环境资源每年提供的服务是流量，*NEB* 衡量的是流量价值，故若将每年的 *NEB* 予以折现加总，则可求得环境资源的资产价值（Asset Value of Natural Resources）。

Enrap 所关心的是经济系统的可持续收入（Sustainable Income），而不是可持续产出（Sustainable Product），因此自然资源耗减必须真实地反映经济上的消耗，即资产价值随时间变动下降的部分，而非实物资产减少的部分。最后，扣除自然资源耗减的国民收入称为“调整后的国民生产净值”（Modified Net National Product）。另外，佩斯金针对 SEEA1993 的框架指出，虽然该账户体系的目的是记录环境与经济之间的关系，并提供环境管理的基础，但大多数有关 SEEA 的讨论，着重于经济系统记录的调整，例如 SEEA1993 仅从原有的 GDP 扣除自然资源耗减和环境质量退化。但这样的调整仍是不够的，因而 SEEA1993 无法在环境和非环境经济议题上提供更一般性的政策建议。

5.2.3　SERIEE 体系

SERIEE 体系为欧盟统计局所开发出的环境与经济综合账户体系，这个体系为欧盟在第5次环境行动计划书中针对“朝向可持续发展”议题的产物，欧盟成员国认为，为了建立评估可持续发展的指标体系，设置一个关于环境信息的账户是非常必要的。

为了满足上述的需要，欧盟统计局设计了SERIEE，并以卫星账户的方式将环境保护活动与国民经济核算账户进行连接，SERIEE扮演环境议题与相关统计资料的桥梁角色，目前SERIEE发展重心在于环境保护支出的部分。

经济活动和自然资源的开采与环境利用有密不可分的关系，因此，SERIEE亦强调自然资源实物账户的重要性，在经济活动方面，SERIEE特别看重在降低预防环境恶化活动支出的交易上，而任何与环境质量监测、恢复或开发的活动亦是SERIEE关注的重点。

欧盟统计局在1994年所公布的SERE包含了两个卫星账户及一个居中的基本数据收集与处理系统（Intermediate System for the Collection and Treatment of Basic Data）。第一个卫星账户为环保支出账户（Environmental Protection Expenditure Accounts, EPEA）；第二个卫星账户为资源使用及管理账户（Resource Use and Management Account），但就实际的核算情况来看，EPEA在发展上较资源使用及管理账户更为完整。因此，这里讨论EPEA。

根据SERIEE1994版本，EPEA的主要目的有三个：第一，研究厂商的环境保护支出和环境相关的课税负担；第二，由社会产出、就业和进口的观点来衡量所有环境保护、机器设备和相关产品的经济活动价值；第三，经由环境实物账户与货币账户的连接来衡量环境保护活动的效率，同时通过实物账户的整合，使得环境保护支出的总金额与实际污染量更容易比较。

EPEA被设计作为国民经济核算体系的一个卫星账户，以连接经济活动与实物账户，由于账户编制上的方便性，许多国家依据类似的路径构建出另外与经济活动相关的卫星账户，例如观光账户、研究与开发支出账户、运输账户。

SERIEE虽然建立了实物账户和环境保护支出账户，但就目前的发展而言，SERIEE仍尚未建立一个完整的有关环保信息账户的体系，例如，SERIEE将实物账户与货币账户进行了有系统的连接，但是不主张将各方面的自然资源实物都呈现出来。从另一个角度来看，SERIEE也没有将SEEA在近年来的一些发展纳入编制流程中，例如以民众避免环境损害的意愿支出为依据的环境质量退化估算，均不在SERIEE框架中，因此，SERIEE也无法整合出类似像SEEA“考察生态系统的国内产出”（Ecological Domestic Product）的指标。由于SERIEE是在欧盟对于环境可持续发展呼声日益高涨下的产物，因此，SERIEE希望达成的目标是较为“立即”的，亦即框架的设计能立刻与欧洲各国的核算体系搭配使用，因此，在框架上仅限于与SNA中有关的资产和流量信息，这也是SERIEE的美中不足之处。

5.2.4 NAMEA体系

NAMEA为荷兰的绿色国民经济核算体系，由于荷兰的产业多以自然资源为基础，因此荷兰政府对于以建立可持续发展指标为目的之一的绿色国民经济核算体系十分重视。编制NAMEA的构想始于1991年，但一直到1993年才由荷兰统计局完成第一本NAMEA账户，包括1989年到1992年经济和环保账户，其最大特色就是将三个环境账户纳入国民经济核算体系内。这三个账户为排放物账户、全球环境议题账户和国家环境议题账户。目前，这些账户仍无法完全用货币单位表示，因此，NAMEA 中暂时以实物单位表示。

排放物账户包含 CO_2、N_2O、CH_4、CFC_s、NO_x、SO_2、NH_3、P、N、Gas 等十个排放物的污染项目，来源包括工厂、家庭及其他国家流入的排放总和。全球性环境议题包括温室效应、臭氧层破坏、酸化、富营养化、废弃物和废水等，其中“温室效应”和“臭氧层破坏”两个议题涉及国外部门（例如境外污染移入）。

国家环境议题有：酸化、固体废弃物和自然资源耗减，但这些议题产生的环境破坏仅限于本国境内。其中，酸化是指土地和地面水质的酸化，造成酸化的排放物为 NO_2、SO_2、NH_3。固体废弃物衡量的指标是垃圾量的总和，并以每百万吨计算，但不包括有毒的化学废弃物。

除了这三个账户之外，NAMEA 另一个特点是将生产和消费支出分为一般和环保两项，以便于计算环保支出和环保消费。除此之外，NAMEA 明确地将环保活动和其他经济活动的产出和消费分开，这个互动性的呈现成为 NAMEA 的重要功能之一。目前，NAMEA 的编制已趋于稳定，未来计划将编入社会账户和社会指标，使 NAMEA 不仅成为一个国家的重要环保依据，更是重要的社会福利指标。

5.3　绿色宏观经济指标

绿色国民经济核算体系在核算理念和方法等方面异于传统国民经济核算体系，本节介绍两组宽分类的可持续性宏观经济指标，它们是：基于流量、重点在经环境调整的国民经济账户概念的宏观经济指标；基于存量、重点在指标存量不下降概念的宏观经济指标。这些基于存量的指标可以进一步分为：哈特维克法则（Hartwick Rule）经验应用的指标、与真实储蓄和皮尔斯-阿特金森指标（Pearce - Atkinson Measure）相关的指标以及那些仅基于自然指标存量的指标。

5.3.1　绿色国民生产净值

现在重要的文献讨论传统的 *SNA* 的经济运行指标，如国民生产净值，转换成为能够测算经济对环境影响以及环境对经济约束的指标。这种文献部分地引起人们的关心，即对于发展中国家，*SNA* 指标不能反映 *NNP* 流量依靠消耗自然资源存量（如森林）的程度。Repetto 和其他学者（Repetto 等，1989）在哥斯达黎加、墨西哥、印度尼西亚和纳米比亚等国家的早期实证研究表明，传统的 *NNP* 被高估了，因为自然资源存量的折旧应该从 *NNP* 中扣减。从那时起，理论文献已经有了发展，它们试图证明对 *NNP* 进行必要的调整，使它成为一个准确的福利指标，并且提出经济活动和环境是相互关联的。可是，像索洛（Solow，1993）和魏茨曼（Weitzman，1995）这样的学者更加热切地要求对国民经济核算账户进行环境调整，即经环境调整的 *NNP*（the Environmentall Y - adjusted NNP），为一个国家是否处于可持续发展之路提供指南。这个文献遵循希克斯的传统，他将收入定义为：在任何时期，不通过减少资本存量的方式，而获得的不减少未来时期消费潜力的可消费的最大量（Hicks，1996）。这个思想近来已经被彭伯顿和尤利菲（Pemberton 和 Ulph，1998）所发展，他们将希克斯收入定义为："……经济体在特定时期可以消费的最大量，并且保留使它和以前一样好（根据未来消费的现在最大值）。"（Pemberton 和 Ulph）他们认为魏茨曼（Weitzman，1976）和哈特维克（Hartwick，1990）的结果与这个定义相一致。在利率处理方面存在的差异，允许在他们的模型中变化。在财富与收入关系上，利率十分重要。他们认为，使用正确的利率是最优路径上消费加权平均利率权重依据总财富在每期消费现值的份额。这表明在给定期初资本存量下，国民收入是一个经济体未来消费可能性的最大量指标。

正确估价的 EANP 告诉我们，每年不减少财富的情况下可以消费的最大量（Heal，1996）。因此，可持续性的 EANP 指标是：t 年的消费量大于 t 年的 $EANP$。如果 $EANP$ 随着时间的增长而增长，那么它表明消费或者福利的最大可持续水平也在增长。下面的内容梳理并总结文献中如何计算 $EANP$。

对国民产值进行环境调整的文献在两个方面存在着差异：首先，学者们在进行这种调整的主要原因方面达不成一致意见。有些人认为，主要目的就是要依据上述的希克斯收入概念来构建一个可持续性指标；也有人认为，目的是假定经济活动对环境的影响，建立一个更好的福利指标，但仍然要告诉我们有关可持续性的信息。有些学者认为，进行调整的原因有两个。例如，马勒（Maler，1991）的研究旨在获取更佳的福利指标，但他宣称最后得到是能最大化当期消费，同时不减少未来消费的指标。调整的 NNP 也被认为是测算一个经济体中包括所有种类资本的总财富的最优回报。其次，学者们就如何正确地将某些行动或者资源分配（例如，污染削减的支出），包括在 $EANP$ 中存在分歧（Hamilton，1994）。这里不是简单地按时间先后顺序回顾文献，而是总结主要问题，并且指出哪里达成一致意见，哪里存在争议。最后，我们概述汉密尔顿（Hamilton，1994，1996）建立的模型，这个模型讨论了有代表性的 NNP 调整的种类。

就像这个领域的其他学者一样，汉密尔顿研究的基础是魏茨曼在 1976 年发表的论文，这篇论文认为，最优增长模型的现值汉密尔顿方程是国民生产净值的表达式。魏茨曼认为竞争的经济应该遵循这样模型中的最优路径，并且假定利率不变，作为福利指标的 NNP 等于未来消费的折现值。因此，$EANP$ 是未来效用的静态现期指标，表明了魏茨曼（Weitzman，1995）所定义"可持续性"的内容。实际消费与可持续性比较反映发展是否可持续。为了包括环境的影响，有关正确调整国民经济账户的理论工作已经考虑了魏茨曼的结果，一般被认为是哈特维克-索洛模型（Hartwick - Solow model），索洛是使用这种方法的第一个学者，旨在修正不可再生资源耗减对 NNP 的影响，使之成为一个福利指标（Solow，1986）。哈特维克是第一个通过包括可再生资源和污染削减来扩展索洛结果的。哈特维克通过利用效用函数线性近似性，以及通过表达他的价值结果的收入的边际效用除以汉密尔顿结果，以改进魏茨曼的主要结果。这篇论文建立了一种后来被哈特魏克。汉密尔顿（Hamilton，1994，1996），阿罗森、约翰逊和洛夫根（Aronnsont 等，1997）以及其他人发展的方法。哈特维克-索洛模型系统地将新古典最优增长模型和自然环境组合在一起，得出了人们期望的 NNP 修正。概括地说，要求这些修正的 NNP 在两个方面满足需求：一是产生一个更好的福利指标；二是给出一个可持续性指标。

5.3.2　哈特维克法则

1977年，哈特维克在发表的一篇有影响的论文中提出，依靠不可再生资源的经济在不确定的未来可以维持一个不变的消费流。通过观察储蓄和投资规律，确保总资本存量在时间上保持不变是可行的。这个总资本存量由人造资本（K_m）和自然资本（K_n）组成，后者包括不可再生资源。假定一个柯布-道格拉斯综合生产函数，并且假定根据最优路径评估时的特陵法则对 K_m 投资，那么消费可以保持不变。当然，在这个柯布-道格拉斯函数中，K_m 和 K_n 之间有替代弹性且为1，而且当 K_n 等于0时，它的平均产量趋于无穷大。索洛（Solow，1974）将后者确定为资源依赖型经济维持消费水平大于零的必要条件。因此，经济保持可持续路径，假定每期消费不大于最大常数（最大最小原则），并且假定在柯布-道格拉斯领域有充分的再投资。技术变化提高最大可持续消费水平，这个观点首先由斯蒂格里茨（1974）提出。迪克斯特等（1980）证明了哈特维克法则的逆推论，即如果消费是沿着最优路径的常数，那么沿着这个路径，净投资的价值也必须是零。

对哈特维克法则的批判包括两个方面。第一，K_m 和 K_n 之间的替代弹性：如果这个数值大于或者等于1，法则表明消费潜在地不下降。加布赞·盖茨（Cabeza Gutes，1996）指出，很少有经验事实存在支持这个弹性等于或者超过1的断言，在技术变化的条件下测算这个数值遇到很大的概念困难。第二，离开最优耗减路径，K_n 要素有非最优价格，意味着使用错误价格计算必需的再投资数量。阿斯默（Asheim，1994）认为，在这个错误的价格基础上，哈特维克法则不是可持续发展的充分条件，除非发展的路径已经是可持续的。例如，如果 K_n 的现行价格太低，那么在 K_m 上再投资的数值也将太低。所以，如果我们已经在可持续路径上，那么哈特维克法则是有用的。实际上，阿斯默的模拟表明，在遵守哈特维克法则的最大可持续效用（NNP）水平上开始的经济经历了效用下降到可持续水平之下。

5.3.3　皮尔斯-阿特金森指标

1993年，皮尔斯-阿特金森提出了“弱可持续性”指标，它是哈特维克法则的经验应用。他们的指标（*PAM*）现在已经变成“真实储蓄”。实际上，通过储蓄率和自然与人造指标的折旧总值比较，*PAM* 检验一个国家是否遵守哈特维克法则，它们表示为国民收入的一部分。如果所有的储蓄在两种形式资本上再投资，那么这表明总资本存量将不下降，并且可以保持不变的消费流量，将它看作与可持续发展同义。因此，*PAM* 定义为：

$$PAM=\frac{S}{Y}-\frac{\delta_m}{Y}-\frac{\delta_N}{Y} \qquad (5-13)$$

其中，S 是储蓄，Y 是收入，δ_m 是人造资本的折旧，δ_N 是自然资本的折旧。

PAM 定义为弱可持续性指标，因为没有特殊的条件置于 K_n 之上；只有 K_m 被建立补偿，它准许下降。它遵守假定的替代性，即在它们生产福利的能力上，K_m 和 K_n 基本上被认为是等同的。得出的论据是，如果国家没有通过弱可持续性检验，那么它们没有通过严格的检验。皮尔斯和阿特金森计算了18个国家的 *PAM*，并且发现虽然像日本和美国这样的国家具有正的真实储蓄，像埃塞俄比亚、马拉维和印度尼西亚这样的穷国具有负的真实

储蓄，但没有通过弱可持续性检验。

5.3.4 不变自然资本

自然资本与人造资本之间有限替代性的不同方法是“伦敦学派”(London School) 的方法(Pearce 等，1990)。这里，所持的观点是 K_m 和 K_n 的某些要素之间可以替代，许多 K_n 的要素为经济提供不可替代的服务。一些“关键的”自然资本提供服务的例子是气候调节、野生动物的精神价值和营养循环。如果人类需要生态系统的服务，那么保持这些生态系统的功能状态十分重要。因此，这意味着保护它们的自然恢复能力，可以通过保护某些物种来实现。避免 K_n 下降常常被称为“强可持续性”。

如果必须保持一定数量的自然资本存量不变，以便于后代获得效用水平与当代人拥有的平均水平相同，那么保持自然资本存量的不变就成为可持续发展的一条准则。然而这里重要的问题是应该保持多少 K_n 不变？有三种可能的观点：当前的水平；与保持 K_n 关键要素一致的水平；两种水平之间的某种数量。然而，所有三种可供选择的观点假定我们能够测算任何时点 K_n 的价值，换句话说，K_n 的不同要素可用可比的单位加总在一起。例如，自然资本可以用实物或货币单位测算。不同实物单位的自然资本加总将产生混乱，因为橡树不能和蓝鲸加总在一起。如果两种自然资本以共同的单位表达，那么它们可以加总，显然这个共同的单位是货币。如果自然资本存量不能完全加总，那么必须将其划分为几个部分并且保持每个分隔空间不变。冯·佩尔特(Van Pelt，1993) 认为，污染、可再生资源生物多样化、污染吸收容量和不可再生资源应该尽可能分类。这些应该加入完整的营养循环之中。可是，例如石油这样的不可再生资源的存量有限，必须减少对其使用。维持经济储量不变的唯一方法是新的发现量等于开采量；并且随着技术进步，单位开采成本降低与因积累开采而引起的成本上升一样快。更严格地，只有零开采率与不变的自然资本存量协调，除非允许可再生资源与不可再生资源之间交替使用。

假定自然资本的加总问题能够解决，那么伦敦学派提出的可持续发展法则可以防止 K_n 的水平减少到强制数值之下。如果 K_n 的现在水平作为强制值，那么它可能严重地限制了发展，因为它涉及所有对 K_n 有危害效应而被禁止的方案和政策。皮尔斯等人提出的可供选择的方法包括使用“影子方案”。这些方案和政策用来产生环境效益，以 K_n 的增加表示，以补偿因具体业务量(Portfolio) 组合引起的 K_n 减少。确定一组适当的业务量，并且强制一个净值不减少法则，这明显有问题。另外，唯一的生态系统在实物单位上是没有替代性的，现在种植新树来替代砍伐的等量古树难以补偿大多数人所感受到的损失。忽略现在这个程序完全运行所涉及的巨大的数据需求，想法是将这样的可持续性的制约作为可持续性法则。

5.3.5 安全最小标准方法

与非递减自然资本存量方法（the Non - Declining Natural Capital Approach）紧密相连的安全最小标准（Safe minimum Standards，SMS）方法，最早由西里斯-旺特鲁普(CiriacY - Wantrup，1952）和比休普（Bishop，1978，1993）建立。SMS 方法源自不确定性的决策，并且实际上要求它对条件的合理回应。人们确信社会难以确定当前环境降级的未来成本。大体上，必须开展两类行动：保护环境资源或者不保护。确定不保护资源通常称为“开发”决策。SMS 方法将证明负担从想保护环境的那些人中转移到想开发的人中，SMS 法则：防止自然资本存量降到安全最小标准之下（标准可由存量的各组分确定），除非这样做的社会成本非常大。

如何确定这些 SMS 的水平？这实际上只能为植物群和动物群制定，并且相当于它们在一个地区的最小数量水平和最小栖息地要求。例如，适应太平洋西北部斑点猫头鹰需要的古老森林的最小面积，或支持特定鱼类生存的内河的最小流量。如何确定“难以接受地大”的部分机会成本？通过社会舆论和民主过程。也许对于较小规模的潜在损失，政府机构依靠执行这样的决策；对于更大的损失，必须公民投票。伯任斯等（Berens 等，1996）已经提出，产出水平的历史波动用作构成可接受成本的指南。经济学家应该承担确定保护的机会成本，并且制定保护 SMS 的最小成本政策；但不要估计保护野生生命的非市场价值，因为保护的经济利益不直接进入 SMS 法则。

SMS 方法与主要自然资本方法之间的重要差别是，在前者情况下，如果社会认为保护 SMS 的机会成本难以接受太高，那么对于任何形式的资源，SMS 允许突破。在后者情况下，不考虑主要自然资本存量的保护成本，不惜任何成本地保护它。因此，这里的可持续发展指标是：对于任何资源类别，安全最小标准能被打破吗？如前文所述，这不同于资源水平不下降。SMS 指标需要的信息类似于自然资本存量指标，在这里，我们需要所有资源类别的实物账户。另外，在每种情况下，必须识别 SMS，这是不平常的任务，这里的主要问题涉及相互依存性。假定一种鸟类的最小数量已经被确定，在给定的环境质量水平、给定的栖息地面积、食物数量污染水平、气候模式和捕食水平上，大体上定义 SMS。可是，如果这些给定的变化了，最小能活数量规模可以增加或者下降。因此，这将需要确定对于所有相关的资源种类，什么决定 SMS。根据这些探索变量的变化，不断地考察 SMS 引入动态不一致的可能性：假定在时期 1，我们识别一个岛上 10 种物种的 SMS。保护这些物种是十分昂贵的，所以要求数量准确地下降到 10 个。可是，在时期 2，栖息地变化意味着 10 个种类不再是个活的数量。SMS 上升到 20 个，但我们已经要求下降到 10 个。因此，可持续性的 SMS 法则被违反，由于在时期 1 执行法则。即使时期 1 执行 10 之上的安全边际，如果边际小于 100%，仍然违反了可持续性的 SMS 法则。

思考题

1. 请简述绿色国民经济核算体系与传统核算体系的区别。

2. 本章介绍的绿色宏观经济指标有哪些优点和缺点？请根据各指标的缺点给出改进方案。

第6章　绿色增长理论

绿色增长是一个相对比较新的概念，目前也没有明确的定义。可以将其理解为在长期的可持续发展与短期的收入增长之间寻找一个平衡点。笔者通过借鉴大量经济理论，给收入增长和环境可持续性提供很多解释，并向读者介绍绿色索洛模型。笔者发现，环境政策对收入增长并不存在显著的正向溢出效应。绿色增长的最佳路径在很大程度上取决于初始条件。在自然资源有限的前提下，为了保持长期增长，进行技术变革从而应对资源枯竭就显得尤其重要。

6.1　增长理论与绿色增长

本节通过梳理经济增长和环境相关的文献，从而对“绿色增长”的概念进行阐述。一般来说，绿色增长可以被理解为寻求短期收益和长期可持续发展之间的平衡性。从1970年到1990年，可持续发展的核心问题都是在寻求这种平衡性，同时也强调了增加收入对减少贫穷和不公平的重要性。这些思想在文献中很常见。以经济增长理论为视角，审视资源稀缺和环境政策的文献，与绿色增长直接相关。本节回顾了相关文献，以突出其对长期动态（我们可以可持续增长多少?）和过渡动态（增长过程的性质将如何随时间变化?）的影响。从这次梳理中，我们在概念上对绿色增长的前景有了更清晰的认识。令人感兴趣的是，考虑哪些因素可能有利于收入增长与自然资本枯竭之间的权衡，甚至导致环境和增长政策之间的正向溢出效应。

6.1.1　绿色增长的概念

如上文所述，绿色增长的支持者强调需要保护各种形式的自然资本，以提高生活水平。一些绿色增长的支持者提出一个更强有力的论点：减少自然资源和环境退化的政策可以实现环境的维持性，而不会对经济增长造成巨大牺牲，甚至有助于刺激增长。

两份关于绿色增长的报告说明了一系列观点。其中一份来自经济合作与发展组织（经合组织，2011）的报告指出：

绿色增长促进经济增长和发展，同时确保自然资源继续提供我们所依赖的资源和周边地区的服务。它还涉及促进投资和创新，这将支撑持续增长，并产生新的经济机会。政策行动需要着眼于非常广泛的政策，而不仅仅是明确的“绿色”（即环境）政策。绿色增长战略的成功将取决于解决政治障碍和对变革成本的分配问题。

一些公司通过清洁技术投资寻求竞争力收益，环境行动也创造新的商业机会。例如，公司将寻求环境绩效视为一种机会，以取得相对于技术较先进的竞争对手的优势，并抢占市场份额。联合国环境规划署（环境署）将“绿色经济”定义为“改善人类福祉和社会公平，同时显著减少环境风险和生态匮乏”（环境署，2011）。简单来说，绿色经济有低碳、资源节约和社会包容性三个特点。在绿色经济中，收入和就业的增长应该由公共和私人投资驱动，以减少碳排放和污染，提高能源和资源效率，并防止生物资源和生态系统服务的丧失。这些投资需要通过有针对性的公共开支、政策改革和监管改革来催化和推动。发展途径应保持、加强并在必要时重建自然资本，作为重要的经济资产和公共收益的来源。这对依赖自然的穷人尤其重要。向绿色经济过渡的关键目标是做好经济增长与投资之间的权衡，以及环境质量和社会包容性的提升。绿色经济的环境和社会目标也可以增加收入。

可以将经合组织的观点称为“弱绿色增长”，环境署的观点称为“强有力的绿色增长”，这与弱可持续性和强可持续性之间的区别相提并论。弱观点认为，收入增长和环境之间通常存在权衡，但适当的政策可以弱化这种权衡，同时抓住那些确实存在的双赢机会，这是新古典主义环境经济学中一个公认的观点（Perman 等，2011）。

Sterner 和 Damon（2012）提出了进一步的见解，他们关注体制和政治经济方面。在气候变化的背景下，Sterner 和 Damon（2011）认为，实现必要的全球温室气体减排最终需要严格的目标和有效的政策工具；但是，由于此类文献讨论的政策工具对许多消费者和生产者的利益造成了沉重的负担，实施严格的目标给发展中国家在成本分摊和增长前景方面带来了巨大挑战，因此鼓励创新和以技术为导向的减排方法同样重要（如“绿色汽车”）。类似的观察导致 Sterner 和 Damon（2012）强调对环境政策采取综合评估（以及环境政策研究），并注意机构能力和政治经济以及政策设计的成本效益。

这种观点认为，保持自然资本与收入增长之间的互补性更为重要。一个例子是环境政策，它的副作用是提高资源部门以外的经济体的生产力。也许这种溢出效应的论据中最著名的是“波特假说”，它认为更严格和更规范的环境规制也可以提高生产力，从而促进增长。其基本思想是，更严格的环境监管促使人们更多地关注以前未被承认的生产力普遍提高的机会，但支持这一假设的统计证据极少。

如前所述，绿色增长的重点是传统收入的增长，而不是更广泛的消费效用或整体经济福利概念。这一关注部分反映了对收入增长的潜在负面影响的担忧。当改善自然资本的长期产出收益需要许多年才能实现时，这也反映了消费的实际限制。

6.1.2　成长理论的视角

增长理论确定了增长的来源和政策影响经济增长的机制。在新古典主义增长理论中，资本和技术变革推动着增长，反过来又受到投资和创新的回报驱动。理论中的关键假设是替代、收益递减和技术变革。该理论的结果源于这样一种假设，即在经济的生产过程中，资本可以替代劳动力投入，从而提高劳动生产率和人均收入。然而，在不进行技术变革的情况下积累资本，其回报将逐渐减少。只有通过不断的技术变革创造新的投资机会，人均收入才能持续增长。较高的投资回报率为家庭储蓄增加创造了有利条件，使企业能够获得更多的投资资源，令经济增长更快，同时外部性以及政策会影响回报率。

如果能够指出环境退化与环境政策之间的矛盾以及增长的来源和投资回报率，增长理论就可以说等价于绿色增长。该理论可以说明，反映增长和环境问题的权衡为何是一般理论如替代、收益递减、外部性、偏好等的结果；它可以显示不同的权衡可能是如何相互关联的，并且可以通过哪些流程和策略来缓解这些流程和策略的权衡。当然，只有理论才能为绿色增长政策提供信息，而经验学和实验最终应该补充理论，但理论给争论带来了一致性和连贯性。增长理论也是可计算一般均衡（CGE）模型的基础，但其更复杂，并且根据世界或区域经济的现实趋势和特征进行了数值校准。这些模型用于为气候变化政策提供信息。理解增长理论有助于理解这些模型的结构和结果。

本节通过关注某些机制和政策选择的小型分析模型来回顾增长理论的见解。这有几个优点：由于增长理论本质上是动态的，可以确定短期和长期之间的权衡。由于本节从总体、宏观经济一级的研究出发，因此一个部门的影响可能会抵消另一个部门的影响。本节从增长理论中获得的主要见解是，环境政策影响增长、投资和创新的来源，并与之相互作用。一般来说，环境政策预期会减缓资本积累和增长，但如果它刺激创新，这种权衡就会弱化。本节预测到各种外部因素的存在，使经济的实际投资偏离预期投资。增长理论可以将这些外部因素联系起来，并得出对政策和增长的影响。

6.1.3 经济增长与环境的相互作用

1. 基本的新古典主义模型

从长远来看，绿色增长是可能的吗？它将需要什么政策？如果没有绿色增长政策，绿色增长会有什么不同？增长理论通过分析模型和考查在长期环境质量保持一定水平的情况下能否维持 GDP 增长的紧缩投资，从而回答了这些问题。因此，研究的关键是投资、GDP 和环境质量投资之间的权衡。本节将介绍基本（新古典主义）增长框架，其中这两个变量是生产和福利来源的资本存量。

用 K 表示人造资本的存量，L 表示劳动力，后者被认为是恒定的，以便于阐述。让 N 表示“自然”提供各种商品和服务的能力，用 R 表示从自然环境（如石油、鱼类和木材）中提取的资源量度。

自然可为消费者带来直接的好处。高质量的森林具有经济价值，鲸鱼种群的存在本身具有价值，累积的二氧化碳构成负外部性等。N 通过自然提供的生态系统服务流动和从自然（R）中提取的资源影响生产。例如，污染可能会损害劳动生产率，气候变化造成的环境压力将损害农业的全要素生产率，而清洁水对生产过程有利。

使用给定要素输入可以获得的最大输出 Y，由具有标准新古典主义属性的生产函数 F 描述（正向但不断减少的边际产出，无界边际产品作为输入为零）。为了简化论述，省略了假定的恒定劳动力，可以写成一种有用的生产模式，采用自然资本和采掘资源以及实物资本：

$$Y=F(K,R,N) \tag{6-1}$$

人造资本存量和环境可能随时间而变化。前者随净投资增加，即不用于消耗的产出量 C，用于提取资源的成本 μR（其中 μ 是单位提取成本），以及替换磨损的资本 δK（其中 δ 是贬值率）：

$$\dot{K}=F(K,R,N)-C-\mu R-\delta K \tag{6-2}$$

如果资源使用小于自然再生，环境质量会有所改善：

$$\dot{N}=E(N)-R \tag{6-3}$$

式（6-3）描述了自然如何再生。资源有增长的上限，但不能无限大。这意味着 E 是 N 的函数，如果接近其理论最大值，则为零。由于对环境质量的投资是有限度的，因此绿色增长政策产生了权衡。如果不最终耗尽资源，就不可能让资源投入增长。最后 E（N）$=0$，并且不发生再生。这是一个强大且不是特别现实的自然资本，尽管它适用于自然资本的某些部分，可再生的自然资本（如渔业）甚至也可能在恢复点之外枯竭。

2. 可行的绿色增长

第一个问题是绿色增长是否可行，已经可以在这里回答。如果生产依赖于可再生资源，即如果 $E=0$，则答案是肯定的。原因是人为资本取代了资源投入：一个扩大人造资本的经济，即使不同时扩大能源和资源投入，也能增加 GDP。这种经济可以限制资源的利用，以保持环境质量不变，特别是 $R=E$（N）。此外，这种经济可以限制商品消费 C，以确保对人造资本的净投资是正的。

如果一个经济体严重依赖不可再生的开采资源，那么资源经济可利用性最终的下降将严重拖累总产出、消耗和资本积累，这并不一定意味着生产最终将下降。增加对生产性资本的投资可以抵消资源供应的减少，使消费永远不会下降。然而，如果投资收益随着必要的不可再生能源投入的利用能力下降而下降，市场将不太可能愿意投资于这种增长所需的资本。事实上，增长模型表明，如果不增加资本投资或技术变革的回报，消费者和投资者最终会看到消费和生产萎缩至零，尽管增长消费在近期内是可能的。总体而言，这种情况似乎过于悲观，除非认为技术变革是不能持续的，不可再生的资源永远不能被可再生资源所取代。

如果一个经济体依赖于可再生（而不仅仅是不可再生）资源，则提取的资源投入在生产中原则上可以持续流动（等于再生能力的水平），这样可以避免资源对经济增长造成的拖累。然而，当一个经济体由于过去忽视环境问题而从不可持续的高开采水平开始时，例如，开采量高于最大再生率所界定的最大可持续采收量，就必须减少 E（N）资源的使用，这意味着增长拖累在短期甚至长期内都将存在。

转向投资可再生资源的理由是，从长期来看，它会产生生产效益，例如就渔业而言，自然再生增加，相对于高度枯竭的种群，种群数量增加，捕鱼成本下降，这会增加该部门的盈余。更广泛地说，减少对可再生资源的压力可以提高生态系统服务水平，提高生态系统的生产力，并最终提高依赖生态系统的生态部门的生产力。长期生产率的提高将抵消减少生产的经济成本（假设以前不可持续的开采概况也是经济型的低效）。开采的长期回报率上升最终刺激了投资和增长。但是，在此框架中，从过去对自然资本的过度使用中恢复时面临的权衡是不可避免的。

在种群污染方面也有类似的考虑。减少排放量会直接降低成本，但大气中、水体或土壤中污染物浓度降低会产生对长期生产力的影响。这些收益可能来自健康影响（更健康的工人更有生产力，用于医疗保健的资源更少）或生态系统服务（更清洁的环境产生更有价值的服务，如更丰富的鱼类资源和较低的水处理成本；如果游客被自然环境吸引，还可带来旅游收入）。Nordhaus（1994，2008）为研究气候变化决策经济学而开发的 DICE 模型依赖于一个非常相似的假设，因为在此拉姆齐式模型避免气候变化提高了整个经济体的生产力。

每当资源使用政策影响收益率，即人造资本的边际生产力时，资本投资的诱导性变化都会对增长产生间接影响。环境政策的成本被放大（政策直接降低产出，通过减少资本的边际收益，也间接减少了投资），但收益也被放大。这些一般平衡或相互作用效应有多大取决于人造资本投入相对于资源投入的重要性，以及递减的回报有多强（Smulders，2000）。

环境改善还可以通过 Ricci（2007a）的替代方案来刺激增长。第一，污染税使消费更加昂贵，减少了生产中劳动力的边际产品；除了休闲之外，这可能导致家庭将时间重新分配给教育。第二，更清洁环境的前景可能会促使家庭增加储蓄，并将消费推迟到未来。第三，如果新一代产品变得更清洁，污染税可能会不成比例地落在旧商品上。因此，征收污染税可以加速旧产品淘汰，刺激新产品的创新（Hart，2004；Ricci，2007b）。

3. 最佳增长和政策

在众多可行的增长路径中，哪一个最可行将取决于偏好。增长理论通常假定有代表性的家庭，其偏好引导社会的首选增长路径。这个家庭关心自然状态和常规消费的直接利益，如即时效用函数 U（C，N）中的总结，它具有一些一般属性：递增、凹函数，并且随着消耗量为零，具有无限的边际效用。由于目前和将来家庭对消费和环境的关心，社会选择的相关标准是即时福利，在最简单的情况下，就是效用的折现：

$$\max Wu=\int_0^{\infty} e^{-\rho t} U(C, N)\, dt \tag{6-4}$$

其中，ρ 是恒定的效用贴现率，它衡量未来消费和环境质量的权重下降的速度。式（6－4）受式（6－2）和式（6－3）约束的最大化，这一问题可称为 Ramsey 问题的实用版本，为经济（包括自然资本管理）提供了最佳增长轨迹。沿着这条轨迹，消费和增长之间的权衡以及消费与环境之间的权衡是最佳平衡的。为了最大限度地增加福利，应选择消费，使其对福利的边际贡献等于资本存量对福利的边际贡献（即影子价格）；应选择资源开采，使其对福利的边际贡献等于环境存量对福利的边际贡献（即自然资本的影子价格）。从长期来看，后一条件可以写成：

$$F_R=\mu+\frac{F_N+U_N/U_C}{\rho-E_N} \tag{6-5}$$

其中，左侧是生产中资源使用的价值，右侧表示直接提取成本（μ）加上自然资本的边际价值，作为公用事业和生产中所有未来边际收益的总和，与为自然资本存量（E_N）的边际再生进行了公用事业贴现率的修正。此表达式告诉我们资源型生产与环境质量之间的最佳权衡：对环境质量的高度偏好和产出对环境变化的高度敏感性要求节约资源使用。

经济要实现最佳增长，将消费推迟至未来的边际成本应等于这样做的边际收益。这种最优条件，即所谓的（凯恩斯）拉姆西规则（Ramsey，1928），可以写成：

$$\frac{\dot{C}}{C}=\sigma\left[F_K(K, R, N)-\delta-\rho\right]+\sigma\frac{U_{CN}}{U_C}\dot{N} \tag{6-6}$$

其中，$\sigma=-U_c/CU_{cc}>0$ 是跨期效用替代的弹性。以消费 $\dot{C}/C$ 的增长率来衡量的经济增长，如果净投资回报 $F_K-\delta$ 足够大，足以克服消费者的不耐烦程度以及环境的变化，那么，根据拉姆齐规则，经济增长应该是正的。

前者效应是利用投资机会的标准增长政策。它还界定了众所周知的争论，即在实践中使用何种贴现率来评估气候变化。如果个人更不耐烦，这意味着消费增长速度较慢。在合理路径的调整方面，预计最初消费会更高，并且随着时间的推移减慢增长，而投资环境或常规资本的准备金会减少，其中较高的贴现率会降低净利率环境质量收益。

后一种效应更具体，与绿色生长环境高度相关。我们解释其政策含义的假设是，环境质量是“正常产品”。因此，更快的环境质量改善需要更快的经济增长。

拉姆西规则还告知我们，最佳增长应如何随时间变化。如果经济最初资本存量低，那么投资回报率高，储蓄也会变多；这种资本的“深化”反过来又增加了特定劳动力的经济产出潜力和消费增长。然而，随着资本存量的不断增长，投资收益却在下降（因为资本回报率下降）。同样，由于自然资产有限，环境质量的改善必须停止。因此，消费增长也降至零，并出现稳定状态。然而，应该指出，增长只会长期消失，这可能需要几十年或几百年的时间才能达到。此外，在存在正在进行的技术变革的情况下，结论就变得不那么简单了。这突出表明，技术变革是政策中要考虑的一个重要因素。

我们现在可以回答相关的问题，即绿色增长与其他增长模式有何不同。从经济增长的情况来看，考虑到其人造资本和自然资本的存量，福利最大化的途径将涉及消费和产出的增长，以及环境质量的提高。将绿色增长与“棕色增长”相提并论也是很自然的，因为“棕色增长”导致资源投入增长和环境质量恶化，绿色增长的支持者认为，这种情况是我们需要扭转的。如果自然资源投入和污染投入的价格低于其社会成本，就会在经济体中产生棕色增长。在增长的经济中，生产者往往需要更多的资源。从技术上讲，因为资源投入和资本是不完全的替代品，即在某种程度上是互补的，除非市场资源价格快速增长。

如果市场价格反映的开采成本（μ），但不包括作为公共产品的环境质量对污染和开采的影响，那么价格增长可能太低，无法充分抑制资源使用。最初，由于它受益于不断增长的资源投入，但如果资源存量枯竭，这种快速增长不太可能得到维持。

Lopez（2010）分析了外部因素在创造棕色增长中的作用的另一个例子。他认为，一个有竞争力的经济体，可以开放获取可再生资源。资源根据自然生长函数而开发，但还有一个额外的因素导致资源存量的枯竭，这是经济的另一个部门，即工业部门的活动。它可能对资源的增长产生负面影响，例如，由于不可再生资源使用而发生石油泄漏。人工资本通过工业部门利润的储蓄积累（工人不储蓄）。从长期来看，这种经济中的均衡可以有两种类型。如果工业化对自然资源的负面影响不是太大，那么工业化将同时产生增长和非衰退的资源存量，即使如模型所设想的那样，对自然资源没有界定任何产权。然而，在分析中确定的不利方面，工业部门的扩张将导致资源退化。

6.1.4　清洁技术转型中的权衡

目前对发达经济体和所有工业化经济体来说，绿色增长政策的一个关键要素是减少对化石能源的依赖，并由于气候变化和当地空气污染而向清洁能源过渡。这是一个固有的动态问题：在过渡的时间、速度和性质方面，会出现政策问题。由于化石能源是大多数经济部门的重要投入，政策分析需要整个经济的重点。这使得增长理论，其中考虑动力学和一般均衡效应，一个有用的工具便是思考在过渡中的权衡。

石油、煤炭和天然气等化石资源以较低的生产成本提供非常理想的能源服务。太阳能和风能等可再生能源的替代清洁能源在生产成本方面相对昂贵，由于间歇和储存问题，不太方便。因此，能源转型中权衡的是短期的能源供应成本与长期的环境效益。

为了分析这种权衡对绿色增长的影响，我们需要研究生产中两种能源之间的相互作用。化石能源是不可再生的，但最终所有化石资源都不太可能被耗尽。因此，我们的讨论不是基于教科书式的 Hotelling 模型，这种模型完全耗尽了不可再生资源存量，而是基于 Heal（1976），即大量不可再生资源存量的开采成本随枯竭而上升，在全部库存耗尽之前，变得大于替代能源的成本。

我们用 R 表示提取的化石资源，S 表示非更新化石资源，使 $\dot{S}=-R$。通过函数 $M(S)$ 的递减来表示化石燃料的单位开采成本。作为化石燃料的替代品，我们考虑由太阳能和风能等可再生能源产生的能源，用 B 表示。我们首先关注这一事实的影响，即目前这种替代能源的生产成本通常高于化石能源的成本，在某些情况下，我们以单位成本为模型无限供应替代能源，这一点超过最初的化石开采成本 $M(S_0)$，但低于最后一个化石储量的提取成本 $\beta<M(0)$。通过这种方式，我们将替代能源视为“后盾”，并考虑化石能源最终总是被这种支持所取代的情况。

生产总值现在取决于资本和两种能源，即 R 和 B，而国内生产总值是生产总值减去能源生产成本。未消耗的 GDP 部分投资于实物资本存量：

$$\dot{K}=F(K, R+B, N)-[M(S)R+\beta B]-\delta K-C \tag{6-7}$$

其中，F 是毛产量，括号中的项是能源生产成本。气候变化和库存污染的本质是化石排放在空气和大气中累积，而更多的累积排放会持续地降低环境质量。如果二氧化碳和污染物的衰变（吸收）可以忽略不计，我们发现环境质量和保存下来的化石资源是正相关：提取的燃料越少，大气中累积的碳颗粒就越少。在模型中，这意味着：

$$N=S-S_0+N_0 \tag{6-8}$$

$$\dot{N}=-R \tag{6-9}$$

比较式（6-9）和式（6-3），我们看到，这意味着 $E(N)=0$，即经济依赖于不可再生的而不是可再生的资源和不可逆转的污染储存。这使我们能够提出与气候变化问题有关的不可更新性和不可逆转性的影响。

如果没有环境政策，经济最初只使用化石能源，一旦化石开采成本高于支持成本，将转向可再生能源。只要使用化石能源，气候变化和污染就累积起来。此外，化石能源供应的成本也随着消耗而增加。起初，能源成本低和资本边际收益高，刺激了投资，经济增长开始加速。

随着能源成本上升和资本回报率下降，经济增长将放缓。Van derPloeg 和 Withagen（2013a）忽略了环境质量的生产力影响，表明这可能导致超支：最初资本和消费增长到高水平，但如果能源变得昂贵，则后期会下降。

绿色增长政策可以采取不同的形式，但总是需要减少化石能源的使用，以便减少碳排放积累，并保留化石资源存量。对增长的影响遵循上述逻辑。要么减少能源使用，要么能源供应更昂贵，使 GDP 下降，这就导致资本回报下降进而拖累了经济增长。然而，由于化石能源使用不太密集，开采成本随着时间的推移上升得不那么快，因此存在相反的力量。根据政策对节能时机的影响，增长下降可以集中在初始阶段，并很快恢复，或者随着时间的推移可能更加分散。

社会最优政策再次将近期生产损失与长期环境收益进行权衡。从形式上讲，它涉及式（6-2）的最大化，但须符合式（6-7）、式（6-8）和式（6-9）。通过碳税或限额与交易制度征收碳排放价格将执行该政策，前提是该税反映了碳排放边际损害的净现值。由此产生的最佳增长路径取决于初始情况，两个有趣的案例必须加以区分（在这里，我们排除了第三种可能性，即经济体中的化石储量缺乏，大气中的碳量已经如此之多，以至于化石使用应当立即和永远禁止）。

第一种情况是初始资本存量相对于化石储备量较大的情况。这种经济对能源的需求很高，并将很快面临不断上涨的开采成本。最佳的绿色增长政策需要大量的能源再生产，并加快向可再生替代能源的过渡。由于化石能源的使用减少，化石能源成本上升较少，负增长的时期得到部分缓解。

在第二种情况下，化石能源相对丰富，因此只要经济继续使用化石能源，能源成本就仍然很低。虽然理想的绿色政策需要更少的化石能源使用，但考虑时间的推移，最初它增加化石能源的使用是值得的。在不远的将来，对于快速转型的经济体来说，从廉价能源中获益是最佳选择，而等待更久的市场经济则有一个较长的“化石能源时代”。在这个化石燃料丰富的世界，最佳的绿色增长快于棕色增长，但只在资本存量方面，而不是消费方面。为了换取更好的环境，经济不可避免地放弃了化石燃料消费。然而，化石能源成本仍然很低，而且一旦经济向更昂贵的能源过渡，高资本存量仍然可以从中获益，人造资本就可以廉价获得。因此，快速的资本积累（和减少消费）为在更昂贵的可再生能源时期的消费做准备。

碳税应该有多高？原则上，实现最优增长路径的最优税率等于边际损害的净现值，但这对其随时间的演变意味着什么？我们应该注意，如果经济增长，碳税会随着时间推移而增加。

根据经验，最佳碳税的增长速度与 GDP 增长大致相同。这是因为边际损害随着收入的增加而增加：如果有更多的资本受到影响，生产中气候变化造成的边际损害更大，而自生产消费品以来，其和环境质量是互补品（对两者的需求随着收入的增加而增加）。

绿色增长政策的关键权衡源于这样一个事实，即至少在最初，非化石能源在 GDP 方面比化石能源更昂贵。值得注意的是，这种较高的成本主要是由于初始的固定成本，而不是生产实际能源的成本。太阳能和风能的固定成本大，但安装后的操作成本很低（EIA, 2010）。分析其影响需要区分两种类型的人工资本，即生产资本 K，如上文所述，可再生能源容量为 K_B。绿色增长政策现在包括投资替代能源能力的政策，这种投资以生产资本和消耗为代价。因此，有一个时机决定：何时开始建设可再生能源能力，以及速度有多快。建设能力需要时间，随着时间的推移，使投资顺利发展是有效的。

Tsur 和 Zemel（2011）分析了一个化石燃料成本恒定且没有化石能源稀缺性的经济；

每单位可再生能源需要一定量的可再生能源能力，而运营成本可以忽略不计。资本存量低的一个经济型企业将节省的资金完全投资于生产能力，并依靠化石能源：建设可再生能源产能的成本太高，因为这将挤占仍然稀缺的产能。然而，随着经济增长，生产资本投资的回报下降，可再生能源的逐步投资在某个时候变得有利可图。即使化石和非化石能源是生产中完美的替代品，而后者的生产成本为零，但资本约束要求经济同时使用化石和非化石能源。这种经济的绿色增长需要更早、更快地提升可再生能源能力，而且由于建设这种能力需要生产人工资本，这可以与更快的 GDP 增长相配合；绿色增长的另一个例子是比棕色增长更快，尽管我们再次强调短期消费和长期消费可能性之间的权衡。

在所有市场均为完全竞争市场的经济体中，实现这一最佳结果需要设定碳税，以反映边际损失。然而，如果出于政治经济原因开征这种税，那么第二好的政策也应当被设计。其中一个选择是补贴可再生能源。从绿色增长的角度来看，这可能看起来很有希望和有效。然而，这种政策可能导致不利的意外影响。一方面，补贴将加速可再生能源的引进，导致更多的化石燃料留存。这将导致减少气候损害，甚至足以补偿补贴的扭曲影响。另一方面，资源所有者将因此最初使用更多的化石燃料。这种影响对社会福利是有害的。这是绿色悖论的一个例子。因此，该模型勾勒出一个绿色增长战略的危险，而绿色增长战略没有考虑到化石燃料的供应副作用。这并不是说决策者应该避免补贴可再生能源，但它警告人们不要对制定绿色政策采取天真的做法。

6.1.5 技术变革与绿色增长的相互作用

到目前为止，我们主要考虑增长是人为资本积累和自然资本维持的结果。然而，随着资本存量的扩张，收益的减少将导致资本回报率下降，如果没有其他动力，增长将放缓。为了解释稳定的持续增长速度，我们需要考虑技术变革，以提高投入（包括资本）的生产率，减少资本回报率。技术变化在增长分析中可以表现为技术知识存量的可得性增强，从而允许每单位投入量增加产量（Romer，1990）。产出的增长得益于技术变革，这不仅是因为它直接增加了产出，还因为它维持了资本积累。增长统计研究证实，技术变革是增长的主要来源，往往主导其他重要来源，如（物质和人力）资本积累。

如果我们考虑到自然资本和人为资本，并非所有可能形式的技术变革都同样有利于持续的经济增长。资源使用受到物理限制：累积的不可再生资源是有限的，随着资源的枯竭，开采成本也更高，可再生资源的流动最终受到自然再生或自然增长率的限制。因此，为了协调不断增长的产出和非增加的资源使用，经济使用资源的强度必须随着时间的推移而下降。这需要一些资源替代组合（包括上文所述的对后端使用的替代）和增强技术变革。在绿色增长的背景下，一个关键的考虑因素是不同类型的技术变革对自然资源和其他投入的使用以及对积累人为资本的激励的影响。

为了捕获我们上面阐述的增长模型中的输入增强技术变化，我们在生产函数中引入了“因子增强项”A_R，如式（6-10）所示：

$$Y=F(K,\ A_R R+A_B B,\ A_L L,\ N) \tag{6-10}$$

我们现在提出明确的劳动力投入 L 以说明一个事实，即需要与劳动力相关的技术变革来维持增长，并与其他类型的技术变革相互作用。投入增强技术变化（A 项增加）使有效投入（例如有效能源投入 A_R）增长成为可能，而投入本身（如 R）则不会增长。能源投入方面的例子包括节能措施、提高燃料效率、改进增加有效资源储备的钻井技术或减少替代能源生产的成本。这些和其他增加因素的措施将涉及具体类型的工作和相关费用。

资源使用的变化，特别是作为绿色增长政策的一部分，可以影响创新活动的成本和效益，从而改变技术变革的速度和方向。这种技术变革的内生性增加了另一个塑造了增长与自然资源之间的关系的渠道。一方面，自然资本服务的日益稀缺将为资源增强创新提供激励；另一方面，由于资源利用在日益稀缺的情况下不断减少，将拖累经济增长，但同样，它将排挤创新和有形资本积累（因为知识是人为资本的一种特殊形式）。例如，在其他条件不变的情况下，减少能源使用将减少产出。此外，发明新产品的回报将较低，因为制造这些产品所需的能源更少，这使得它们的成本更高，降低了产品的市场规模。

同样的机制将转化为限制使用其他形式的自然资本的环境政策的费用。许多学者已经确定了环境政策在具有内生技术的增长模型中的这种挤出效应。然而，如果更清洁的环境或改进的生态服务体系的生产力效应主导了资源投入减少的影响，则该机制也意味着技术变革，从而增加更多增长的机会。经济越是依赖国内产生的内生技术变革，其增长对资源和环境变量的变化就越敏感，因为这些变化间接地影响着本土创新（Smulders，2005）。主要依赖进口（而不是国产）技术和从国外传播技术的经济体的增长受国内资源和污染政策的影响较小。

环境政策减少了自然资源的使用或污染投入，从而导致了“棕色创新”，即自然资源或污染投入强度较高的技术创新（Smulders 和 Di Maria，2012）。这些必须与新的“绿色技术”区别开来，后者可以替代污染或资源密集型投入，减少替代能源生产的生产成本，以及提高能源效率。资源使用的减少，可以预期会刺激对这些技术的需求。

将绿色和棕色两种创新机会纳入模式，允许根据不同类型的创新。这里的问题是，哪些力量会影响创新者对所追求的技术变革类型的选择，以及由此对整体技术变革和增长的影响，从文献中找出了几个案例。

要长期保持增长，首先考虑的是依靠对资源密集程度较低（污染密集程度较低的）绿色技术的投资。那么，在保增长的同时，用人为投入替代资源投入必然更加困难。为了说明这一点，假设人为的资本和资源投入是共同的。如果人为资本在资源投入持续或下降的情况下增长（由于自然稀缺性上升或环境政策增加），对人工资本的投资（包括棕色创新的回报）就会下降，直到停止增长。此外，如果绿色创新的成本相对较高，从长远来看，创新的动力就会逐渐减弱。然而，由于绿色技术从减少污染和资源使用中提供了增长效益，这本身就刺激了总水平的改善和提高。事实上，在这些类型的模型中，出现了一条平衡的增长路径，这两种创新都发生了，但绿色创新的速度比棕色创新的速度要快，因此资源使用减少会完全被相对绿色所抵消（Smulders 和 de Nooij，2003）。

DTC 文献的第二个见解是，如果绿色和棕色创新的机会相对低成本，而仅与棕色技术相提并论，那么环境政策的成本就更低了，因为环境政策将创新导向了绿色技术创新。不幸的是，不能保证创新的方向以社会期望的方式响应环境政策。例如，如果各国对知识产权没有明确的定义和保护，则实施严格环境政策的国家的绿色技术发展可能会大于其他国家相反技术发展的抵消。

一个经济体可能会陷入污染密集型的生产模式。Acemoglu 等（2012）在绿色和棕色扇区模型中说明了这一点，这两个模型都产生了类似的最终产品。这两个领域都可以进行创新，以提高生产力。如果没有环境税，棕色部门的商品最初更便宜，因为它们在降低成本的研发方面有着悠久的历史；只有棕色公司承担研发，因为它们有更大的市场。即使引入环境税，Acemoglu 等表明，随着时间推移，棕色行业的公司可以继续变得更有生产力，并赢得更大的市场份额：经济被锁定在污染严重的产业结构中。棕色和绿色商品之间的生产率差距越来越大。还需要一项额外的政策——绿色研发补贴来缩小差距。

从长期来看，似乎有理由期望绿色和棕色的创新机会都可用。然而，从中期来看，过去的技术发展可能倾向于棕色而不是绿色创新。这就从 DTC 文献中进一步领悟到，即在良好定义的情景下，技术政策需要更多地关注绿色技术，而不是传统技术。当一个人把外部性作为技术政策的理由时，这不是一个显而易见的结论。正如人们所接受的，创新者通过推销自己的发明获得的回报并不充分反映其发明的社会效益或成本：不因创造的知识溢出而得到补偿，也不承担过早的成本。大多数实证研究发现，积极的知识溢出外部性主导着商业盗窃的负外部性，因此需要对研究提供补贴，以纠正创新投资不足的问题。然而，没有理由期望这些缺陷在棕色和绿色创新方面有系统的不同，除了棕色环境成本内部化不足对环境政策失败的影响技术。正如 Newell 等（2005）指出的，环境政策以及绿色增长是相互作用的外部因素的问题：知识和环境外部性。

如果绿色技术产生的想法能带来更大的效益，绿色技术的研发补贴应该更大，但是这些好处不能被创新者得到。当环境政策无效时，对绿色研发的更大补贴可以部分抵消转向绿色技术的激励不足。然而，即使存在有效的环境政策，绿色技术的最佳研发补贴也比棕色研发补贴要大。由于环境政策促使替代更环保的生产方法，更严格的政策来纠正外部性也增加了绿色研发的溢出效应。因此，溢出物的总价值随着环境政策的增加而增加。对于与污染部门相关的研发，情况正好相反。

6.1.6 基于增长理论的实证规律

增长理论提供了许多关于机制和可能性的见解，但是如果不系统地解读数据，就无法洞察影响的大小。虽然广泛的量化超出了我们的概念范围，但我们要指出增长理论与环境的主要经验方法之间的联系。

我们从绿色增长的简单操作定义开始：GDP 增长，没有排放增长。这就要求单位国内生产总值的排放量以与国内生产总值增长率相等（至少）的速度下降。这被称为“绝对脱钩”，相对脱钩意味着排放量与 GDP 比率的下降，但增速低于 GDP 增速。计算 GDP 增长减去排放增长的历史脱钩率，我们发现二氧化碳的数量相对较少。IPCC（2014）的结论是，自 1970 年以来，全世界单位国内生产总值的二氧化碳排放量以与人口增长大致相同的速度下降，人均排放量平均为恒定。因此，出现了相对的而不是绝对的脱钩。

“认为二氧化碳脱钩是不可行的”这样的结论过于悲观了。该理论认为，一旦政策到位，可以预期更多的脱钩。这些政策在减少排放和同时保持增长方面的有效性取决于技术变革的可能性（似乎非常丰富）、替代可能性（似乎有限）和反弹效应（往往经常抵消技术排放节约，参见 Sorrell，2010）。

量化减排，特别是通过减少能源对增长影响的一个方法是进行增长核算。在竞争经济中，能源的外向弹性等于能源在生产中的成本份额，在总水平上通常很小。因此，一项计算表明，能源使用量减少 10%，最多减少产出 1%。这种增长阻力计算是乐观的，正如我们的理论讨论所表明的。计算通常基于资源依赖型经济和非资源依赖经济的稳定状态的比较。然而，相关计算将棕色增长路径与排放量增加进行比较，将棕色增长路径与低得多且非增长排放水平的绿色增长路径进行比较。此外，增长阻力计算通常假定能源成本份额为给定的，这意味着科布道格拉斯生产函数具有良好的替代性，但实际上替代更为困难。较低的能源和排放水平与更高的能源成本份额相结合，从而放大了增长的阻力。

环境库兹涅茨曲线（EKC）是文献寻找 GDP 和污染水平之间的倒 U 型关系的证据。根据这一假设，在经济发展初期，经济的发展道路可能表现为环境质量的恶化，但随着收入增加，环境质量将再次改善。Copeland 和 Taylor（2003）区分了规模效应（更多的生产导致更多的污染）、成分效应（增长导致变化、更清洁、消费模式）和技术效应（需要更清洁的技术）是由给予清洁环境更高权重的偏好诱导。

增长理论的机制可能产生 EKC 型的路径，特别是低资本存量触发高投资和增长，对生产中的污染投入的需求增长，而低收入和消费则意味着需求环境质量也有限。然而，一旦内生技术被引入，倒 U 型模式就不再是自然的结果。工艺创新可以增加对污染投入的需求，产品创新可能将消费转向能源密集型行业（Smulders，2011）。

关于 EKC 的实证文献（从 1995 的 Grossman 和 Krueger 开始）差异巨大。它通常着眼于各国的收入水平和收入水平之间的相互关系，这使得处理技术变革和增长问题以及各国之间的联系变得困难。从增长理论的角度来看，最好从污染和收入增长率的角度来考虑（参见 Wagner，2008）。对于某些污染物或自然资源降解模式，没有发现倒 U 型，而对另一些国家，转折点不同。唯一可以得出结论的是，EKC 为“环境退化不是经济增长的必然结果”的说法提供了一些支持（Levinson，2008）。

6.1.7　绿色增长与寻找正的溢出效应

虽然我们所探索的模型具有自然资本增长的程序化表示，但我们可以从中得出几个与绿色增长相关的重要基本结论。

第一，一个国家何时以及如何从对环境有害的投入过渡，取决于各种经验性的经济效率考虑，这些考虑不会轻易简化为简单的准则。例如，“过度”（超出“绿色”稳定状态，此后又将恢复到该状态）可以沿着最佳路径发生（取决于其他影响中损害函数的性质）。最佳增长路径的绿色性可能在很大程度上取决于与物理资本和自然资本相关的初始条件。

第二，向绿色经济过渡有代价和好处，即使环境退化程度高且不可逆转，有效过渡也可能是渐进的。随着经济从上部向无碳稳定状态收敛，调整成本有限。在实践中，我们可以预期也会有调整成本，导致暂时的劳工就业不足以及一些现有资本过早的过时。

第三，在现实世界中，由较发达和发展中的经济体组成，即使沿着一条理想路径，也可以同时进行各种不同的调整。例如，一些国家可能正在沿着理想路径减少化石能源的使用，即使在一些发展中国家，增长速度较慢。对环境有害的投入进行全球交易，实际价格单一，所考虑的环境损害也可能主要针对具体国家。如果对环境有害的投入是当地生产的不可交易品，则预期调整会更加有异质性。

第四，通常没有假设认为，长期的环境维持性能够以对近期收入增长的最小影响，甚至正向的溢出效应来实现。自然资本的减少，无论是由于日益稀缺还是政策限制过度消耗，都对经济增长产生了一定的拖累。当自然资本消耗率不高时，限制其使用的短期成本将被维持和扩大自然资本存量带来的长期生产率收益所抵消。然而，正如温室气体缓解政策的例子所说明的那样，相对于成本效益的时机是一个实证问题（传统收入和产品术语中实现效益的程度与更多的无形收益相比）一样。

第五，抵消资源枯竭而增加的技术变革对于在自然资源和环境服务供应的自然限度内维持长期增长至关重要。可以提出一个案例，将公共研发投资瞄准绿色技术，要么与更严格的环境政策配合，要么克服路径依赖问题，这些问题可能锁定在不太可持续（并最终降低福利）的棕色增长路径。然而，绿色研发的需求程度取决于所有资源约束（不同于传统资本累积）对经济增长的重要性以及相对于其他选择的绿色研发成本。

我们对传统增长与环境框架的研究再次强调了纠正市场价格低效率以实现高效和稳定增长的核心作用。众所周知，在有效环境定价方面存在着各种实际障碍，包括政治、经济、执行、信息和认知问题，这些问题已被行为经济学家所发现。我们在绿色增长背景下重新界定关于可持续发展的辩论中，已经研究了解决这些问题的若干备选方案。然而，这并不能消除定价在指导有效、可持续利用自然资本和绿色技术投资方面的作用。虽然可能会出现正向的溢出效应，但通过一种或另一种形式的定价来评价和管理权衡至关重要。

我们通过纠正环境——自然资源外部因素来提高资源分配效率的政策也可以间接地对增长产生积极影响，通过增加总产出也能增加储蓄和资本积累。例如，减少自然环境退化的政策还可以减少建造资本对自然灾害的影响，因为私人投资决定或土地使用没有充分反映灾害风险的可能性政策。刺激再造林方案的政策可以减缓大气中二氧化碳的积累速度，减少侵蚀和水污染，并提供直接的货币和非货币收益。从定义的角度来看，这些不是溢出效应，也不是环境政策全部好处的反映，包括共同利益或一般均衡效应。

我们建议，在绿色增长背景下界定政策溢出效应更为有用，因为政策干预经济的某一部分会根本地改变经济其他部分的权衡性质。例如，通过广泛加强经济和社会机构来刺激增长的政策也可以提高环境监测和执行的效力，或减少过度使用开放获取资源。协调个人改善共同财产资源管理的努力，也可以渗透到更好地协调、更有效地分配不同的劳动服务。

一些观察家指出，更广泛的经济类别“协调”阻碍了经济增长（Rodrik，2008）。由于不同类型的规模经济和范围经济，技术的发展和扩散可能存在路径依赖性，从而导致多种长期均衡的可能性。如上文所述，创新和技术的采用可以依赖于过去创新过程中积累的特定知识和人力资本。

笔者在讨论绿色增长时较少考虑的一个问题是：增长政策是否会对环境的可持续性产生正向溢出效应。例如，促进增长的产业政策能否带来一些成本较低的绿色创新之路的副作用？在某些行业中集聚发展，以促进跨行业创新和供应链发展的范围经济，也可能减少环境废物产品。当更多设备具有更高的能源效率时，从资本到能源的生产力溢出就会出现。然而，这些想法几乎完全是推测性的。这为进一步研究绿色增长的技术驱动因素提供了重要参考。

6.2 绿色索洛模型

环境经济学中的环境库兹涅茨曲线（EKC）和现代宏观经济学的核心模型——索洛模型有着密切的关系。一旦修改了索洛模型，将科技进步纳入，EKC就成为向可持续增长道路融合的必然产物。本节解释了为什么目前估计EKC的方法可能会失败，提供了与我们的理论直接相关的替代经验方法，并估计了1960—1998年173个国家的碳排放模型。

6.2.1 问题的提出

本节旨在对污染和人均收入数据的三个令人费解的特征进行关联的理论解释。为此，本节向读者介绍一个与单一部门索洛模型密切相关的非常简单的增长模型，并展示此修正后的模型如何得出与美国和欧洲关于排放、排放强度和污染的证据密切相关的预测减排费用。该模型为增长和环境文献中令人困惑和脆弱的实证结果提供了解释，同时提供了与理论紧密相连的替代方法。重要的是，它解决了与环境库兹涅茨曲线相关的几个难题，这是一个实证性发现，将人均收入水平的提高与先恶化后改善的环境联系起来。

虽然本节的工作与最近试图解释环境库兹涅茨曲线（EKC）有关，但它在几个方面有所不同。第一，我们试图更好地适应数据的特点，而不仅仅是寻找污染排放与人均收入水平之间的关系；具体来说，我们利用关于减少污染成本和排放强度的数据来论证数据的主要特征与现有理论的不一致。第二，我们认为这些数据被索洛模型的一个非常简单的变体很好地解释了在这种模式中，技术进步减慢和资本回报减少方面发挥着主导作用。通过这样的做法我们认为，索洛模型得出的对增长过程至关重要的收益和技术进步的递减力量，也可能对EKC的发现至关重要。第三，为了证明方法的潜在效用，我们直接从理论中得出一个预测方程，并使用来自173个国家的碳排放数据对模型进行评估。

自20世纪90年代初发现以来，EKC一直引起决策者、理论家和实证研究者的注意。研究从一开始就专注于开发可复制倒U型关系的模型，较好地解释了减排的阈值效应推迟了政策的开始、收入驱动的政策变化随着收入增长而变得更加强劲，向服务型经济的结构性转变以及减排的回报增加从而推动下降污染控制的成本。

虽然每种解释都成功地预测了EKC，但它们通常不太符合收入和污染数据的其他特征。这些数据的一个关键特征是减少污染的时机。阈值效应模型预测，在初始阶段的一定时期内，没有总的污染物政策，然后是一段主动调控期。当政策生效时，排放量与产出比急剧下降，总排放量立即下降。然而，这与关于污染排放的现有数据不一致。单位产出的排放量通常在总排放量减少之前下降。

数据的第二个特点是污染减排成本的时间序列与许多理论难以调和。依靠增加收入来通过更严格的污染政策压低排放的理论，必须解决排放量的大幅下降与减少污染成本的平方关系，虽然污染成本在上升，但几乎与总产出的一部分一样保持不变。例如，美国二氧化硫排放量在1973年达到峰值，约为3200万吨，2001年几乎减少了一半，降至约1700万吨。单位产出的排放量也发生了相应的重大变化。但在此期间的大部分时间里，减少成本仍然占GDP或制造业增加值的很小一部分。依赖紧缩环境政策的理论预测减排成本将不断增加，因为单位产出的排放量必须比总产出下降得更快，才能控制污染。如果没有减排技术进步，则需要在污染控制方面进行越来越大的投资。

依靠成分转移或增加回报的理论也很难与这些数据相匹配。实证工作发现，在这部分，我们观察到的削减中，输出的构成变化最多。而对于某些过程来说增加的回报可能很重要，大部分排放来自小型扩散源，如汽车、房屋和个人消耗活动。在每一种情况下，增加减排的回报似乎都不太可能。增加回报也为合并和自然垄断提供了强有力的激励，除非我们把提高回报的力度捆绑在一起，收益增加的模型预测了大于产出水平的负污染排放。

对我们来说，污染数据和有关EKC的经验工作提出了三个难题，需要用现有的理论来解决。第一个难题是，我们如何使正在进行的减少排放强度与相对静态污染减少成本一致？第二个难题是EKC：时间或人均收入图表中污染水平的驼峰形状是什么原因？第三个难题是来自实证文献本身。众所周知，EKC回归中的实证估计值会随着使用的样本和估计过程有很大差异。这些脆弱的跨国实证结果是否意味着EKC不存在，或者使用存在广泛差异的实证方法证明问题？

本节展示了绿色索洛模型，为所有三个谜题提供了非常简单的解释。此外，该模型还提出了一种与理论紧密相连的替代实证方法。本节表明，对绿色索洛模型的有力预测是各国人均排放量的趋同。当相关预测遵循EKC模式最终递减时，这一预测仍然存在，但重要的是，如果增长不可持续且没有出现EKC模式，则此预测也成立。这种收敛预测可以通过多种方式进行评估，事实上，已经有相当多的文献研究污染水平的趋同。

在先前文献中，John List和一系列合著者探讨了几种污染物的时间序列属性，以检查两国污染水平的趋同情况。Strazicich和List（2003）研究了1960年至1997年21个工业国家对二氧化碳的共性特性。使用跨国回归和时间序列测试，他们得出结论，有重要证据表明，人均二氧化碳排放量已经趋同。Lee、List（2004）和Bult等（2007）的其他工作采用更复杂的时间序列测试或检查新的数据源。总体而言，有相当多的证据表明，两国CO_2和各州SO_2、NO_x的污染水平都趋于接近。

总的证据表明，污染排放措施趋于一致。绿色索洛模型为本节提供了一个理论结构，将收敛强度与可观测变量联系起来，在理论和实证工作之间建立明确且可检验的联系，并为了解成长和环境间的关系提供新方法。由于我们的实证方法与理论紧密相连，我们可以提供基于证据的答案，以说明差异的节约和减排量如何影响排放增长率；人口增长率的差异对长期和短期排放的影响；如果没有《京都协定书》这样的协议，发达国家和发展中国家的排放量趋同可能会如何进行。

为了提供这些答案，我们借用了收入趋同文献中使用的技术，得出一个简单的线性估算方程，将固定时间段内的人均增长率与初始期间的人均排放量和有限的控制集联系起来。这些控制包括典型的索洛类型回归，如人口增长和储蓄率，但也包括污染减排成本的度量。毫不奇怪，我们的实证方法在很大程度上归功于以前在宏观经济学中关于有条件性和绝对趋同性的工作，特别是 Barro（1991）和 BarroandSala - i - Martin（1991）的研究。绿色索洛模型也由于与 Solow（1956）的密切联系，在理论文献中也有着许多其他贡献。它与 Bovenberg 和 Smulders（1995）新的增长理论模型有关，因为这些作者允许“污染增强技术进步”，在某些情况下，这相当于我们在减排方面取得的技术进步。我们试图匹配污染减排成本 EKC 和在一个修改的 AK 模型与正在进行的技术进步的排放强度。本节源于我们之前试图在最简单的模型中匹配污染和人均收入数据的关键特征。

6.2.2　欧美的证据

本节的出发点是三个从美国数据中得出的观察：单位产出的排放量长期下降；这些减少早于绝对排放量的减少；在排放下降的时期，减排成本在整体经济活动中所占的比例仍然相对较小。在图 6 - 1 中，我们绘制了美国数据，其中给出 1948—1998 年每美元（实际）GDP 的排放量。我们绘制了 SO_2、NO_x、颗粒物、CO、CO_2 和易挥发的有机物的排放强度图。

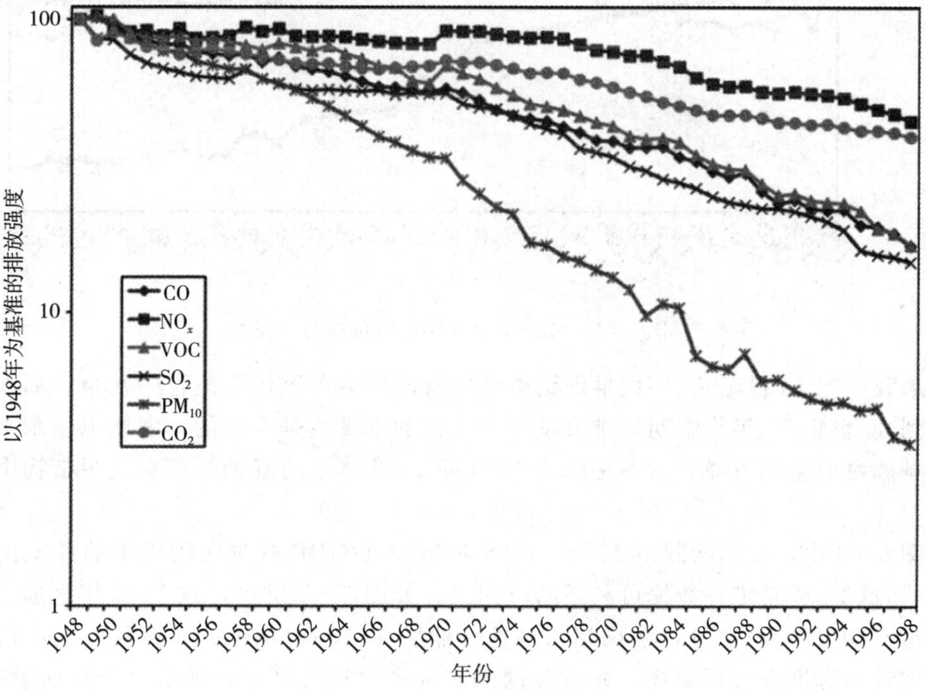

图 6 - 1　美国排放强度

我们需要注意两个特点：一是排放量与产出比从 1948 年初开始下降；二是在 50 年期间，下降的百分比大致保持不变（尽管污染物之间确实有所不同）。

在图 6 - 2 中，我们绘制了同一时间段内这些相同污染物的相应排放水平。图 6 - 2 显示了排放量先上升后随时间下降的总体趋势。由于美国人均收入在这一时期大幅度增长，该数字中的时间尺度也可以被人均收入所取代，因此，它有力地证实了 EKC 模式。EKC

模式在所有污染物的数据中可见，除了接近峰值的氮氧化物、样本期前达到峰值的颗粒物和 CO_2，这些污染物一直持续到2008年经济衰退。

很明显，图6-1所示的排放强度的降低比图6-2中 SO_2、CO和有机化合物的污染物峰值水平要缩短25年。然而，颗粒物自始至终都在下降，但氮氧化物的峰值在50年后开始下降。虽然碳生产强度降低，但碳排放量在抽样期间没有达到峰值。

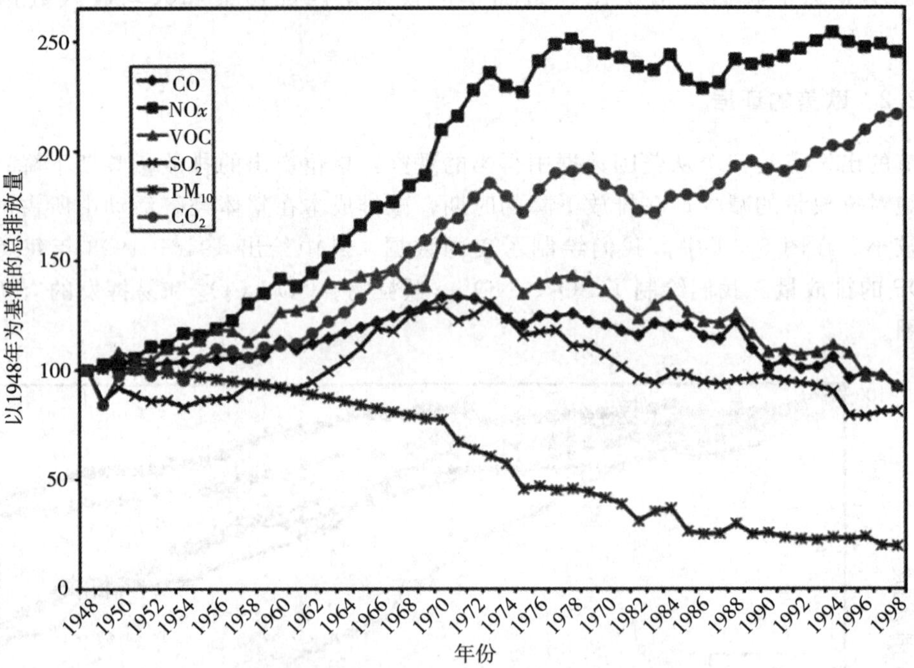

图6-2　按污染物和年份分的排放总量

如果我们把20世纪70年代早期到中期的阶段作为严重污染监管的开始，那么阈值理论预测到20世纪70年代中期，排放量与产出比的水平线是不变的，因此也是水平的，后期是总排放量的急剧下降。这不是图6-1和图6-2显示的五种标准空气污染物中的任何一个。

在图6-3中，我们绘制了1972—1995年每美元GDP减少污染成本的总支出（商业和政府）。这23年是唯一数据可利用的时间段。如图6-3所示，在1975年之前，减少污染成本占GDP的一小部分，增长相当迅速，然后保持相对稳定。如果我们考虑污染减排成本具体针对标准空气污染物，并按美国的实际产出进行调整，那么这个比例就非常小，大约是GDP1％的一半，并且已经保持了20多年。

为了证明这些数据特征不是美国所特有的，表6-1描述了欧洲国家的这些特征，该表提供了1980—2001年单位国内生产总值年平均排放量变化百分比的汇总统计数据；在可能的情况下，该表指示总排放量何时达到峰值，但在许多情况下，这是在样本开始之前，如“<1980”。在表6-1的最后一栏中，我们列出了这些国家减少污染成本的平均值以及占国内生产总值的比例。

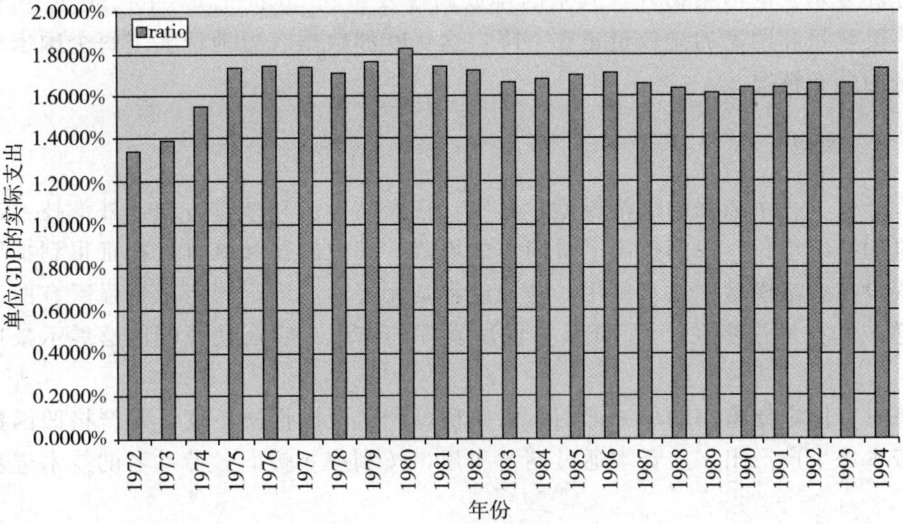

图 6 - 3　美国实际污染减排和控制支出的 GDP 比率

表 6 - 1　欧洲证据

国家	NO_x	Peak	SO_x	Peak	CO	Peak	VOC	Peak	θShare
奥地利	−2.8	< 1980	−13.4	< 1980	−5.5	< 1980	−4.2	1990	1.6
芬兰	−3.8	1990	−11.6	< 1980	−2.9	< 1980	−3.8	1990	1.4
捷克	−7.6	< 1980	−18.6	1985	−4.8	1990	−6.5	1990	2.0
法国	−3.8	< 1980	−10.0	< 1980	−6.4	< 1980	−4.2	1985	1.2
德国	−5.4	< 1980	−3.1	< 1980	−7.0	< 1980	−2.6	1985	1.6
意大利	−2.7	1990	−9.5	< 1980	−3.7	1990	−3.8	1995	0.9
爱尔兰	−2.7	2000	−7.8	< 1980	−7.0	1990	−6.3	1990	0.6
波兰	−7.5	1985	−9.9	1985	−10.1	1990	−6.6	< 1980	1.6
斯洛伐克	−4.7	1990	−10.0	< 1980	−4.2	1990	−7.5	1985	1.5
瑞典	−4.3	1985	−12.1	< 1980	−3.4	1990	−5.1	1985	1.0
瑞士	−4.4	1985	−9.5	< 1980	−6.9	< 1980	−5.1	1985	2.1
荷兰	−4.1	1985	−10.6	< 1980	−6.5	< 1980	−6.1	< 1980	1.7
匈牙利	−3.0	< 1980	−7.7	< 1980	−3.7	< 1980	−2.3	1985	0.6
葡萄牙	1.0	2000	−2.5	1999	−3.4	1995	1.1	1997	0.6
英国	−4.5	< 1980	−9.4	< 1980	−5.9	< 1980	−4.9	1990	1.5
平均水平	−4.0	—	−9.7	—	−5.4	—	−4.5	—	1.3

数据有两个显著特征。一是在此期间单位产出的下降幅度大为降低，跨国家平均数在表的最后一行中给出。硫的氮氧化物、一氧化碳和挥发性有机化合物每年减少 4%～5%的含量，但每年接近 10%。二是上一栏所示相对较小的污染控制成本，平均而言，这些成本只占 GDP 的 1%～2%。

表 6 - 1 也给出了年最高排放水平。在很多情况下，这些峰值出现在 1980 年之前，除

了葡萄牙和爱尔兰的污染物外，其余的排放高峰发生在 20 世纪 80 年代或 90 年代初。由于这些污染物量和国家的排放量正在下降，这一欧洲数据有力地证实了每个国家的污染物对排放量的分布情况。

6.2.3 模型

本节开发了一个增强的索洛模型，其中，在商品生产和减排方面，外部技术进步导致环境质量的持续增长。我们提出了最简单的规范，其中储蓄和减排选择都得到扩展。固定储蓄率假设在索洛模型中通常使用，并且经常是无害的。假定固定减排强度有助于我们突出收益递减和技术进步在产生 EKC 方面所发挥的作用。它还使我们能够展示减排强度的变化。

考虑有着固定储蓄率的单一部门索洛模型。产出规模报酬不变，是严格凹函数，利用劳动和资本来生产产出 Y。资本通过储蓄积累，按利率 δ 折旧。劳动者的技术进步率是由 g_B 给出。

$$Y=F(K,\ BL),\ \dot{K}=sY-\delta K \tag{6-11}$$

$$\dot{L}=nL,\ \dot{B}=g_B B$$

其中，B 代表劳动力促进技术进步，n 代表人口增长。

假设经济活动的每个单位 F，将污染单位作为产出的共同产物来模拟污染的影响。我们假设规模效应不变，并将减少的污染量写成经济活动总规模 F，以及经济减排努力的不断增加和严格的凹函数。

$$E=\Omega F-\Omega A(F,\ F^A)$$

$$E=\Omega F[1-A(1,\ F^A/F)]$$

$$E=\Omega F_a(\theta)$$

其中，

$$a(\theta)\equiv[1-A(1,\ F^A/F)],$$

$$\theta=F^A/F \tag{6-12}$$

其中，第二条线遵循 A 的线性均匀性，第三条线作为致力于减少的经济活动的一部分。我们假设强化减排函数满足 $a(0)=1$，并注意 $a'(\theta)<0$ 和 $a''(\theta)>0$。减排对减少污染有积极的边际影响。在某些情况下，我们将采用特定的形式。

为了将我们对污染和减排的假设与索洛模型相结合，我们注意到，考虑到减排，可用于消费或投资的产出 Y，然后变为 $Y=(1-\theta)F$。为了配合索洛模型在货物生产中取得的外生技术进步，提高有效劳动力的速率为 g_B，我们假设在减排中外生技术进步降低速率为 $g_A>0$。将我们的产出、资本和污染指标转化为密集单位，得到：

$$y=f(k)(1-\theta) \tag{6-13}$$

$$\dot{k}=sf(k)(1-\theta)-[\delta+n+g_B]k \tag{6-14}$$

$$e = f(k)\Omega a(\theta) \tag{6-15}$$

其中，$k = K/BL$，$y = Y/BL$，$e = E/BL$ 和 $f(k) = F(k, 1)$。

1. 平衡增长路径

假设 Inada 条件适用于 F，然后 θ 固定，则从任何 $k(0) > 0$ 开始，经济融合到唯一的 $k(0) > 0$，该经济收敛到唯一的 k^*，正如索洛模型。随着经济接近平衡增长路径，总产出、消费和资本均以 $g_B + n$ 的速度增长，而相应的人均规模则以 g_B 的速度增长。使用标准表示法来表示人均幅度的增长，沿着平衡增长路径，则有 $g_y = g_k = g_c = g_B > 0$。然而，一个潜在的恶化环境威胁着这种幸福的生活。由于 k 接近常量 k^*，可以从式(6-15)推断，沿平衡增长路径 g_E 的总排放量增长率由以下方法给出：

$$g_E = g_B + n - g_A \tag{6-16}$$

式(6-16)中的前两个术语表示增长对排放量的规模效应，因为总产出在平衡增长路径上以 $g_B + n$ 的速度增长。第二个术语是技术进步在减排中产生的技术效应。

将可持续增长定义为一种平衡的增长路径，既促进人均消费增长，又改善环境。可持续增长：

$$g_B > 0, \ g_A > g_B + n \tag{6-17}$$

商品生产的技术进步是实现人均收入增长的必要条件。减少的技术进步必须超过总产量的增长，以便让污染下降，环境得到改善。

2. 回报减少和 EKC

绿色索洛模型虽然简单，但为许多与收入水平和环境质量相关的实证证据提供了非常具有启发性的解释。虽然减排的力度是固定的，但在我们这个良好的框架中没有构成效应，也没有代际冲突需要解决，但绿色索洛模型为人均收入和环境收入提供了一条道路。这并不是说，我们在美国或欧洲数据中看到的 EKC 模式必然独立于这些地区的政策选择，而是表明政策本身并不要求紧缩政策。

为了演示，我们使用图 6-4 中的两个面板。顶部面板绘制了排放量和资本与每有效劳动力资本的增长率，与索洛模型的图形非常类似。第二个从第一个开始，将排放水平作为每个有效工人的资本函数进行绘制，与 EKC 的表述非常相似。首先，我们需要制定一个排放量的微分方程。为了生成闭式解决方案，我们采用具有恒定资本份额的 Cobb-Douglas 公式，$0 < \alpha < 1$，因为这允许我们在任何时候写出排放：

$$E = B(0)L(0)\Omega(0)a(\theta)\exp[g_E t]k^{\alpha} \tag{6-18}$$

其中，$B(0)$，$L(0)$ 和 $\Omega(0)$ 是初始条件，在获得排放量增长率的时间方面有所区别：

$$\frac{\dot{E}}{E} = g_E + \alpha\frac{\dot{k}}{k} \tag{6-19}$$

其中，我们注意到每个有效工人的资本变化率是简单的：

$$\frac{\dot{k}}{k} = sk^{\alpha-1}(1-\theta) - (\delta + n + g_B) \tag{6-20}$$

使用这两个表达式，我们现在可以使用图6-4的两个面板将资本积累的动态与污染水平的演变联系起来。

在图6-4的顶部面板中，我们在垂直轴上绘制了每个有效工人的$\alpha\dot{k}/k$和总排放量$\dot{E}/E$的变动速率，以及每个有效工人k的水平轴资本。在绘制图形时，我们隐含地假定增长是可持续的，即$g_E=0$。我们将$\alpha sk^{\alpha-1}(1-\theta)$给出的负斜线称为储蓄轨迹，因为它随储蓄率$s$的变化而改变。储蓄位点从无穷大开始，随着$k$变大，接近零；因此，它必须与两条水平线相交，如点$T$和$B$所示。从式(6-20)中可以明显看出，$\alpha sk^{\alpha-1}(1-\theta)$与高度的水平线$\alpha(\delta+n+g_B)$之间的垂直距离仅为增长率的$\alpha$倍，每个有效工人的资本率为$\alpha\dot{k}/k$。

因此，每个有效工人的资本都在B的左边上升，而在右边的所有点都下降。众所周知，B点的交集为我们提供了每个有效工人k^*的稳定状态资本。k的生长速度最快，随着k接近k^*而下降。当经济进入平衡增长路径时，$\dot{k}$为零，经济的总产出和资本以g_B+n的速度增长。

由于g_E是恒定的，我们从式(6-19)中得出结论，总排放量的增长率继承了每个工人资本增长率的大部分属性。使用相同的方法，我们注意到，储蓄位点$\alpha sk^{\alpha-1}(1-\theta)$和水平线之间的垂直距离与高度$\alpha[\delta+n+g_B]-g_E$等于排放量的改变率。这意味着，排放量的增长率在$T$为零，$T$左侧为正，$T$右侧为负值。将这些信息转换为排放水平的预测，很明显，T点必须重定在图6-4的底板中所示的排放水平上。

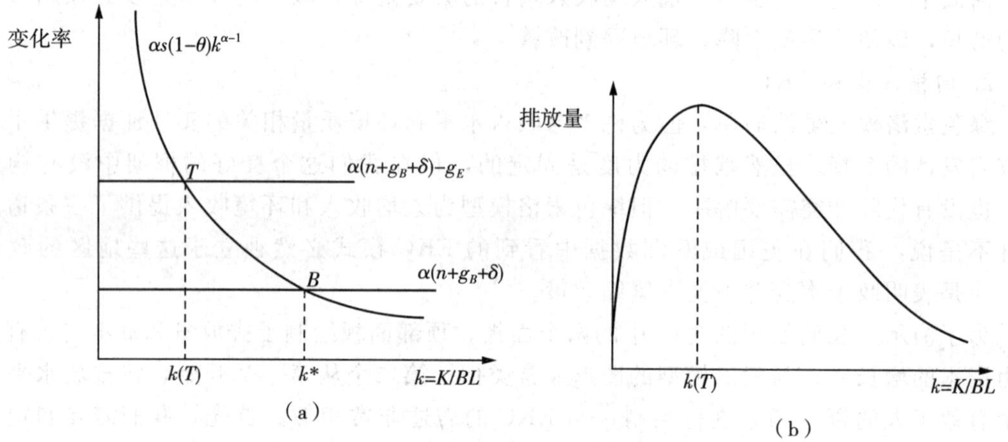

图6-4　按污染物和年份的排放总量

假设增长是可持续的，$g_E<0$，点T位于B的左侧：模型生成面板中显示的EKC轮廓。

图6-4说明了模型的几个特征：如果增长是可持续的，那么T位于B的左边，排放水平的时间曲线取决于$k(0)$相对于点T的位置；如果一个经济体从少量的初始资本存量开始，那么排放量首先上升，然后随着发展的进行而下降，即我们获得了一个驼峰状的EKC；如果初始资本规模较大，那么随着经济向可持续增长道路迈进，排放水平可能会一度下降。排放峰值取决于点T和B之间的关系。例如，如果$-g_E$很小，则点T和B的差异很小，并且排放量只会随着经济接近其平衡增长路径而达到峰值，当然这可能需要很长时

间。当增长不可持续时，点 T 位于 B 的右侧，即使经济接近平衡增长道路，排放量也将永远增长。在所有情况下，经济的减排强度是恒定的，其排放量与产出比以恒定速率 $-g_A$ 的速度下降。

需要注意的是，虽然该模型允许排放量先上升后下降，或可能持续下降或持续上升，但排放量的增长率以 k 为单调下降。之所以如此，是因为各国的排放增长率离 B 点很长，而 B 点附近的国家则增长较慢。即使在不可持续的情况下，排放量的增长率也沿着过渡路径下降，直到它接近于上述平衡增长点。当我们得出一个预测不同国家排放量趋同的估算方程时，我们将利用这个属性。我们将这些结果记为命题：

命题 1：如果增长是可持续的，并且 $k(T) > k(0)$，那么总排放的增长率首先为正，但在有限时间内变为负值。如果增长是可持续的，并且 $k(0) > k(T)$，那么增长率的排放量就会呈负数。如果增长不可持续，那么排放量增长会随着时间而下降，但对所有 t 来说仍然是正数。

命题 1 告诉我们排放概况的形状，但很少谈到排放水平和人均收入水平在转折点 T。虽然模型很简单，但在这方面可能具有欺骗性。例如，$k(T)$ 是独一无二的，即人均收入在转折点也是独一无二的。同样，我们很容易假设，对于储蓄率、人口增长率相等的国家，最高排放水平是相同的。这两种猜想都是错误的：虽然 $k(T)$ 是独一无二的，但相关的人均收入和 $k(T)$ 的排放水平并不唯一。

命题 2：具有相同参数值但初始条件不同的经济体随时间产生不同的人均收入和排放概况。与峰值排放相关的农业部门排放峰值水平和人均收入水平并不唯一。

命题 2 对 EKC 在国家一级数据中的明显不一致性和跨国实证结果的脆弱性做了简单的解释。众所周知，当研究人员改变分析的时间段、国家样本、污染物甚至数据源时，估计的 EKC 的形状可能有很大差异。

例如，Harbaugh 等(2002) 重新考虑了格罗斯曼和克鲁格的模型设定，并找到了对更新数据的支持；Stern 和 Common(2001) 采用更大和不同的二氧化硫数据集，找不到 EKC；Barbier(1997) 和 Stern(2004) 的评论指出，在 EKC 的估计转折点中，已发表的研究存在很大差异，转折点上的标准误差非常大，和结果差异很大；Criado(2008) 也得出了类似的结论。与此同时，美国和其他国家的原始污染数据往往对 EKC 肯定。

非常相似国家的 EKC 也并非因为初始条件的差异而唯一，那么未观察到的异质性肯定是一个问题。然后，未观察到的异质性可以解释拐点上的巨大标准误差以及结果对样本的敏感性。

3. 转折点

为了审查峰值时排放量和人均收入的决定因素，我们将在任何时候的人均收入写成：

$$y^c(t) = (1-\theta)k(t)^\alpha B(0)\exp[g_B t] \tag{6-21}$$

它是关于 $k(T)$ 、时间 t、减排强度和初始条件 $B(0)$ 的函数。用 $t=T$ 表示排放量达到峰值的时间。在 $t=T$ 时，每个有效工人的经济资本达到 $k(T)$ 。要求解图 6-4 中标识的 $k(T)$ ，将式 (6-20) 替换为式(6-9)，并将其设置为零便可得到：

$$k(T)=[\frac{s(1-\theta)}{n+g_B+\delta-g_E/\alpha}]^{1/(1-\alpha)} \tag{6-22}$$

接下来求解式(6-20)中的微分方程：

$$k(t)=[k^{*(1-\alpha)}(1-\exp[-\lambda t])+k(0)^{(1-\alpha)}\exp[-\lambda t]]^{1/(1-\alpha)} \tag{6-23}$$

如预期 $k(t)$ 是每位工人初始资本的指数加权平均值 $k(0)$，其平衡增长路径级别 k^*，其中给予初始与最终仓位的权重调整为 $\lambda=[1-\alpha][n+g_B+\delta]$。$k^*$ 根据式(6-20)为零，得到 $k^*=\{[s(1-\theta)]/[n+g_B+\delta]\}^{1/(1-\alpha)}$。最后，令 $k(t)$ 等于 $k(T)$，以便得到排放峰值时间的隐式方程。T 被定义为：

$$k(T)=\{k^{*(1-\alpha)}(1-\exp[-\lambda T])+k(0)^{(1-\alpha)}\exp[-\lambda T]\}^{1/(1-\alpha)} \tag{6-24}$$

其中，$k(0)=K(0)/B(0)L(0)$。重新整理式(6-24)后发现：

$$T=\frac{1}{\lambda}\log[\frac{k^{*(1-\alpha)}-k(0)^{1-\alpha}}{k^{*(1-\alpha)}-k^{T(1-\alpha)}}] \tag{6-25}$$

达到峰值排放所需的时间在索洛模型的收敛速度中下降，在每位有效工人的初始资本和最终资本之间的差距中增加，并且点 T 到 B 的距离越大。综上所述，我们现在可以将人均收入写在峰值时，为：

$$y^c(T)=(1-\theta)[k(T)]^\alpha B(0)\exp[g_BT] \tag{6-26}$$

在高峰时，人均收入是每个有效工人资本的增函数，在达到峰值所需的日历时间 T 上升。

要得到峰值排放，我们使用式(6-23)和式(6-18)可以得到：

$$E(t)=c_0\exp(g_Et)\{k^{*(1-\alpha)}[1-\exp(-\lambda t)]+k(0)^{(1-\alpha)}\exp(-\lambda t)^{\alpha/(1-\alpha)}\}$$

$$c_0=B(0)L(0)\Omega(0)a(\theta) \tag{6-27}$$

因此，峰值排放只是：

$$E(T)=c_0\exp[g_ET][k(T)]^\alpha \tag{6-28}$$

峰值排放量在经济的资本密集度中正在上升，当增长达到峰值排放时，峰值排放量正在下降。

如果我们比较两个参数相同的经济体，储蓄率、人口增长率、折旧率、技术进步率和资本份额以及因此相同的 k^*，这些经济体将不能拥有相同的人均收入。人均排放量达到峰值水平，也不会拥有相同的峰值排放水平。

逻辑虽然冗长，但很简单。当通过产出增长产生的排放量被减少的速率完全抵消时，就达到峰值排放。随着时间推移，分配给减排的产出份额是恒定的，但减排方面的技术进步正在提高这些投入在同时增加的 g_A 中的有效性。接近其平衡增长路径，减排的技术进步速度是十分可观的。因此，这两个比率相等的时间由每个有效工人的初始资本与其最终稳定状态的远点决定。从稳定状态开始，初始资本越远，经济增长越快，排放量增长达到零之前的时间越长。

此逻辑告诉我们，峰值排放时间 T 越长，$k(0)$ 越小，但 T 本身与初始条件中任何使 $k(0)$ 保持不变的变体无关。当然，如果我们通过提高零、$B(0)$ 期间的劳动力效率来稍微改变初始条件，但使劳动力或初始资本存量的补偿性变化使 $k(0)$ 保持不变，那么我们将保持 T 不变。但是，我们知道，由于劳动力是生产力的初始投入，人均收入在排放的峰值水平现在高于其他。一个完全类似的论点可以用来表明峰值排放并非唯一。由于 $\Omega(0)$ 在确定 $k(T)$ 或 T 方面没有作用；其变化直接通过式(6－18)改变排放峰值水平。

由于实证工作将人均收入与排放量联系起来，而不是像我们这里那样，因此将我们的理论与现有的实证工作联系起来是很有用的。为此，我们从式(6－23)和式(6－21)中注意到 $y^c(t)$ 是随之时间严格增加的函数。因此，我们可以求反函数得到 $t=\varphi(y^c)$，并代替式(6－27)。这为我们提供了总排放量和人均收入之间的参数关系。

命题 3：总排放量 E 和人均收入 y^c 之间存在参数关系，我们称之为 EKC。如果 $k^*>k(T)>k(0)$，则排放量首先上升，然后随人均收入下降；如果 $k^*>k(0)>k(T)$，则排放量随人均收入单调下降。

4. 比较静态分析

调查 EKC 的大部分实证工作都采用了包括发达国家和发展中国家，而且往往包括自由世界和共产主义国家的跨国数据。显然，这些经济体的差异远不止是初始条件，这种异质性可能进一步混淆估计。为了调查各国在节约、减排和技术进步率方面的差异如何影响排放增长，我们现在进行了相对稳定的状态分析。

考虑储蓄的作用。储蓄率的变化对长期的产出增长率没有影响，但会影响经济的转型增长，进而影响经济的收入污染路径。储蓄率的提高使储蓄率向右移动，如图 6-4 中的点 T 和点 B。增加储蓄可提高每个处于稳定状态的有效工人的资本，并在转折点上提高每个有效工人的资本。如果我们在式(6－25)中替换 k^* 和 $k(T)$，则有可能表明，储蓄率的提高延长了达到峰值排放时间 T。因此，一个储蓄率较高的经济体以高于其他收入的人均收入达到其峰值排放水平。排放量的转折点上升，因为更高的储蓄意味着更快速的资本吸收。这反过来意味着任何给定 k 的产出增长更快，排放增长更快。当资本积累的收益递减时，排放量的转折点会降低产出增长，使其现在等于 $-g_A$。较高的储蓄率使这项任务更加困难，因此 $k(T)$ 和 T 上升。

鉴于显著性政策的变化对 EKC 进行了解释，但本节的表述有必要对这些影响进行一定程度的讨论。显然，减排强度的变化对经济增长在产出或排放方面没有长期影响，正如储蓄率的差异没有长期影响一样。要验证式(6－27)，从长期来看，总排放量的路径完全由其增长率、g_E 及其水平决定，而增长率和水平由初始条件、k^* 和 $a(\theta)$ 确定。政策上的永久性变化，提高了 θ，降低了整个排放路径，降低了经济的资本强度，从而降低了每 t 的产出，降低了单位产出的排放，因为政策需要更清洁的技术，但它不影响长期排放量增长率。

在绿色索洛模型的范围内，提高 θ 更紧缩的政策不能将不可持续的增长道路转变为可持续的增长道路。紧缩政策对转型增长造成政策拖累，影响一切。为了了解为什么减少量的增加会降低$(1-\theta)$并向左移动储蓄点，从而降低T和B，使用式(6-25)，我们发现排放T峰值的时间下降。因此，较高的减排强度意味着在人均收入水平低于正常水平时达到峰值排放量；排放峰值提前达到，排放水平较低。有趣的是，排放量开始下降的人均收入较低，不是因为减排是有效地降低排放水平(虽然在平均意义上，它确实是这样)，而是因为减排消耗了稀缺的资源。降低减排强度，产生政策诱发的过渡性生长和影响，使$k(T)$下降。因此，虽然减排强度的永久性变化对排放增长率没有长期影响，但它确实影响了排放和收入的时间分布。

由于政策的变化降低了污染水平，研究其影响可以正确地发现它有效地降低污染水平，同时提高企业的成本，并可能带来排放总量的峰值。

最后要考虑技术进步变化的影响。从减排进度的变化开始，增加g_A，将图6-4中的顶线向上移下$k(T)$。这降低了任何k的排放量增长率，同样降低了处于稳定状态的排放量增长率。此变化对产出增长率或k^*没有影响。使用式(6-25)，我们发现T减少。把这些结果放在一起，我们发现峰值排放量是比不上初始排放量的。

生产技术进步较快，减产效果不明显。g_B的增加将图6-4中的顶线向下提升T，底线向上降低B。总排放量的增长率在任何k时上升，而每个工人的工资增长率则低于任何k。排放量达到峰值的时间可能会上升或下降，因此，达峰时的人均收入可能更高或更低。

人口增长的变化也产生了类似的结果。人口增长降低了每个工人稳定的国家资本，人口增长通过规模效应直接增加排放量，这既提高了排放量，又提高了排放量开始下降的点。这个新的较高过渡点是迟早在日历时间达到的，是不确定的，因此相关的人均收入也是如此。

这些结果表明，收入和污染之间的关系是极其复杂的，即使这是最简单的模型。事实上，我们确定了三套性质不同的决定因素。第一组决定因素是初始条件[$B(0)$和$\Omega(0)$]影响排放和收入的过渡路径，但对稳定状态幅度或长期增长率没有影响。第二组决定因素(s和θ)影响排放和收入的过渡路径，并改变稳定状态幅度，但对长期增长率没有影响。最后一组决定因素(g_B，n和g_A)影响排放和收入的过渡路径，改变稳定状态幅度，并改变产出和排放的长期增长率。

6.2.4 实证方法

虽然许多作者对EKC方法持批评态度，但很少提出有成效的替代方案。在本节中，我们将提出一种替代方法，以研究利用宏观经济学现有工作的增长和环境关系。

绿色索洛模型包含两个有关排放趋同的经验预测。第一，一组拥有相同参数值的国家特点储蓄率、减排强度、技术进步速度等，但在初始指标上有所不同，在衡量其排放量时将表现出趋同。虽然这些国家中的每个国家通常会随着时间的推移表现出独特的收入和污染状况，但情况也是如此。我们将在下面推导出一个估计方程，以表明在各国参数值相同的假设下，该模型预测了人均排放量的绝对趋同。第二，在一个具有异质国家的世界里，我们需要根据正确的国家特征来寻找我们所说的人均排放量的条件趋同。

1. 预测方程

从排放量公式(6-18)开始，但以人均排放量$e^c(t)=E(t)/L(t)$和人均收入$y^c(t)=$

$F(t)(1-\theta)/L(t)$ 来重写它。使用标准表示法，并提供了：

$$e^c(t)=\Omega(t)a(\tilde{\theta})y^c(t) \tag{6-29}$$

其中，$a(\tilde{\theta})=a(\theta)/(1-\theta)$。对时间进行求导可得：

$$\frac{\dot{e}^C}{e^C}=-g_A+\frac{\dot{y}^C}{y^C} \tag{6-30}$$

人均排放量的增长是技术进步与人均收入增长的总和。我们分三个步骤将公式(6-30)转换为估计方程。首先，按平均时间变化，在大小 N 的离散时间段内，人均收入和人均排放量增长率近似，并将等式改写为：

$$(1/N)\log(e_t^c/e_{t-N}^c)=-g_A+(1/N)\log(y_t^c/y_{t-N}^c) \tag{6-31}$$

为了消除收入增长，我们参考 Mankiwetal(1992) 和 Barro(1991) 和通过对数线性化将离散的 N 期人均收入增长率接近模型的稳定状态，以获得：

$$(1/N)\log(y_t^c/y_{t-N}^c)=b-\frac{[1-\exp(-\lambda N)]}{N}\log y_{t-N}^c \tag{6-32}$$

其中，b 是常量，$\lambda=(1-\alpha)(n+g_B+\delta)$ 是索洛模型向 k^* 的收敛速度。

最后，使用式(6-32) 消除初始期人均收入到 $y_{t-N}^c=e_{t-N}/\Omega_{t-N}a(\tilde{\theta})$。

通过这些替换，我们获得一个简单的线性方程，将国家/地区的人均排放量变化(在长度 N 的离散周期内)与常量和初始周期人均排放量相关联。由于分子构成的常量尚未确定，我们没有关于这个标志的预测。然而，人均排放量增长率应随着人均初始期排放量的上升而下降。控制其他变量不变，较低的人均排放量对应于每个有效工人较低的初始资本。这意味着总排放量 E 的迅速增长，因此人均排放量迅速增长。我们将此简短规范编写为具有误差项 u_{it}，可得到：

$$[1/N]\log[e_{it}^c/e_{it-N}^c]=\beta_0+\beta_1\log[e_{it-N}^c]+u_{it} \tag{6-33}$$

在对式(6-33) 进行最小二乘估计时需要作出某些大胆假设。例如，如果我们假设国家/地区具有相同的稳定状态 y^*，则国家/地区只能在其初始技术水平 Ω_{t-N} 和 B_t-N 上存在差异，而且基本上无法观察到。Mankiw 等(1992) 通过假设初始货物技术 B_t-N 在各国/地区最多通过一个特有的错误术语来解决这一问题。然而，这一假设在计量经济学和理论方面受到严厉批评(见 Durlauf 和 Quah，1999)。

一个担忧是，初始技术 $B_{i,t-N}$ 跨 i 的未观察到的变化可能与 e_{it-N}^c 相关。例如，一个拥有大的 $B_{i,t-N}$ 的技术成熟的国家，由于其人均产出增加，其人均排放量可能更大。

虽然未观察到的异质性当然是一种可能性，但它在我们的上下文中可能不太构成问题。原因很简单，生产品技术意味着一个大的初始 B_{t-N}，而生产性排放技术意味着一个小的 Ω_{t-N}。因此，在 $T-N$，一个技术成熟的国家可能具有相同的 i，$T-N$，$B_{i,t-N}$ 在

$T-N$ 的落后国家，使得初始技术水平中未观察到的异质性不那么明显。在某些情况下，这种启发式的论点是准确的。假设初始技术水平与每个国家在 $T-N$ 的初始技术成正比。$S_{i,\ t-N}$ 表示技术成熟度，则 $\Omega_{i,\ t-N}=\alpha/S_{i,\ T-N}$，$B_{i,\ t-N}=\beta S_{i,\ t-N}$。根据这个假设，$\Omega_{i,\ t-N}B_{i,\ t-N}=\alpha\beta$，且与 i 无关。

我们援引此参数来证明将不可观察的国家 / 地区特定乘积 $\Omega_{i,\ t-N}B_{i,\ t-N}$ 分解为整体跨国家表示，我们用 $\Omega_{t-N}\overline{B}_{t-N}$ 加上国家 / 地区特定偏差表示。生成线性形式的近似误差，它包含在我们的误差项 u_{it}。假定这些国家特定的偏差形式，则最小二乘估计是一致的。

要生成估计式，我们需要了解稳定状态的决定因素。在这样做之前，我们应该具体说明我们的经验方法如何考虑决定排放量增长的三组不同的变量。

首先，正如增长文献所共有的，我们假设技术进步的速度是全世界都共同的。沿着平衡增长路径由假设或测量来考虑。因此，确定平衡增长路径上稳定状态和增长率的一组因素由假设或度量进行核算。

其次，长期规范允许我们适应减排和节约，尽管碳的减排实际上为零。因此，在回归中控制仅影响稳定状态幅度的因子集。

最后，我们假设一个国家在减排和生产技术方面的初始技术成熟度是相关的，我们减少了初始条件下的跨联合尝试变异。因此，根据这一假设，初始条件的差异在估计中得到考虑。

要生成我们的估计表达式，采用作为减排函数 $a(\theta)=(1-\theta)^{\varepsilon}$，其中，$\varepsilon>1$。此公式遵循从恒定返回减排函数，并且像所有等弹性函数一样，它在实证工作中非常有用。然后，让 s_i，θ_i 和$(n+g_B+\delta)_i$ 分别为时间平均的国家特定储蓄率、减排强度和有效折旧率，并替换 y^* 的决定因素，我们将待估计表达式写成：

$$(1/N)\log(e^c_{it}/e^c_{it-N})\beta_3\log(1-\theta_i)=\beta_0+\beta_1\log e^c_{it-N}+\beta_2\log s_i$$

$$+\beta_3\log(1-\theta_i)+\beta_4\log(_n+\mu_{it}$$

$$\beta_0=g_B-g_A+\frac{[1-\exp(-\lambda N)]}{N}[\log\Omega_{t-N}\overline{B_{t-N}}]$$

$$\beta_1=-\frac{[1-\exp(-\lambda N)]}{N}<0$$

$$\beta_2=[\alpha/(1-\alpha)]\frac{[1-\exp(-\lambda N)]}{N}>0 \qquad (6-34)$$

$$\beta_3=[\alpha/(1-\alpha)+\varepsilon-1]\frac{[1-\exp(-\lambda N)]}{N}>0$$

$$\beta_4=-\beta_2<0$$

$$\mu_{it}=\frac{[1-\exp(-\lambda N)]}{N}\log(\Omega_{i,\ t-N}B_{i,\ t-N}/\Omega_{t-N}\overline{B_{t-N}})+\eta_{it}$$

短表达式和长表达式在两个方面有所不同。首先，当各国在稳定状态的决定因素上存在差异时，估计短期方程会迫使这种无法解释的异质性进入误差项。如果这些排除的决定因素与人均排放量相关，则这种排除产生有偏见和不一致的估计数。例如，当有关稳定状态的决定因素的数据可用时，则首选长方程。其次，长方程将稳定状态的决定因素分解为一部分。再次，就可以将潜在的政策变化（影响储蓄率和增长率）与其环境结果联系起来。这显然是一个很大的优势，因为它为我们提供了对重要政策问题进行循证答案的可能性。

2. 数据

为了进行实证工作，使用二氧化碳作为排放数据。虽然碳在许多方面不是典型的污染物，但它提供了一个特别良好的环境来测试模型。

首先，绿色索洛模型非常强调资本积累和技术进步的相互作用，很少强调环境政策变化所起的作用。在 20 世纪 90 年代后期之前，碳排放没有减少，因此，这种成本份额实际上保持不变。因此，碳数据趋同的任何趋势都不太可能是由于各国在环境政策方面的趋同。从这个意义上说，碳是一个用于测试绿色索洛模型的特别干净的案例。

其次，在相当长的时间内，几乎不可能从大量国家获得关于污染排放的可靠跨国数据。全球环境监测系统为我们提供了自 20 世纪 70 年代中期以来全世界污染浓度的可靠数据，但无法获得类似的排放数据。这显然是一个问题，需要确定储蓄率和人口增长率差异对排放量的影响，需要数据中出现重大的跨国差异，任何可信的趋同测试都需要长期数据。碳排放数据在很长一段时间内可供广泛的国家使用。

再次，研究人员很难理解碳数据。在人均碳排放量是全世界趋同还是全球差异的问题上存在很大分歧。许多用于产生商业的可计算模型假设了跨国家某种程度的趋同；如果排放量上人均不收敛，则缓慢地，即“正常”的轨迹可能是严重错误。

最后，关于欧洲和美国标准污染物的现有证据表明，许多国家的污染物排放量正在全面下降。相比之下，碳排放量并没有呈现下降趋势。因此，碳为我们提供了一个机会，将数据中类似 EKC 模式的观察与限制较少的收敛预测分开。由于人均排放量的趋同是绿色索洛模型的关键预测，因此检查似乎未遵循 EKC 模式的污染物非常有用。

笔者收集了 1960 年至 1998 年 173 个国家的人均碳排放量、人口增长率和 173 个国家的投资数据。现考虑五个样本，包含 173 个国家在相关时期的人均排放量（ACE）。使用这些样本来是估计短公式和 ACE 调查的。样本 B 只包括那些可以评估 CCE 的国家，即一组有人口增长数据和投资占 GDP 份额的国家。这样，样本量就减少到 165 个国家/地区。样本 C 消除了欧佩克成员国；而样本 D，不包括 1960 年人口规模小于 100 万的所有人口。样本 E，通过消除宾夕法尼亚“未评级”的国家，增加了这些限制。

3. 结果

表 6 - 2 中（A）列提供了来自短和长公式的估计值，在 173 个国家/地区使用样本 A 报告短公式的估计值。在（B）列中，我们介绍了储蓄率和有效折旧期限。数据限制将样本减少到 165 个国家/地区。（C）列消除欧佩克国家。（D）列进一步将样本限制在初始人口超过 100 万人的国家。（E）列进一步要求国家不得在 PWT 分级系统中获得 D 分数。

表 6-2 世界范围内的碳排放收敛

Variable	(A)	(B)	(C)	(D)	(E)
Cons	0.021 (11.6)	−0.105 (−2.0)	0.005 (0.13)	−0.005 (−0.12)	−0.049 (−0.87)
$\log e_t^c$	−0.005 (−5.6)	−0.007 (−5.8)	−0.008 (−5.9)	−0.011 (−6.6)	−0.012 (−6.7)
$\log s$	— —	0.029 (3.4)	0.023 (2.5)	0.035 (3.9)	0.041 (4.3)
$\log(n+gB+\delta)$	— —	0.019 (0.93)	−0.029 (−1.9)	−0.045 (−2.4)	−0.031 (−1.35)
N	173	165	151	118	98
$Adj.R^2$	0.14	0.29	0.31	0.35	0.42

绿色索洛模型在解释人均排放量的跨国变化方面的表现令人惊讶。当添加条件变量并更改样本时，在（A）列中报告的短公式的结果将在每个后续列中得到确认。也许并不奇怪，当在表格中向右移动时，解释力会上升，（E）列中的公式解释了 42％的变异。此刻发现在所有列中节省成本具有积极和显著的作用，而有效折旧在四个公式中的两个公式中具有统计显著性。在这些情况下，其符号是负的，如理论预期的那样。在所有列中，不能拒绝 $\beta_2=-\beta_3$ 的限制。

在大多数情况下，点估计是合理的，与相关实证工作中报告的估计相似。例如，隐含的收敛率 λ 从（E）列中的 1.6％到（A）列中每年 0.5％的低点不等。使用 β_1 和（来自任何列）的估计值，可以解决资本在 GDP 中的隐含份额，该比例在大约 0.7 时一致过大。这两个结果：收敛速度缓慢和资本份额“过大”，当然与 Barro（1991）从标准索洛模型估计中报告的结果相同。

综合起来，人均初始排放量的负系数、节约的积极作用和缓慢的收敛速度都认为，索洛模型在决定碳排放增长率方面起着重要作用。

系数估算还提出疑问，许多发展中国家的高投资率和快速的增长率如何影响其排放量的增长率。例如，考虑在（E）列中提出的结果，样本 E 内的国家人均排放量年均增长率为 1.98％，平均投资份额为 21.3％，人口年均增长率为 1.54％。考虑将“平均国家”的投资份额增加 10％至略高于 31％。从长远来看，储蓄率的提高对排放量增长或人均排放量增长没有影响。然而，在稳定状态之外，更高的储蓄率意味着更快的中期增长，以达到人均资本较高的新稳定状态。根据（E）列的系数估算，储蓄率提高 10％将使国家的平均排放量增长率每年提高 1.57％。这是一个显著的增长，因为过去 30 年人均排放量的平均增长率略低于每年 2％。

或者，假设我国人口平均增长率翻了一番，从 1.54％增长到略高于 3％。再次，从长期来看，这一增长对人均排放量增长没有影响，尽管必须使总体排放量增长 1.54％。在稳定状态之外，人口增长较快会降低人均资本，降低劳动生产率，减缓中期增长，并减缓人均排放量增长。要找到这种影响的大小，得从处在样本平均值的一般国家开始。人口增长率翻番意味着每年人均排放量的增长率降低 0.65%。人均排放量随人口增长较快而下降，尽管这种影响是暂时的。总体排放量增长，在过渡期，总体排放量每年上升 0.89%；而从长期来看，涨幅为 1.54%。

又或者，考虑将人口增长从目前的平均值降至零的实验。人均排放量将增长 0.83%，在此期间，总体排放量增长率将仅下降 0.71%。从长期来看，排放量增长将下降 1.54%，但短期失控状态的影响很小。

这项工作的目的和这些结果是为了证明绿色索洛模型是排放量增长的重要决定因素。与早期记录排放量增长或水平趋同结果的工作不同，我们的方法提供了一个潜在的窗口，了解增长的决定因素以及投资、人口增长和减排行为所发挥的作用。采用小组估算、检查收敛性以及测试我们样本国家人均排放量平均增长率的总体降低，这有力地支持了我们的 β 收敛发现。因此，在碳排放控制方面，我们的方法似乎相当成功。

然而，对于美国的标准污染物指数，是如图 6-1 所示的下降，还是如表 6-1 所示的欧洲下降，这些相同的绿色索洛力量是否至关重要，这仍然是一个有待研究的实证问题。虽然我们的模型是暗示情况，本该如此，但几个谜题仍然存在：一个难题是 20 世纪 70 年代以前排放量下降的根源。如果绿色索洛模型将这种下降主要归因于减排的技术进步是正确的，那么在 70 年代中期引入严格法规之前，这种进步的动机是什么？在这方面，必须认识到，污染管制并非从 1970 年开始。1970 年的《清洁空气法修正案》表明，在联邦层面引入了强有力的规范，从而与以前的管制方法大相径庭，但美国许多州和市政当局一直对其管辖范围内的污染进行监管。就这些努力而言，激励性地制定法规，在 20 世纪 70 年代以前以较低的成本满足这些标准。此外，今天发生的一些减排，以及早些时候发生的一些减少，反映了公司的利润最大化行为。例如，重新捕获灰尘颗粒，消除废水中的污染物，以便重复使用，以及减少一般材料使用，可以最大限度地减少成本。因此，在减排方面，一些鼓励创新的动机是没有监管的。最后，在排放与能源使用挂钩的情况下，已经鼓励节约单位产出的能源。如果我们把这三个动机放在一起，在 70 年代中期之前，有减少污染的诱因。

另一个潜在的难题已经解决。计量经济学的 E. P. A. 监管努力，减少污染，增加成本，减少植物产生，符合我们的做法。《清洁空气法修正案》带来的变革，可以表现为所需减排强度的永久性提高。我们已经表明，这些变化在降低污染、降低成本和减缓速度方面是有效的。这些调控引起的变化是否导致在更多宏观力量的推动下，沿着排放路径适度减少，或者它们是否是这条道路存在的关键，还需要进一步的实证和理论研究。

6.2.5　结论

本章提出了一个简单的增长和污染模型，以探讨经济增长与环境结果之间的关系。最近一项非常有影响力的研究路线，以 EKC 的实证发现为中心，在过去 15 年中，主导了经济学家和政策制定者对增长和环境相互作用的思考方式。许多实证研究者试图验证或反驳 Grossman 和 Krueger（1994，1995）最初的 EKC 发现，而理论家则通过提出无数可能的解释来解释实证结果，为这种研究的爆炸式增长做出了贡献。

本节对这一研究提出了三点意见。

首先，它表明最重要的实证规律性，EKC 和宏观文献中最具影响力的模型——索洛模型是密切相关的。虽然人们不愿看到“无处不在的低谷”，但索洛认为，作为增长进程根本的回报和技术进步的递减力量，可能也是 EKC 发现的基础。

由于收益的减少，发展始于经济的快速增长。排放随着产量的增长而上升，但随着不断的技术进步在减排中下降。快速增长首先压倒了技术进步的减排影响，排放水平上升。随着各国成熟并接近其平衡增长路径，经济增长放缓，这种缓慢增长对排放的影响现在因技术进步在减排方面的影响而降低排放水平。这种收益递减和技术进步的相互作用是索洛模型共通性特性的关键，即随着人均收入沿着可持续增长的道路增长，其排放量水平上升后下降的时间轮廓。收紧污染政策会增加成本，降低污染水平，但不会提高其长期增长率。环境政策在模型中具有层次性，而不是增长效应。

为了支持我们的论点，我们整理了几个证据。我们提出的证据表明，美国的排放与产出比率已经下降了近 50 年；这一减少早于排放水平的峰值；自 20 世纪 70 年代初以来，减排支出在增长的同时，在经济活动中保持了相当稳定和很小的一部分。这些数据在许多情况下与目前对 EKC 的解释不一致。

其次，开发索洛模型的简单延伸，其中收益的相互作用、资本形成和技术进步，为排放、减排成本和排放量与产出产生时间概况与美国和欧洲数据相符的比率。还认为，该模型可以为实证文献中有时令人困惑和异质性的结果提供自然的解释。

最后，这发展成了一种从模型中自然而然得出的实证方法论。通过利用宏观文献中的已知结果，开发了一个简单的估计，预测各国人均排放量的趋同。该模型产生了几个可测试的条件，并为我们提供了一种了解增长与环境关系的新方法。这个实证相当有力，系数估算为有关各国碳排放演变的几个重要问题提供了答案。

虽然取得了这些成功，但我们仍有许多未知的地方。技术进步在减排中的作用有多重要？把这里视为外生的技术进步有多少是由政府收紧政策引起的，企业层面努力降低能源成本的结果有多少？为了让人们更多地了解增长和环境的关系，该领域的未来研究必须保持从理论到实证工作的紧密联系，同时超越简化的绿色索洛模型。

思考题

1. 根据本章的理论，要实现经济的绿色增长，是否一定会导致经济增速放缓？
2. 请试着在绿色索洛模型的基础上，考虑绿色经济的其他重要特征，以改进此模型。

第 7 章　促进经济向绿色转型的政策工具

本章梳理在实践中，政府为促进经济向绿色低碳转型所使用的政策工具，主要包括绿色税收、碳排放权交易机制以及常用的绿色金融工具。

7.1　绿色税收

几年前，除了最发达的国家之外，绿色税收已经从少数绿色经济学家的保护区转移到了政治辩论的主流。政治家们意识到，他们可以从战略上利用国家税收制度来实现环境目标，就像健康相关税收一直被用来鼓励更有益的生活方式一样。因为以这种方式使用的绿色税收显然是社会工程的一种形式，确切地说，引入哪种税收是激烈辩论的主题，因为这引发了作为未来可持续经济的一部分，我们还应该鼓励哪种生活方式的问题。是希望鼓励航空公司购买效率更高的飞机，还是小心地将他们拥有的飞机最大限度地装满？或者，关心的是阻止乘客经常飞行还是纯粹出于享乐主义动机？或者，是否希望利用税收体系来实现更深层次的绿色目标，例如鼓励小型企业、本地企业而不是全球企业？

本节首先介绍绿色税收理论。在什么样的道德和策略基础上，有关税收的决定是在绿色经济的视野内做出的？然后讨论税收政策的策略，包括对无意或不可预测的税收后果的关注，因为人类找到了逃避税收或避免将收入捐给政府的方法。之后，本节介绍某些特定的税收，这些税收是绿色经济学家赞同的，但与污染没有直接关系——是对公共物品的税收。最后，探讨各国提出、设计和引进的生态税收。

7.1.1　绿色税收理论

税收有两个主要功能：一是增加政府用于公共产品和服务的收入，并对该收入重新分配以实现社会的更加平等；二是为政策制定者提供了影响行为的机会，鼓励他们认为有益的行为，抑制他们认为有破坏性的行为。绿色经济学家称之为将税收负担从像有用的就业这样的“有益的商品”转移到像污染那样的“有害的商品”（Robertson，2004）。然而，这两个引入税收的动机经常发生冲突。例如，香烟税提高了香烟的价格，降低了吸烟的水平，同时也降低了治疗因吸烟而导致健康问题的人们所需的开支水平。然而，如果吸烟人数减少，政府用于一般投资的收入就会减少。同样，在环境税的情景下，航空税可能导致航班价格上涨，从而减少需求。然而，各国政府可能依赖这项税收，最终可能会产生不允许航空旅行过快下降的反常动机。

在制定税收战略时，政策制定者还必须考虑到公民可能做出的反应，他们中的大多数人热衷于尽可能多地保留自己的收入，并将其用于私人支出。众所周知，税收变化带来的行为后果难以预测，而且常常混淆决策者的预期。爱尔兰的塑料袋税就是一个例子，它的目的是为一个环境基金创造收入，用于支付废物管理和反乱扔垃圾项目的费用。该税是以相对较低的 15 美分税率征收的，但它减少了约 94%的塑料袋使用，在收入方面几乎没有收益，但对环境产生了有益的影响。

绿色经济学家的关切点是，税收应主要用作推动人类走向可持续经济发展的重要工具。Margaret Legum 将税收制度的目标定义为：税收应鼓励社会包容、社会公平、经济效率和环境可持续性。税收应该减少不可再生资源的使用，对公共资源的垄断、污染和浪费。

现有的税收是扭曲的，原因如下：通过征税和增值减少了就业机会；补贴资本和能源密集型生产；鼓励污染和浪费，然后国家必须通过卫生服务来修复；鼓励低效的土地使用和投机；鼓励货币投机；补贴长距离运输，因此资源利用效率低下。

绿色税收理论是以已经确立的绿色经济原则为指导的，即可持续性、公平性和真正的经济效率。Legum 指出了对传统征税方法的一些主要批评，特别是它侧重于鼓励资本和能源替代劳动力，以及它未能解决污染和土地利用效率低下的问题。绿色税收体系将侧重于有效和最低限度地利用资源，消除浪费性的经济活动，无论是通过运输还是投机活动。绿色批判并没有集中讨论关于所得税实际税率的边缘争论，而是质疑政府如此高水平支出的必要性。一个着眼于全局的经济方法建议把解决污染作为一个主要的健康问题来源，这将减少对收入征税，以支付病人治疗的所需费用。同样，一个减少货运距离的经济系统在维护其路网方面的投资也会减少。

绿色经济学家的目标是在社会中实现公平，这也是财政体制的另一个目标。James Robertson 认为，正如我们不应该对收入征税来弥补经济造成的健康问题一样，我们应该避免征税来弥补经济造成的失衡。在他所说的“预分配”而不是“再分配”中，他提出了一个理由，要求更多关于土地和住房等基本资源共享的探索性问题，这将减少以后再分配收入的需要：涉及从再分配观念到预分配观念的转变。再分配税旨在纠正经济活动的结果，而预分配税和费用将分享经济活动基本投入的价值。再分配是依赖性增强，而预分配则是赋权。它将纠正经济不公正、不平等、排斥和贫穷的根本原因（Robertson，2004）。

在更传统的经济模式下的环境经济学家认为，引入环境税并以“收入中性”的方式减少与就业相关的税收，即没有额外的资金进入财政收入；这两种税收互相平衡。他们在“双重红利”的基础上论证了这一观点，因为从新古典经济学的角度来看，税收制度可以提高效率，同时实现环境效益。但是从绿色经济学的角度来看，同样需要关注创造的就业机会的质量和刺激经济增长的类型：如果以进一步污染和资源消耗为代价赢得就业机会，会使员工士气低落且具有破坏性，那么可能就没有双重股息或任何形式的股息。

7.1.2 策略性税收

对绿色经济学家来说，财政政策的一个关键战略目标是确保鼓励有益于环境的活动，而不鼓励有害的活动。但是，绿色经济主义者倾向于使用一系列的策略性税收来实现不同的目标：重新分配收入，鼓励将大型企业分解为小型企业，支持低污染的农业形式等。

绿色经济学家对发达经济体内部以及发达经济体与南部较贫穷经济体之间日益扩大的不平等现象深感担忧：“在设计绿色税收体系时，公平问题必须是核心问题（Milani，2000）。”在英国，将最高税率降至 40%导致了收入和资产所有权向收入上限的巨大转变：换句话说，富人越来越富有，穷人越来越穷（Byrne，2001）。绿色经济学家认为，发达经济体应通过一系列税收重新分配财富，其中最基本的是对高收入者征收所得税。然而，绿色经济主义者也关心少数非常富有的人所拥有的资产份额的增加。因此，绿色经济可能会涉及资产的分配，使用强化的继承税和资本利得税。

虽然从个人的角度来看，把一生积累的财富传给后人可能感觉很自然，但从“联邦”的角度来看，有一种观点认为，这笔钱应该由所有分享国家财富的人分享。为了平衡这两种观点，英国提出了一种继承税，其门槛相当低，但如果遗产继承人与他们可以选择的相对数量较大的继承人分享他们的财富，则允许他们避免纳税。因为税收关系到继承人的财富而不是继承人的财产为那些遗赠者提供了选择较贫穷继承者的激励，从而确保再分配。英国费边学会也采取了类似的政策（Patrick 和 Jacobs，2003）。

对于绿色经济学家来说，当今世界最明显的不平等是富裕国家和贫穷国家之间的不平等。他们认为这是一种历史剥削关系的结果，这种剥削关系始于殖民地化，此后一直以多边机构（如世界银行和世界贸易组织）的名义继续存在，这些机构实际上由富裕国家主导。作为一项临时措施，绿色经济主义者支持托宾税（Tobin Tax）的提议，这是诺贝尔经济学奖得主 James Tobin 首先提出的。该税是对投机金融交易征收的百分比税，在全球范围内征收，其收入用于投资项目，以改善贫穷国家人们的生活。虽然大多数绿色经济学家支持这一倡议，但它肯定会失败，因为它无法处理基本的系统性问题。

在绿色经济中，税收也将战略性地用于影响企业的权力和行为。新自由主义对政策制定的控制导致了税收从公司转移到私人收入。在美国，个人所得税占税收的 30%，而企业所得税仅占 6.3%；在英国，45%的税收来自个人所得（直接所得税和国家保险税），只有 8%来自企业所得税。英国公民个人的税收负担迅速增加（从 1989—1990 年的 488 亿英镑增加到 2002—2003 年的 1095 亿英镑），而公司的税收负担则没有增加（Adam，2004）。与此同时，虽然同期公司利润大幅增长，但他们缴纳的税收却从 215 亿英镑增加到 293 亿英镑。在收入下降和利润上升的压力下，个人所得税增长了 124%，而企业所得税仅增长了 36%（Sikka，2003）。绿色政府的一个目标是通过提高企业的税率来弥补这一差额。然而，一个更具战略性的目标是，通过将税率与企业规模联系起来，利用带状公司税来鼓励小型企业。一个类似的目标也可以通过改变统一税率的政策来实现，统一税率与企业占地面积的纳税水平有关，而统一税率与企业营业额有关。

7.1.3　对公共物品征税

根据 James Robertson 的说法，“公共物品是指其价值取决于自然、社会整体的活动和需求，而不是个人或组织的努力或技能”。Robertson 举例说明了财产价值的突然增加。位于伦敦地铁 Jubilee 线附近的一块土地，该线路公布后，其价值增加了 130 亿英镑。虽然土地是最明显和最重要的公共物品的例子，但还有其他一些典型的例子，其中无线电频谱现在是政府收费的对象而不是税收的对象。欧盟各国政府通过拍卖使用各种带宽的权利，获得了可观的收入，就英国政府而言，拍卖额约为 225 亿英镑。对于绿色经济学家来说，这样的公共资源是共享资源，即自然的馈赠，其价值应该被共享。如果要被少数人利用，他们应该为这种特权买单。

土地价值税，即 Robertson 所指的“土地租金税”：是对土地年租金的地价征税。年度租赁场地价值是指如果没有建筑物或改善设施，特定土地的租赁价值。它是一个地点的价值，由自然提供，并受到社区活动的影响。在向土地征收资本和劳动力之前，该税在土地进入经济活动时按土地的年价值征收（Robertson，2004）。

绿色经济学家与自由主义经济学家一样钟爱土地税，因为它极其简单和高效。根据古典经济学家的观点，租金应该避免，因为它们鼓励颓废和懒散：增加一块土地的价值或质量，或从中生产某种东西是应该鼓励的；仅仅靠其财富生活应该被贴现，最好是通过高税率。这种简单性是许多经济学家混淆的对象。他们的论点是，经济租金不能量化，因此不是一个可靠的征税基础。Richard Bramhall 对他们的论点提出了一个有趣的批评，认为经济学家“将一种宝贵的财政工具抛在历史的垃圾堆上，让税收负担落在劳动力和企业身上，而土地所有者却因此赚的盈盆满钵，无所事事”（Bramhall，1999）。

在当今的环境规划中，地方当局有权决定土地的用途，简单的电脑操作便可以产生大量的价值，就像农业用地经历了“用途变更”而成为开发用地一样。那些主张土地价值税的人声称，这种价值是民主创造的，因此应该由地方当局的所有公民共享。对于许多土地税的支持者来说，它可以是单一税种，仅仅因为它能产生巨大的金额。2014 年，Robertson 对英国土地地价税潜在收入的估值为每年 500 亿至 900 亿英镑（Robertson，2004）。

绿色经济学家赞同的其他税收，可以在对公共物品征税的基础上得到证明。例如，一个欣欣向荣的城市街道属于所有人；如果只有少数人选择将其用于私人交通，那么可以对该权利进行收费，并通过对拥堵收费与其他人分享收益。类似的论点认为，向地球大气排放温室气体、给其他人造成经济灾难的权利，应该用碳税来支付。

碳税可以被认为是一种“公共物品税”，因为它试图减少增加大气中二氧化碳排放量的行为，而大气中的二氧化碳排放量是一种公共物品。该方案有几种不同形式，但征税的基础是，应统一征收燃料碳含量税，以取代在许多国家生效的一系列复杂的燃料相关税。这样的税收将为企业和个人提供强有力的激励，以减少他们的能源消耗、驾驶，并转向非化石燃料供热和可再生电力供应。20 世纪 90 年代中期，欧共体审议了在整个欧盟范围内引入碳税的提案。虽然瑞典、芬兰、挪威、荷兰和丹麦引入了相关税收，但遭到了民众的拒绝。瑞典的碳税减少了 7%的二氧化碳排放量，而丹麦的能源税减少了 10%的能源使用量（Fullerton 等，2007）。

7.1.4 生态税收

生态税收有两个目的：抑制污染和改变行为，尤其是导致不可持续使用不可再生资源的行为。在某些生态税的情景下，如前文所引用的爱尔兰塑料袋税的例子，相关目标可能是产生收入，但一般来说，这是为了直接用于支持税收的中心目标的政策，即塑料袋税的循环使用，或在伦敦向拥堵收费的情况下投资更多的公共交通。生态税收的一个更微妙的目标是改变整个经济中劳动力和资源之间的关系。在工业化时代，特别是化石燃料的发现，通过开发自然资源而不是利用劳动力更容易产生利润。虽然绿色经济学家不倾向于为自己创造工作，但在考虑如何实现生产时，有时有一种愿望，即强调人类劳动对自然服务的贡献：在工业化国家，劳动力相对昂贵，税收更高；材料便宜，税收较轻。绿色税收可以为生态材料与非生态产品的竞争提供公平的竞争环境，它可以减少浪费，并且有助于创造一个比资本密集型更为人口密集型的经济。

斯堪的纳维亚国家在生态税收方面处于领先地位，挪威在 1994 年设立了一个绿色税收委员会，瑞典紧随其后（Brannlund 和 Gren，1999），存在大量的税种。我们已经将碳税和交通拥堵费视为运输税的一个例子（也可以视为公共物品税），见表 7-1 所列。

表 7-1　环境税和环境费的例子

	对资源使用或环境排放的上游费用征收	对资源使用的下游费用征收	对环境排放的下游费用征收
能源	对一次能源征收碳税	能源税	根据含碳量制定的差异化能源税
水	水务公司收取的排污费	水费	不可行
交通	对石油生产者征收的碳税	燃料税	根据排放制定的燃油税车船使用税
垃圾	垃圾填埋税	按体积征收的垃圾费	差异化的垃圾费

来源：S. Dresner and P. Ekins (2004) Green Taxes and Charges: Reducing their Impact on Low-Income Households, York: Joseph Rowntree Foundation.

与环境有关的其他主要税种是与污染有关的税种，如表 7-1 中所列的垃圾填埋税以及与稀缺资源有关的税种，如英国集料税（Aggregates Levy）。虽然绿色经济支持者的主要动机是将消费转向可再生资源，但对于那些供应总是有限的国家来说，税收的引入是有依据的。应该鼓励在有可再生资源的地方转向可再生资源，而在没有可再生资源的地方，应该鼓励对稀缺资源的有效利用、回收和再利用。这种政策可能是多样的和灵活的，随着特定金属或矿产变得更加稀缺或新矿藏被发现，税率会增加或减少。

德国在税收方面的经验表明，一个红绿联盟尝试通过有针对性的财政措施来实现重要的环境目标，这一尝试已得到充分记录（Diefenbacher 等，2005）。1999 年 4 月 1 日德国推出的措施方案代表了一种尝试。提高能源和资源消耗价格，同时降低劳动力成本。1999 至 2003 年间，通过一系列步骤提高了矿物油税和电力税；在劳工方面，减少了养老金供给。根据德国联邦环境局的说法，这些税到 2002 年，有助于二氧化碳大幅减少 700 多万吨，同时创造了至少 60000 个新的就业机会。总的来说，德国在 1990 至 2000 年间设法将其二氧化碳排放量减少了 15%。

虽然英国大力支持生态税，但在 1999 年达到高点后，环境税收入占税收的百分比有所下降。荷兰和斯堪的纳维亚国家的环境税税率最高；值得注意的是，尽管环境危机日益突出的政治影响，许多国家仍在将其国内生产总值一部分的生态税税率降低。

在政策层面，绿色经济学家和环境经济学家也对一系列绿色税收可能带来的负面后果表示关注，需要设计和测试制度，以确保它们在财政上对低收入群体有利。一项研究发现，“贫困家庭已经比富裕家庭多支付了相当多的单位能源费用”，并提出了一项计划，该计划“将有效地消除燃料贫困，在十年内可实现 400 万吨的碳节约，并节约近 200 亿英镑的房屋价值”（Dresner 和 Ekins，2004）。其他的绿色政策，特别是引入公民收入，将明显起到支持社会最贫困者收入的作用。德国的经验表明，当生态税收与减税和其他社会政策相结合时，它们可以导致大多数家庭的收入增加（Diefenbacher 等，2005）。

7.2 碳排放权交易机制

当今世界，驱动经济向绿色低碳转型的重要原因是全球气候变化问题。该问题是当前世界各国面临的重大挑战，越来越多的科学证据表明人为温室气体排放是导致这一问题的重要原因。从经济学的视角来看，气候变化问题源于温室气体排放的外部性。应对气候变化的关键是减少人为温室气体排放，对于政策制定者而言，需要制定相应的政策工具将外部性内部化以实现减排目标。

7.2.1 碳排放权交易机制的理论基础

碳排放权交易属于排污权交易的一种。排污权交易源于 Coase 在 1996 年发表的划时代论文，其基于产权思想提出了排污权的概念，并将排污权视作一种生产要素，通过明确排污权的归属并允许排污权在排污主体之间进行交易，从而形成排污权交易市场，市场自身可以对排污权进行定价（而不需要像庇古税那样由政府对排污权定价），这个价格就可将外部成本内部化。根据 Coase 提出的排污权交易理论，外部效应是产权（排放权）没有明确界定的结果，而通过明晰产权、借助市场交易来为外部边际成本定价，从而使外部性内在化是解决这个问题的基本手段。同时他也指出，行政命令型的政策工具阻碍了排污权流向对它估价最高的排放主体，从而降低资源配置效率增加总体减排成本。在此基础上，Dales（1968）研究了水质污染的管制政策，并指出行政命令型的污染治理政策实质上已经创造出了排污权，然而与 Coase 提出的排污权相比，这种权利是不充分的，因为它不能在不同排放主体之间进行交易。为了提高资源配置效率，应当允许排污权在不同排污主体之间自由交易。Crocker（1966）研究了大气污染的管制政策，并指出排污权交易方案大大降低了政府排污管制的信息成本。基于上述研究基础，Baumol、Oates（1971）和 Montgomery（1972）建立了较为完整的排污权交易理论体系：Baumol 和 Oates（1971）研究了较为简单的污染物（外部性仅与排放水平有关而与排放地点无关的污染物）排放权交易体系，而 Montgomery（1972）对更为复杂的污染物（外部性与排放水平和排放地点均有关的污染物）排放权交易进行了研究。

根据上述排污权交易的基本理论，碳排放权交易首先需要根据一国或地区温室气体排放目标确定碳排放权总量，在此基础上通过有偿或无偿的方式将碳排放权分配给排放主体。排放主体基于自身的减排成本和自身持有的排放权数量决定在市场上的交易行为：如果排放主体减排成本较低或者其持有较多的排放权，那么他将选择出售排放权获益；反之，排放主体将购买排放权以降低自身的履约成本。最终每一排放主体自身的边际减排成本将趋于相等，即达到碳市场均衡碳价。在此基础上实现全社会的总体减排成本最小化。

在实践中，排放权交易的实施也面临一定的困难和障碍。首先是排放权的确定与分配，这不仅仅涉及减排的成本效率问题，更涉及公平问题，因而往往在不同主体间、行业间及国家或地区间存在较大争议。尤其是温室气体作为具有全球外部性气体，明确其国家归属并进行国际碳交易面临较大的政治困难。另外，排放权交易市场的建立对一个国家或地区的制度条件、法律法规、市场条件、基础设施（包括排放数据获得、排放监测等）等有较高的要求，上述条件不健全将降低排放交易市场的效率甚至导致新的市场失灵。

7.2.2　碳排放权交易机制的主要特点

1. 减排成本的相对有效性

首先是碳市场的静态效率。碳排放交易机制作为一种典型的市场激励型的政策工具，可以为所有企业的总排放空间设定一个上限，总的排放配额被分配给各个企业主体，这些配额可以在排放主体之间进行交易，最终形成一个价格信号。在市场有效的条件下，这个价格信号能够调动整个社会中所有可能的减排资源进行减排，并引导减排成本较低的行业、主体、减排手段优先减排。因此相对于行政命令型的政策工具，碳排放交易机制一般会显著降低总体减排成本，尤其是在主体及减排手段之间减排成本差距较大且政府没有足够信息在主体间有效分配减排任务的条件下，碳排放交易降低减排成本的潜力越大。

其次是碳市场的动态效率。这包括两点：一是减排资源的跨期配置；二是对未来低碳技术创新的影响。排放权交易机制不仅仅在某一时点为主体提供了减排手段选择的灵活性，同时提供了减排资源配置的时间灵活性，即排放主体可以根据自身的实际情况以及当前的市场条件灵活地安排投资决策，避免了在行政命令型政策工具下所有企业同时进行资本替代导致的过高资本成本支出。另外，碳交易市场形成的价格信号还会激励企业投资减排技术的研发活动，促进低碳技术进步和创新，降低未来减排成本。在这点上，排放权交易机制相对于技术标准、排放标准等行政命令型政策工具具有显著的优越性。总之，排放权交易机制充分认识到企业主体的异质性，并赋予减排主体较强的减排决策灵活性，既能降低当前的减排成本，又能优化时间跨度上的资源配置，并为未来成本降低提供激励，原则上在完成同样减排目标的条件下，碳交易机制将降低整个社会的总体减排成本（Tietenberg，2006）。

2. 减排效果的相对确定性

技术标准和排放标准虽然对单个企业主体的绝对排放水平或排放强度做出了明确的要求，但是无法对于整个行业的产出水平进行控制，进而也就无法确定整个行业的排放水平。因此短期来看，技术标准和排放标准的控排效果比较显著，但长期来看，由于未来整个行业产出水平的不确定性，控排效果也具有不确定性。

相对于碳税而言，在未来减排成本信息不完全的条件下，碳排放交易机制的减排效果具有更大的确定性。碳税机制为企业的温室气体排放设定了一定水平的排放成本，在自身利益最大化的激励下，企业通过调整自身的排放量以使边际减排成本与边际排放成本（碳税水平）相等。因而在一定的碳税水平下，未来的减排量是不能提前预知的，尤其是在减排成本信息匮乏的条件下，未来的减排量具有很大的不确定性。而在实施排放交易机制的条件下，只要我们对于大气环境中温室气体的容量极限有一个科学的认识，即可据此确定总体减排目标（如 450ppm），使未来污染物的排放量是相对确定的。因而从保证环境有效性的角度看，即使我们不能对减排成本信息完全掌握，这也并不会从根本上影响减排政策的制定。总体来看，为保证未来实现一定的减排目标，碳交易机制对于减排成本信息的要求相对较低。

3. 较强的可行性

一项政策实施的政策阻力大小取决于能在多大程度上团结相关利益主体并达成政策实施的共识，或者多大程度上分化政策作用主体，以避免它们集结起来反对政策实施。碳市场相对于碳税的优势正在于此，碳税政策的实施将使所有排放主体成为利益受损者，从而使他们有了共同的政治立场基础——共同反对碳税；而碳市场的实施会分化政策作用主体，使他们形成不同的立场：排放主体由于具有不同的减排成本，部分排放主体（减排成本较低者）将通过碳交易受益，而另一部分排放主体（减排成本较高者）受损。最终结果是部分主体支持部分主体反对，在政策设计较为合理的条件下，能够使大部分主体受益，因而可极大地降低政策实施阻力。在欧美国家的减排实践中，碳税政策往往遇到较大的政策实施阻力，所以碳税并未成为当前国际社会减排实践中主流的政策工具选项。碳排放交易机制的配额发放方式具有很强的灵活性，主要包括两种：有偿分配和免费分配。有偿分配方案（如拍卖）下的碳交易机制类似于碳税的实施效果；而免费配额分配方案下的碳交易机制可以降低企业主体承受的总体成本，进而降低政策工具的实施阻力，在当前的减排实践中被广泛接受。

7.2.3 全球典型碳排放权交易市场

随着应对全球气候变化共识的达成，各国正在采取积极措施控制本国或地区的温室气体排放，其中基于市场激励的碳定价政策工具被越来越多的国家所采用（IEA，2010；World Bank，2004）。目前国际上已在运行的典型的碳市场包括欧盟碳排放权交易市场，美国区域温室气体减排协议（RGGI）及加利福尼亚州碳市场，澳大利亚碳市场以及韩国碳市场，此外还有诸多碳定价机制处于规划阶段。

1. 欧盟碳排放权交易市场

欧盟在气候变化问题上一直扮演主导的角色，并先后提出了 2020 年温室气体相对于 1990 年下降 20%，以及 2030 年下降 40%的目标。为了帮助其成员国履行减排承诺，欧盟很早就考虑运用碳定价机制控制温室气体排放。2000 年欧盟发布了《温室气体绿皮书》，宣布正式将碳排放权交易作为欧洲气候政策的重要组成部分，随后发布了《排放交易指令》草案，并经过两年的完善和修订，最终于 2003 年 10 月颁布《排放交易指令（2003/87/EC)》，以法律的形式规定了碳排放权，并要求 2005 年正式执行。

欧盟排放权交易机制（EU ETS）于 2005 年启动，历经第一阶段（2005—2007 年）、第二阶段（2008—2012 年），目前已进入第三阶段（2013—2020 年），是当今世界上最大的温室气体排放权交易市场，也是欧盟国家应对气候变化的政策基石。该机制基于总量控制-交易模式，目前覆盖了来自 31 个国家（包括 27 个欧盟成员国以及冰岛、列支敦士登、挪威和克罗地亚）的大约 11000 个主要排放设备的温室气体排放，包括来自电力与热力部门、能源密集型工业部门及航空业的 CO_2 排放，来自硝酸、已二酸、乙二醛和乙醛酸生产工业的氮氧化物（N_xO）排放及来自铝业的全氟化碳（PFCs）排放，这些被覆盖设备的排放量占欧盟温室气体排放总量的 45%左右。减排目标为到 2020 年排放量比基准年（1990 年）减少 20%，最新的减排目标是到 2030 年排放量相对于 1990 年减少 40%～

45%，到 2050 年减少 80%～95%。第一阶段和第二阶段的配额分配由各国自行分配，主要采用了免费配额分配的形式，从第三阶段开始配额分配将由各国自行分配变为由欧盟统一制定配额分配方案，并且将主要采用基于拍卖的方式进行配额发放。为确保欧盟范围内足够的减排措施，联合国气候变化公约（UNFCCC）项目抵消的使用将不能超过EUETS所要求减排量的 50%。

另外，为提振长期低迷的碳市场并稳定对未来市场的预期，欧盟已经计划在 2020 年之后引入市场稳定储备机制。同时欧盟计划进一步削减配额总量以增加碳配额的需求：从当前每年削减 1.74%提高到每年削减 2.2%（2021—2030 年）。

2. 美国区域温室气体减排协议（RGGI）及加利福尼亚州碳市场

美国区域温室气体减排协议（RGGI）于 2009 年启动，是美国州政府层面第一个强制性碳市场，包括碳排放权交易的期货和现货市场，覆盖了美国东北部和中部 10 个州电力部门 95%的温室气体排放，参与主体为 25MW 以上电厂。2009—2014 年将温室气体排放量控制在 2009 年的水平，到 2018 年将温室气体排放量减少 10%（以 2009 年为基准年）。在 RGGI 体系中，各洲至少要将 25%的排放权配额进行拍卖，拍卖收入用于促进能源效率提高及推动可再生能源发展。该机制允许跨期存储，不允许跨期借贷，对于碳抵消额度的使用规定了上限，第一阶段不超过配额总量的 3.3%～5%，第二阶段不超过配额总量的 10%。

美国加利福尼亚州到 2020 年将温室气体排放量减至 1990 年的水平，并采用总量控制与交易机制作为减少温室气体排放的策略之一。在项目的第一履约期（2013—2014 年），年均排放不低于 25000 吨 CO_2 当量的大型工业静态排放源和电力部门将被纳入，同时间接排放（电力进口企业）也被纳入其中。为降低减排成本，该机制允许覆盖企业购买和使用碳抵消以完成履约，但是抵消量不能超过年均排放量的 8%。碳抵消将来自一个有进口国际森林抵消可能性的国内碳抵消项目。加利福尼亚州也有一个严格的有关可再生能源的规定及其有关到 2020 年州内汽车燃料油的碳含量下降 10%的要求。

3. 澳大利亚碳市场

澳大利亚新南威尔士温室气体减排机制（NSW GGAS）于 2003 年启动，到 2021 年（或其他全国性碳市场出现时）为止，目的是降低电力生产及使用部门的碳排放，并且通过实施项目减排抵消额度鼓励非电力部门的碳减排活动。减排目标设定为从 2003 年的人均 8.65 吨二氧化碳降低到 2007 年的人均 7.26 吨二氧化碳，并且保持这样的排放水平直到 2021 年或新的全国性碳减排市场出现，相当于比《京都议定书》基准年（1990 年）降低 5%的排放量。该机制依据参与主体在电力市场销售中所占份额，指定其温室气体减排指标；参与者通过减排或购买温室气体减排许可证书（NGACs）实现减排目标。“证书制”是 NSW GGAS 的最大特色，证书制将发电方的低排放、节能、碳固存转化成为 NGACs，参与者根据完成的程度来购买 NGACs。另一个特色是对于可再生能源的支持，该机制要求所有的澳大利亚电力零售商和批发商从可再生能源发电商中购买一定比例的电能，同时可申请“绿色证书（RECs）”，RECs 表示 1MWh 可再生能源的电能，参与者可使用 RECs 来抵消自身的温室气体排放量。

澳大利亚原计划在 3～5 年的时间内筹备一个国家层面的碳定价机制，并将其从碳税机制过渡到排放权交易机制。2011年11月，该国通过了旨在实现2020年比2000年净减5%目标的清洁能源一揽子法规（Clean Energy Legislative Package）。根据该法规，2012—2015年的前三年内采用固定的碳价格机制（CPM）。这一价格将设定在23澳元/吨（18.5欧元，按年均2.5%进行指数化调整）并以类似碳税的形式运作。从2015年6月起，CPM的价格将会浮动，但在2018年6月前价格的自由浮动要限定在一个范围之内，价格下限将设在15澳元/吨，而价格上限将设定在超出国际碳价格20澳元/吨的水平。从2015年起，碳配额的数量（碳排放单位，CU）将限定在一个总量控制的目标内。最初5年CPM灵活价格阶段的排放上限原计划在2014年中期设定。通过一个滚动窗口，每年都确定一个新的排放上限，始终确保有5年的排放控制目标。CPM有望覆盖来自电力部门、工业设备、逸散性排放和其他土地利用部门的约500个企业、占澳大利亚60%的温室气体排放量，且从2015年6月起可使用国际碳信用完成其50%的减排义务。然而，上述碳定价方案尤其是碳税方案自提出以来便一直受到反对，澳大利亚新一届政府上台后于2014年7月宣布取消碳税，并提前进入碳排放权交易定价模式。这一模式的切换使得澳大利亚的实际碳价格从20～30澳元/吨二氧化碳下降到6～10澳元/吨二氧化碳。

4. 韩国碳市场

2012年，韩国政府通过了排放权交易立法，规定碳市场将分为2015—2017年、2018—2020年、2021—2026年三个阶段。2015年1月，韩国环境部公布最终的国家温室气体减排路线图，计划到2020年减排2.33亿吨二氧化碳，这相当于韩国温室气体排放量比“基准情景”减少30%。韩国环境部公布碳市场第一阶段配额总量为16.87亿吨，其中15.98亿吨为发放给企业的碳配额，还有8900万吨则为储备配额（应对计划外的建设项目）。第一阶段共纳入了525家企业，门槛为年排放量高于1.25万吨。其中包括84家石化企业、40家钢铁企业、38家发电和能源企业、24家汽车公司、20家电子电器公司，以及5家航空公司等。这些企业的排放占据韩国温室气体排放总额的65%，其中电力和能源企业配额最多，为7.385亿吨；钢铁、石化、水泥企业分别为3.057亿吨、1.437亿吨、5.621亿吨。根据计划，排放企业必须在基准的基础上减少排放，2015年为5.734亿吨，2016年为5.621亿吨，2017年为5.59亿吨。除了纳入企业之外，还有三家公共金融机构也可以参与到碳市场中，分别为韩国发展银行、韩国工业银行及韩国进出口银行。另外，企业可以使用不超过10%的减排量进行配额抵消，但在最初两个阶段内，只能使用本国生产的减排量，第三阶段则可使用国际减排量。对于企业违约，罚款将为市场价格的3倍，最高不超过10万韩元。

除上述碳市场外，国际上还有一些有特色的碳市场，如新西兰碳市场，其特点是将农业碳排放纳入交易体系中，日本东京的碳市场纳入的主要对象是公共建筑排放。

7.2.4 中国碳排放权交易市场

中国是世界上最大的温室气体排放国，同时也是世界上最大的能源消费国和煤炭消费国，经济社会发展面临节能减排的巨大压力。近年来，在全球气候变化和温室气体减排的大背景下，中国作为负责任的发展中大国在降低能耗和减少排放方面做出了积极的努力。2005年，国家“十一五”规划中提出了到2010年单位GDP能耗较2005年降低20%，主要污染物排放总量减少 10％左右的约束性目标，且在“十一五”规划结束时这一目标基本实现。2007 年，国务院发布并实施了《应对气候变化国家方案》，是我国第一部应对气候变化的全面系统的政策性文件，也是发展中国家颁布的第一部应对气候变化国家方案。2008 年，国务院新闻办发布《中国应对气候变化的政策与行动》。2009 年 11 月，国务院常务会议提出我国 2020 年单位 GDP 的 CO_2 排放相比 2005 年下降 40％～45％的碳排放控制目标，并将其作为约束性指标纳入国民经济和社会发展中长期规划中。这一目标在随后召开的哥本哈根气候大会上作为中国承诺的自主减排计划提交到 UNFCCC 秘书处。2011 年中国“十二五”规划纲要发布，明确要求综合运用调整产业结构和能源结构、节约能源和提高能效、增加森林碳汇等手段，大幅度降低能源消耗强度和 CO_2 排放强度，有效控制温室气体排放。2012 年初，国务院印发关于《“十二五”控制温室气体排放工作方案的通知》，并将到 2015 年全国 CO_2 排放强度较 2010 年下降 17％的目标作为“十二五”期间的主要减排任务。2014 年 11 月，中美双方共同发表《中美气候变化联合声明》，中国计划 2030 年左右 CO_2 排放达到峰值，届时非化石能源比例达到 20％。2015 年 6 月 30 日中国政府向 UNFCCC 秘书处提交了国家自主减排贡献预案（INDC），除了以上目标及森林蓄积量比 2005 年增加 45 亿立方米的目标外，中国进一步明确提出碳强度比 2005 年下降 60％～65％的目标。这是中国政府首次就自身碳排放总量提出目标，对于全球应对气候变化并推动 2015 年底巴黎大会达成新的全球气候协议具有重要的意义。

中国碳排放权交易体系建立之前，碳交易概念已经随着清洁发展机制（CDM）被引入到中国。2004 年国家发展和改革委员会发布有关 CDM 指导方针的白皮书，中国开始积极参与 CDM 项目交易。2008 年，在大力发展 CDM 项目交易市场的同时，部分省市（北京、上海、天津）成立环境能源交易所，开始探索建立碳交易平台。2011 年 3 月国家发布“十二五”规划，明确提出建立完善的温室气体排放统计核算制度，逐步建立碳排放交易市场。这是中国官方第一份明确指出建立碳交易市场以降低能耗和碳强度的文件。2012 年国家发展和改革委员会颁布《温室气体自愿减排交易管理暂行办法》，正式启动自愿减排项目的申报、审定、备案、签发工作流程，公布 10 个重点行业温室气体排放核算方法与报告指南，开发建设国家碳交易登记注册系统，为建立全国碳市场奠定了基础性工作。2011 年 10 月国家发展和改革委员会发布《关于开展碳排放权交易试点》的通知，7 个地区成为碳交易试点，包括北京、上海、天津、重庆、广东、湖北和深圳。从 2013 年 6 月深圳碳交易平台启动到 2014 年 6 月重庆碳交易平台启动，我国在一年的时间里先后启动 7 个排放权交易试点。为推动试点碳市场逐步向全国碳市场过度，2014 年 12 月国家发展和改革委员会发布《碳排放权交易管理暂行办法》，是第一份适用于中国国家碳市场的立法文件，为全国碳市场建立奠定了法规基础。下面对中国七个碳市场试点的主要特点和运行情况进行逐一介绍。

1. 北京碳交易市场制度设计及市场运行特色

第一，覆盖范围广泛，纳入主体多样。北京市碳排放交易试点覆盖全市行政区域内固定设施的排放，目前只针对 CO_2 一种温室气体。在 2013—2015 年北京市碳排放权交易试点期间，参与北京市 CO_2 排放权交易试点的企业只核算其北京市行政辖区内固定排放设施化石燃料燃烧、工业生产过程、废弃物处理的 CO_2 直接排放，以及北京市行政辖区内固定设施电力消耗隐含的CO_2间接排放。其中，年CO_2直接排放量与间接排放量之和在1万吨及以上的单位为重点排放单位，需履行年度控制CO_2排放责任，是参与碳排放权交易的主体；年综合能耗2000吨标准煤（含）以上的其他单位可自愿参加，参照重点排放单位进行管理，履行年度排放报告责任。符合条件的其他企业（单位）也可参与交易。因此，北京市碳排放权交易体系不仅覆盖了电力、热力、水泥、石化、服务业（包括批发和零售业、公共管理、社会保障和社会组织）、其他工业等六大行业，还包括高校、医院、政府机关等公共机构，中央在京单位、外资企业或合资企业也占有较大的比重。另外，北京碳市场不仅对本市的重点排放单位和一般排放单位开放，也对金融投资机构开放，开市以来，已经有10多家投资机构参与了北京碳市场的交易。根据排放单位上报的2009—2012年碳排放报告，经第三方核查后，415家企业（单位）纳入2013年度重点排放单位，需履行强制减排责任。

第二，率先出台抵消机制管理办法。7个试点地区中，北京市率先出台了《碳排放权抵消管理办法》，允许重点排放单位使用以下经审定的碳减排量来抵消一定比例的碳排放：核证自愿减排量（CCER）、节能项目碳减排量、林业碳汇项目碳减排量。碳抵消使用比例不得高于当年排放配额数量的5%，其中来自京外项目产生的核证自愿减排量不得超过2.5%。全市每年的抵消总配额中，市内开发项目获得的CCER必须达到50%以上，市外开发项目的开发地优先考虑西部地区。北京市的抵消机制规定有一些特点，如节能项目的碳减排量可成为碳抵消项目的一类；经备案但未签发的林业碳汇项目在一定条件下可提前入市；工业气体（如HFCs、PFCs、N_2O、SF_6等）和水电项目则被排除在北京碳抵消市场之外，河北省、天津市等与北京市签署应对气候变化、生态建设、大气污染治理等相关合作协议地区（如河北省承德市）的CCER将被优先使用等。

第三，出台地方法规，以提高履约效力。北京市将报告期和履约期分别集中在每年的第一和第二季度，履约截止期设在6月份。从2014年起，排放单位于每年3月20日前报送上年度碳排放报告，于4月5日前提交核查报告并申请上年度新增设施配额和调整配额，4月30日前核发上年度新增设施配额和调整配额，6月30日发放本年度既有设施碳配额。北京市重点排放单位于每年6月15日前完成上一年度的碳排放配额清缴工作（履约）。对未遵约及未按规定进行报告、监测、核查制定了处罚规定，在处罚措施的效力方面，北京为地方立法。北京市在遵约处罚方面的力度相对较大，对未及时清缴部分处以市场均价3～5倍的罚款，同时还在行政执法方面率先出台了专门的碳排放交易行政处罚自由裁量权规定——《关于规范碳排放权交易行政处罚自由裁量权的规定》（京发改规〔2014〕1号）。

第四，规范交易行为，引入价格调控。作为新生的交易市场，北京碳市场的总体规模偏小，为了保证碳市场稳定运行，设计者主要从持仓量和交易价格两方面对交易行为做出了规范，限制过度囤货。履约机构交易参与人碳排放配额最大持仓量不得超过本单位年度配额量与100万吨之和。非履约机构交易参与人碳排放配额最大持仓量不得超过100万吨。自然人交易参与人碳排放配额最大持仓量不得超过5万吨。引入价格调控机制。为了对市场活动进行调节，北京市发展和改革委员会将通过配额拍卖、配额回购等方式进行公开市场操作。北京市发展和改革委员会可预留不超过年度配额总量的5%用于拍卖，当配额的日加权平均价格连续 10 个交易日高于 150 元/吨时，市发展和改革委员会可组织临时拍卖。当碳排放权交易市场的配额日加权平均价格连续 10 个交易日低于 20 元/吨时，市发展和改革委员会与市财政和金融监管等部门协商，确定是否进行配额回购，以及配额回购的数量、价格和方式等，并向北京市应对气候变化研究中心下达回购指令，具体操作由北京市应对气候变化研究中心执行。

第五，率先开展实质跨区域碳交易合作。在开展跨区域碳市场合作方面，北京率先在全国迈出了实质性的第一步。2014 年 12 月中旬，北京市发展和改革委员会、河北省发展和改革委员会、承德市政府发布《关于推进跨区域碳排放权交易试点有关事项的通知》（京发改〔2014〕2645 号），正式启动京冀跨区域碳排放权交易试点，承德市作为河北省的先期试点，其境内的纳入碳交易体系的重点排放单位将完全按照平等地位参与北京市场的碳排放交易。其他符合条件的机构和自然人也可参与交易；承德的减排项目可视同北京本地项目进行抵消使用。此外，京冀跨区域碳市场还把开发林业碳汇项目作为优先方向。

2. 上海碳交易市场制度设计及市场运行特色

与其他试点地区相比，上海市碳交易体系的建立，在主体覆盖范围、总量控制目标、配额分配、监测报告核查（MRV）能力建设等方面，充分结合了上海城市发展的实际情况和特点，做了一些针对性的设计和安排（范英等，2015）。

第一，明确将非工业纳入碳交易体系覆盖范围。大部分试点地区交易覆盖范围仅限排放密集型的工业行业，北京方案和天津方案中分别纳入了公用建筑和民用建筑，但未明确公用、民用建筑领域的交易对象和方式。上海碳交易试点范围除包括 10 个排放密集型的工业行业外，还明确提出将航空客货运、港口、大型交通站点、商业、旅游宾馆和金融业 6 个非工业行业纳入交易范围。对覆盖范围的划分与上海城市发展的现状及未来转型需求紧密相关。

第二，采用基准法和“祖父制”相结合的配额分配方案。在配额分配的设计上，上海碳交易试点初期，对电力、航空行业采取“基准法”分配配额，对其他行业采取“祖父制”原则分配，同时采用祖父式分配方式的行业，在配额分配过程中会适度考虑企业的先期减排行动。“十一五”时期，上海市在重点领域、重点行业大力推进节能减排工作，部分行业在节能降耗方面取得了突破性进展，部分工业产品，如精品钢、整车、大型锻件等产品单耗已达国际先进水平，合理考虑这部分企业的先期减排行动，可以形成有效的激励机制。

第三，以能源消费总量控制目标为基础设置碳排放总量目标。上海作为全国先行先试的地区之一，在“十二五”期间首次引入了全市能耗总量（包括煤耗总量）控制目标，并在主要领域、行业之间进行了目标分解，在这些目标的制定过程中，上海依托在全市范围内建立的能源消费及经济发展等统计、报告、核查系统，较为全面、准确地掌握了全市重点领域、重点行业的能耗历史、现状及未来发展趋势，为碳排放交易的总量控制目标设定，以及试点企业的配额分配都提供了较好的数据基础。上海在推进碳排放交易试点工作初期，有机结合其他相关工作基础，如可再生能源发展、能效提升、污染减排、碳汇能力提升等目标及规划，全面协调推进全市节能减排及温室气体控制等各项工作。能耗总量目标和相关政策措施的协同作用同样可作为其他试点地区或未来全国层面碳交易总量控制目标制定时的参考因素和推进过程中的有力支撑。

第四，率先颁布碳交易 MRV 指南指导碳排放核算工作。科学、完善的 MRV 体系不仅是建立碳排放交易平台的基础，也是保证排放数据准确、实现排放交易透明、可信的重要保障。无论是选择覆盖行业和确定控制目标，还是进行配额分配时，都需要有完善的数据作为支撑，企业的碳盘查工作是非常基础但又极为关键的，直接影响碳交易环节。然而，大部分试点地区沿用了已有的能源数据基础，很难保证数据的相关、完整、一致、透明、精确性。上海是第一家印发温室气体排放核算与报告指南的试点城市，并根据行业间的差异和特色，分别编制了钢铁、电力、建材、有色、纺织、造纸、航空、大型建筑（宾馆、商业和金融）和运输站点等 9 个相关行业的温室气体排放核算方法，根据不同行业的特点，明确规定了核算范围、方法、数据获取、监测计划及实施报告，使得对不同行业的排放核算有章可循，试点企业可以据此摸查自己的碳排放水平，碳盘查机构则将依据指南开展碳盘查，从而保证了碳排放数据的准确性、规范性和口径一致性。

3. 天津碳交易市场制度设计及市场运行特色

第一，覆盖范围。天津碳市场覆盖范围可以从行业企业及温室气体种类两个层面描述。从行业来看，与北京、上海、深圳等试点覆盖了服务业等第三产业不同，天津市碳排放权交易试点仅覆盖了工业企业，包括钢铁、化工、电力热力、石化、油气开采等，纳入上述 5 个行业企业的排放量占全市排放量的 50%～60%，体现出天津市温室气体排放相对集中的特点。从准入门槛看，根据《国民经济行业分类》和 2009 年以来重点用能单位的能源统计数据，天津五大重点排放行业和民用建筑领域中 2009 年以来年 CO_2 排放 2 万吨以上的企业纳入交易体系。根据初始核查情况，天津市确定了 114 家纳入企业并公布了企业名单，其中钢铁企业 51 家、电力企业 30 家、化工企业 24 家、油气开采企业 4 家、石化企业 5 家。建筑业由于涉及主体界定、产权等诸多复杂问题，加之单体排放量难以纳入企业门槛，因此暂未纳入交易体系。从企业数量来看，钢铁行业作为天津市的支柱产业，在碳排放权交易试点企业数量中占到 45%，电力和化工行业分别占比为 26% 和 21%。考虑到天津市的温室气体排放以 CO_2 为主，试点期间天津市碳排放权交易覆盖的温室气体种类为 CO_2。

第二，总量目标。天津市建立了碳排放总量控制制度和总量控制下的碳排放权交易制度，根据该市“十二五”碳排放强度下降目标、能源消费强度控制目标和节能规划、国家产业政策，结合覆盖行业的历史能源消费和排放情况、技术特点、减排潜力和未来发展规划等因素确定配额总量。具体来说，天津市采用了“自上而下”和“自下而上”相结合的方法，通过一般均衡模型（CGE）、能源环境情景分析模型（LEAP）设置了基准情景、无约束情景、宽松情景和低碳情景等不同情景进行分析，估算设定排放总量目标。“自上而下”是指根据天津“十二五”时期单位 GDP 碳排放下降 19% 的要求，以及 2010 年碳排放强度水平和“十二五”规划纲要提出的经济增速目标，结合相关规划结果，确定全市 2015 年碳排放总量。“自下而上”是指根据纳入行业发展规划、历史能源消费情况和新建项目情况，确定行业的排放控制目标。

第三，配额分配。根据《天津市碳排放权交易管理暂行办法》，天津市配额分配以免费发放为主，拍卖或固定价格出售等有偿发放为辅。采用有偿发放配额而获得的资金将专款专用，用于控制温室气体排放相关工作。天津市于 2013 年 12 月正式公布了《天津市碳排放权交易试点纳入企业碳排放配额分配方案（试行）》，根据各年度排放总量目标，考虑行业竞争力、能源利用效率、企业先期减排行动、行业基准线水平等因素，采用历史法和基准法相结合的方式分配配额。纳入企业配额包括基本配额、调整配额和新增设施配额。依据企业既有排放源活动水平，向纳入企业分配基本配额和调整配额。因启用新的生产设施造成排放重大变化时，向纳入企业分配新增设施配额。

第四，抵消机制。同其他试点地区一样，天津市也设计了纳入企业使用碳配额之外的抵消机制。天津市纳入企业可使用一定比例的中国核证自愿减排量（CCER）抵消其碳排放量，抵消量不得超出其当年实际碳排放量的 10%。1 单位 CCER 抵消 1 吨 CO_2 排放，其中 CCER 没有地域来源、项目类型和边界的限制。纳入企业未注销的配额可以结转至下年度继续使用直至 2016 年 5 月 31 日，此后配额的有效期根据国家相关规定确定。

4. 重庆碳交易市场制度设计及市场运行特色

重庆是老工业基地城市，又是统筹城乡发展综合改革试验区，因此面临加快工业化、城镇化发展以及温室气体减排的双重任务。重庆工业的 CO_2 排放量占总排放量的 70% 左右，本次试点范围确定在 254 家年碳排放超过 2 万吨 CO_2 或年消耗超过 1 万吨标准煤的工业企业，分属于六大高能耗行业（冶金、电力、化工、建材、机械、轻工），其排放量占工业碳排放总量的近 60%。

配额总量确定以所有试点企业 2008—2012 年既有产能最高年度排放量之和作为基准量，在 2013—2015 年逐年下降，实行总量控制。试点企业的碳排放配额分配是在总量控制目标下，由企业通过年度碳排放量申报而确定其配额。如果企业年度申报量之和低于总量控制数，企业的年度配额按其申报量确定。如果企业年度申报量之和高于总量控制数，则根据企业申报量和历史排放量等因素按其权重确定其配额。同时，还建立了激励和约束申报配额的调整机制，在年度核查后增减相应配额。

对于配额分配，对企业碳排放的存量和增量区别对待。以 2010 年 12 月 31 日为界限，该时点之前的企业碳排放量为存量；该时点之后，企业由于产能扩大等原因导致的碳排放量的增加为增量。对存量，采用总量上限模式进行控制，要求完成绝对的总量减排目标；对增量，采用排放基准进行控制，若企业实际排放量超过基准排放量，则超过的部分需购买相应的配额。

引入配额抵偿和存储等柔性机制。试点企业可使用试点范围外基于项目的自愿减排量（如碳汇等）抵消碳排放量，使用比例最高不得超过试点企业每个履约期分配的配额总量 5%～10%。同时允许排放配额的存储，即排放企业当期结余的排放配额可以转入下一期使用。

5. 广东碳交易市场制度设计及市场运行特色

广东碳交易机制覆盖的碳排放量居全国之首。2014 年国家碳排放权交易机制试点全部启动，北京、上海、广东、深圳、湖北、天津、重庆等 7 个地区碳排放量规模近 8 亿吨，覆盖企业约 2200 家，广东 2013 年碳排放权配额量为 3.88 亿吨，2014 年配额量为 4.08 亿吨，配额总量规模居全国第一，为试点地区配额总量的 50% 左右。同时为加强碳交易机制的可操作性，广东碳交易机制提出了诸如“配额控制与预留”“省管配额，地市管排放”“通过配额有偿发放推动市场机制运转”等适合我国国情的配额管理与交易方式（范英等，2015）。

第一，引入碳强度减排目标下的总量控制与分类管理机制。碳交易机制实质上是“总量控制-交易”机制，只有对碳排放实行了总量管理，才有可能产生配额稀缺，由此发生交易。考虑到我国目前实行的是碳排放强度下降目标管理制度，广东采取“自上而下”和“自下而上”的方法对4个行业的碳排放总量上限进行测算、分析和评估，将全省碳强度下降目标转换为碳排放总量控制上限，并分解到4个控排行业，形成年度配额总量。同时为降低未来经济波动对配额总量的影响，广东碳交易机制采取了“控制与预留”方式进行配额总量管理，即在对控排企业的碳排放量进行约束的同时，预留一定比例的配额由政府掌控，以平抑市场波动，消纳外部经济影响对碳交易机制带来的冲击。在碳排放总量管理方式上，对既有企业和新上项目分类管理，提出“优化存量，绿化增量”的管理方式，即对既有的存量企业实行碳排放总量控制约束，要求碳排放量逐年下降；对新增项目的碳排放水平进行严格要求，以最高标准核发项目的碳排放配额。既有企业和新上项目的碳排放都被纳入全省碳排放空间预算管理，紧密对接全省的能源总量和碳排放总量目标，宏观上既为社会发展预留合理空间，又充分发挥碳交易机制对低碳产业发展的引导促进作用，微观上使得配额和管理分配方案合理、有力，且具有可操作性。

第二，省市两级协同共建碳交易机制。广东作为碳交易机制试点的省级地区，涉及的利益主体众多，具有管理多层级的特点。根据省级单位多层级管理的现实，为充分发挥地市政府部门参与碳交易机制建设的积极性和熟悉企业的优势，广东碳交易机制创新性地使用了“省市共建碳交易”模式，即“省管配额，地市管排放”模式，在这种管理模式下，广东省发展和改革委员会应对气候变化处主要负责碳交易机制的设计、建设、运行和管理规则等工作，如确定管理对象、配额总量、配额分配、企业开户、配额登记与发放、配额注销等；地市发改部门主要负责对企业的碳排放报告与核查情况进行监管，一方面可以使企业碳排放报告的可信度得到进一步提升，另一方面也使地方政府通过碳交易管理提高低碳管理能力，参与低碳建设和碳交易活动中。省市共建的联合管理模式，对国家统一碳市场建立和其他省级碳市场的建设与管理提供了模板和参考，具有示范意义。

第三，实施供需两端约束，解决电力行业的碳排放管理问题。鉴于我国电价难以体现企业真实发电成本和减排成本的特殊国情，广东创造性地采用了对电力供需双方实行两端联合控制碳排放的管理措施，即将电力企业的发电排放和工业企业的用电排放都纳入碳排放管理。虽然这种方法存在对电力排放的重复计算问题，但对地区实际碳排放总量没有影响，这种管理方式可以促进发电企业采取减排措施、用电企业节约用电，从而降低电力排放。如何对电力行业进行有效的碳排放管理是我国碳交易机制建设必须解决的难题之一，广东模式对全国碳交易机制具有重要的示范意义和参考价值。

第四，率先试点配额有偿拍卖，同步建立两级市场。为了充分发挥碳交易这一市场机制对企业碳排放的约束和引导作用，增加碳市场流动性和风险的调控，广东省碳交易机制同时启动一级市场（有偿配额竞价发放）和二级市场（配额交易）。两级碳市场的同时运行在提高企业碳管理意识、解决由于企业碳排放信息不对称导致的分配不公平问题、消纳（减缓）经济活动变化对碳市场影响、与国际碳市场的对接等方面预置了空间。另外，两级碳市场的建立对政府调控碳市场流动性和稳定性、培育碳交易金融衍生品等方面将会发挥积极的作用。

6. 湖北碳交易市场制度设计及市场运行特色

第一，纳入碳交易试点的首批企业的能耗门槛值相对较大。湖北省从经济总量、经济增速和产业结构来看，都处于发展中阶段，由于经济尚处于快速增长的阶段，碳排放总量将依然保持增长势头。同时，湖北省产业结构仍然以工业为主，重化工业特征明显，钢铁、化工、水泥、汽车制造、电力、有色等行业占重要地位。据测算，2010年全省CO_2排放总量达35497.44万吨，其中，“十一五”期间每年工业部门的排放量都占到将近六成，因此湖北省试点阶段将纳入企业主要锁定在工业企业中的能耗大户。通过测算和比较不同纳入门槛值的企业数、碳排放量占比和行业减排成本，最终确定将2010年和2011年任何一年中，年综合能耗在6万吨标准煤及以上的共153家工业企业纳入碳交易试点，覆盖的行业范围包括建材、化工、电力、冶金、食品饮料、石油、汽车及其他设备制造、化纤、医药、造纸等。虽然湖北省设定的门槛较高，纳入企业数量不多，但这些企业的总碳排放量占全省排放量的35%，基本达到了国际上主要碳交易体系的覆盖范围水平。

第二，配额分配采用总量刚性与结构柔性相结合的方式。碳交易市场的总量设定和总量结构充分考虑湖北省的经济发展阶段和产业结构特征。湖北省的总量设定分三步进行：第一步是建立经济模型，预测湖北省到2020年的全社会碳排放总量；第二步是根据预测的全社会碳排放总量和碳市场的覆盖范围，确定试点期间湖北省碳市场的配额总量；第三是充分考虑湖北省经济增长对新增投资的需求。配额总量具有刚性特征不能更改，尤其是对既有排放设施严格控制，其排放水平固化在2010年排放水平的97%上。配额总量结构包括既有配额、新增预留、政府预留三大部分，分别具有不同的比重和功能，并进行动态化管理。既有配额分配给纳入企业已有的项目和设备，采用“祖父法”进行免费分配，分配标准主要参照2009—2011年的历史排放量平均值，这部分配额的数量经确定后在试点期间保持不变。政府预留配额为政府管理、调控碳交易市场所用，数量为配额总量的固定比例，当交易价格出现异常波动时，省级发展改革部门便可启用这部分配额进行适当调控。新增预留配额用于符合纳入标准的新增企业或纳入碳交易试点企业的新增产能，数量为配额总量扣除既有配额和政府预留后的配额量，因此这部分配额不论在数量上还是在占比上均逐年增加，以保证湖北省的经济增长空间。对于新增企业或纳入碳交易试点企业的新增产能，免费配额应由省级发展改革部门根据其所申报的材料核定。为保证配额的稀缺性，每年新增预留配额中剩余的部分自动转入政府预留。这种配额总量结构的柔性化管理，既能保证纳入企业已有项目和设备所获免费配额数量的稳定性，又可以满足新增产能对配额的需求，同时可以避免配额总量的过度发放（范英等，2015）。

第三，配额注销制度鼓励企业参与交易。按照《湖北省碳排放权管理和交易暂行办法》，每年6月的最后一个工作日，主管部门在注册登记系统将企业缴还的配额、CCER和未经交易的剩余配额予以注销。这一制度的设计，一方面是为了留出空间对配额发放可能存在的问题进行调整，从而避免市场上出现配额过剩的情况；另一方面是为了鼓励企业能积极参与交易市场中，活跃碳市场。然而，由于未经交易的剩余配额需要被注销，可能会削弱有条件的企业进一步减排的动力。

第四，通过建立一级拍卖市场发现价格。为更好地进行价格发现，湖北市场设立了一级市场拍卖机制。在湖北正式启动碳排放交易二级市场之前，完成了首次碳排放权配额一级市场的竞价转让，转让数量 200 万吨的配额全部售完，成交价为 20 元/吨。与广东不同的是，湖北拍卖不仅限于纳入企业，对投资机构同样开放，而且拍卖标的来源为政府预留配额而不是企业分配配额。从竞价方式来看，采取了分时段撮合的方式，以 5 分钟为一个时间单位，在 5 分钟报价期结束后，系统会将时段内投标依次按照价格、数量、时间的原则配对成交。然后进行下一轮报价，直至配额全部卖完。这种竞价方式将传统拍卖过程加以分解，能够激励竞买者把大数额买单分解成小单、按照实际情况多次投标，同时调整预期，有助于竞价过程中的价格发现。

第五，建立配额编码制度实现对配额的跟踪管理。欧盟曾发生配额在多个交易系统登记簿中几次买卖后无法追踪，被重复买卖的案例。湖北充分吸取这一教训，设计了复杂的配额编码制度，给每吨碳编制了由配额类型、初始发放代码、配额序列号、配额发放时间、截止时间组成的 35 位代码，实现对每一吨配额的追踪管理。一方面可以防止配额被盗或重复买卖的现象；另一方面也有利于相关部门对配额的流动情况进行分析，指导政策调控。

第六，多主体纳入有效地提高了碳市场的流动性和活跃度。无论是一级市场还是二级市场，湖北从一开始便允许管控单位、自愿参与碳排放权交易活动的法人机构、其他组织和个人进入市场进行交易，因此碳交易市场一开始就表现出了较高的流动性和活跃度。首先，未交易配额的注销机制大大激发了企业参与到碳交易市场中；其次，个人投资者表现活跃，在允许个人投资者参与的碳交易市场中，湖北的准入门槛和入市成本是最低的，交易费用也相对较低，吸引了大量个人投资者开户交易；再次，碳金融产品陆续推出，大大提高了投资机构参与交易市场的积极性。

第七，探索创新多项碳金融产品盘活企业碳资产。湖北积极争取有利的碳金融政策环境，探索创新各类碳金融产品以盘活企业碳资产，包括在全国首创碳资产托管和碳质押贷款等业务，并成立了首支碳基金。碳资产托管方面，经交易中心认证的托管机构接收企业托管的碳资产，通过专业化的碳资产管理运营，为企业提供盘活存量碳资产。对企业来说，能够获得固定收益，又无须承担参与市场交易的风险，对托管机构来说，通过市场操作和保证金的杠杆获得收益；碳质押贷款方面；湖北先后诞生了三笔碳排放权质押贷款项目。这一举措大大盘活了企业碳资产，并降低了资金占用压力，为企业新增一种融资方式；碳基金方面，湖北碳市场发布规模为 3000 万元的碳市场基金，该基金主要用于投资湖北碳市场，通过买卖交易所的配额盈利。

第八，CCER 抵消完全本地化。CCER 抵消方面，湖北是唯一要求完全使用产生于本地行政区域内减排量的试点，希望通过这一设置鼓励本地清洁项目的发展。依托 CCER 抵消机制的设立，湖北实施了神农架林区和通山县的林业碳汇项目试点，统筹规划了全省近 200 万亩林业碳汇项目的开发，对生态补偿机制的建立和环境保护起到了积极的作用。

7. 深圳碳交易市场制度设计及市场运行特色

深圳作为国家发展和改革委员会确定的“五市两省”7 个碳交易试点地区中的唯一计划单列市，在产业结构、人口规模及碳排放总量规模上具有一定的特殊性，同时，深圳具有特区立法权优势，在出台碳交易法规和制度方面具有独特的优势（范英等，2015）。

第一，充分利用特区立法权优势，为碳交易提供了强有力的法律保障。深圳充分利用特区立法权优势，出台了地方性法规和政府规章，为推进碳交易试点奠定了坚实的法律基础。2012年10月，深圳市人大常委会通过的《深圳经济特区碳排放管理若干规定》是国内首部确立碳交易制度的法律，被全球立法者联盟评为当年全球气候变化立法九大亮点之一。2014年3月，深圳市政府出台的《深圳市碳排放权交易管理暂行办法》，其篇幅和详细程度也居各试点碳交易管理办法之首。

第二，碳排放管理采用总量和强度双重控制模式。深圳的产业结构决定了深圳碳交易体系采用总量和强度双重控制碳排放的方法进行管理。一方面根据经济发展情况为纳入碳交易体系的管控单位设置碳排放总量；另一方面根据管控单位及其行业的历史碳排放强度为每个行业和管控单位设定碳排放强度目标，并根据实际生产情况对每个管控单位的配额进行调整。但同时规定，配额调整中的新增配额不得超过扣减配额，保证了碳排放总量不会因为配额调整被突破。这种双重控制模式，既符合碳交易机制的“总量控制”的要求，又满足了深圳经济不断增长的实际需要。

第三，运用有限理性重复博弈理论，创新配额分配方法。深圳碳排放权交易体系设计面临着一个深刻的矛盾，即直接碳排放比例低且碳排放源分散与碳排放权交易规模要求之间的矛盾。为了充分发挥碳排放交易对降低碳排放总量的引导作用，深圳碳排放权交易体系将制造业纳入碳排放权交易体系的管控范围，如何对制造业实施配额分配是深圳市碳配额分配机制设计的难点。深圳碳交易机制以博弈论作为不完全信息条件下设计碳配额分配机制的理论基础，立足于深圳碳交易体系的实际情况，应用有限理性重复博弈理论，对深圳制造业碳配额分配进行了机制设计和实验设计。该机制设计的核心是：制定一套强有力的博弈规则使企业个体理性和社会整体效用挂钩，建立一套高效的信号传递机制使有限理性企业加速提高或趋近理性，使重复博弈的均衡结果能够同时实现社会效用和企业效用的最优化。当有限理性重复博弈达到均衡时，企业碳强度水平决定着企业未来的碳市场角色。碳强度高于基准线且碳强度保持不变的企业，获得的配额较少，将成为未来碳市场的买方；碳强度低于基准线的企业，获得的配额多于其实际排放量，将成为未来碳市场的卖方，有限理性重复博弈均衡一定程度上决定着未来碳市场的供求关系。因此，博弈均衡可以通过配额供求均衡影响或决定未来碳市场价格。

第四，具有较为完善的市场调节机制。为了稳定碳市场价格水平，激励管控单位深度减排，深圳建立了包括配额固定价格出售机制和配额回购机制。这两种机制，一方面强调以温和的市场方式调控市场，避免价格波动对碳市场的强力冲击；另一方面对这两种机制设定了相应的调控限制，如调控的力度、频率和对象等，预防政府无限制干扰市场，扭曲市场信号。

第五，重视碳金融创新。深圳碳交易机制在设计过程中，就为碳市场创新预留了空间和条件。《深圳经济特区碳排放管理若干规定》鼓励机构和个人参与碳交易活动，《深圳市碳排放权交易管理暂行办法》规定配额可以进行转让、质押以及其他合法方式取得收益等内容。2014年深圳与建设银行联合开发碳保理、碳信托计划、碳项目融资资产证券化、碳金融衍生品交易等产品，帮助企业利用碳资产进行融资，同时为投资者提供多样化的投资渠道，为碳资产作为金融资产的功能和价值进行了有益探索。

7.3 绿色金融工具

中国是全球首个拥有较为完善的绿色金融政策体系的国家。从2006年开始，中国就已经开始在中央政府层面，出台了涉及绿色信贷、绿色债券、绿色保险等领域的三大政策文件。2016年8月31日，由中央深改组审议通过，国务院批准，并由中国人民银行等七部委联合发布的《关于构建绿色金融体系的指导意见》，构成了中国发展绿色金融“顶层设计”和纲领性文件。

7.3.1 构建绿色金融体系的目的和意义

中国构建绿色金融体系的目的，与中国政府日益重视高速发展过程中日益严峻而复杂的资源环境问题密不可分。目前，中国政府已经将生态文明建设和环境保护纳入成为未来发展决策的重中之重。传统的末端治理手段，尚不足以完全消减环境污染，如何有效限制污染行为上游的金融活动，促使治理端口前移，同时激发环境效益的实现，推动环境因素的“外部性”内部化至经济活动中，成为中国发展绿色金融，构建绿色金融体系的重要目的之一。

与此同时，中国绿色金融体系的构建目的，包含着明确的改革、转型与发展属性。中国面临着规模巨大的环境治理和改善资金需求。根据测算，2014年至2030年，中国绿色融资需求为41.09万亿元至125.45万亿元间（陈雨露等，2015）。如此庞大的资金需求不可能单纯依靠政府财政资金的单一支持，如何动员和激励更多社会资本投入进去，促进绿色、低碳、环保节能的技术进步，真正推动中国经济的转型，加快培育新的经济增长点，提升经济增长潜力，构成了中国构建绿色金融体系的重要目的。

此外，在全球可持续发展、应对气候变化与环境治理议程中，中国扮演的角色也很重要。中国积极履行的《巴黎协定》和《2030年可持续发展议程》等国际议程都包含着对于气候和环境治理较为明确的资金要求。为此，中国政府已经提出，要立足自身国情，把可持续发展议程同本国发展战略有效对接，持之以恒加以推进，探索出一条经济、社会、环境协调并进的可持续发展道路。

“顶层设计”指引下的中国绿色金融发展，一直处于良性互动的状态。目前，发展绿色金融已经成为中国最高层次的国家战略。依循国家战略指引，通过政府经济财金部门制定的绿色金融领域专门政策，政府有关部门制定的环境治理和产业发展政策中涉及的绿色金融部分以及相关法律法规体系，形成了中国构建绿色金融体系的政策驱动力。通过各重要部委间的协调和沟通，以及金融监管部门的各类、各种形式的窗口指导，逐步形成了符合中国发展国情的绿色金融标准，市场也依托于上述标准形成了有关产品服务。

在此，本节探讨和定义的“顶层设计”是指政府明确释放的发展绿色金融的政策信号，国家金融监管机构，中央政府有关部委、全国性金融交易场所、中央政府部门指导下的专业机构等发布的政策性文件、法律法规、窗口指导文件等所构成的政策体系。

7.3.2　中国绿色金融体系“顶层设计”主要进展

1. 国家最高层次战略推动绿色金融逐步主流化

第一，绿色金融被写入党的十九大报告，展现中国发展绿色金融战略决策。中国共产党每五年一届的全国党代会，是中国改革发展进程中最为重要的会议，也是世界观察中国发展趋势和走向的最重要窗口。党的十八大以来，中国对于生态文明建设和环境保护工作的重视程度日益提高，绿色金融的地位也被重点明确。2017 年 10 月 18 日至 10 月 24 日召开的中国共产党第十九次全国代表大会作为奠基中国未来发展的重要会议，再次宣示了中国政府对于生态文明建设、环境保护的一贯重视。中共中央总书记习近平在中国共产党第十九次全国代表大会上，做了题为《决胜全面建成小康社会 夺取新时代中国特色社会主义伟大胜利》的报告，系统阐释了“新时代中国特色社会主义思想”。报告中，43 处提及“生态”、15 处提及“绿色”、29 处提及“环境”、3 处提及“气候变化”、6 处提及“资源节约与利用”等关键词语。

党的十九大报告对于中国经济社会发展的主要矛盾进行了重新阐释：中国社会主要矛盾已经转化为人民日益增长的美好生活需要和不平衡不充分的发展之间的矛盾。我们要建设的现代化是人与自然和谐共生的现代化，既要创造更多物质财富和精神财富以满足人民日益增长的美好生活需要，又要提供更多优质生态产品以满足人民日益增长的优美生态环境需要。

对于中国绿色金融的发展来说，党的十九大报告专门指出发展绿色金融，释放了明确的利好信号。更加值得研究和分析的是，在党的十九大报告中，与绿色金融同时被提及的是加快建立制度和政策导向，构建市场导向的绿色技术创新体系、推动能源革命等具有明显改革和促进经济转型意味的关键词。由此观之，中国最高决策层不仅将绿色金融作为某种意义上单纯促进生态和环境治理的金融工具，更是将其视为供给侧结构性改革背景下，促进中国经济社会发展新旧动能转换的重要抓手。

第二，生态文明写入宪法，全国生态大会召开，绿色金融更获重视。作为中国新时代经济社会发展的重要政策安排，加快生态文明体制改革，建设美丽中国在党的十九大报告中被重点论述。在随后的 2018 年全国两会上颁布的《中华人民共和国宪法修正案》中，建设“美丽中国”和生态文明被写入宪法，进一步体现了中国协调经济发展和生态保护进程的国家战略。

随后，在 2018 年 6 月 18 日至 19 日举行的全国生态环境保护大会上，习近平总书记用“关键期”“攻坚期”“窗口期”三种发展趋势，对中国生态环境保护工作所处形势做出了精准定位；对于如何开创中国生态保护工作新局面，用“五大体系”和“六项原则”进行了概括。至此，中国政府推动生态文明建设和环境保护的“四梁八柱”得到了具体诠释。在此次大会上，习近平总书记专门提出，环境治理是系统工程，需要综合运用行政、市场、法治、科技等手段；要充分运用市场化手段，推进生态环境保护市场化进程，撬动更多社会资本进入生态环境保护领域；要完善资源环境价格机制，将生态环境成本纳入经济运行成本；要采取多种方式支持政府和社会资本合作项目；生态环境保护该花的钱必须花，该投的钱决不能省；要坚持资金投入同污染防治攻坚任务相匹配。此后，中央各有关部门围绕最高决策层政策指引，通过各项政策制定诠释了中国生态和环境保护的发展路径。其中，绿色金融扮演了重要角色。

生态环保总体布局下，在绿色金融相关领域承担明确任务中央部委数量增多。在2018年6月国务院发布的《打赢蓝天保卫战三年行动计划》中，专门涉及了完善环境经济政策有关部分，其中包含拓宽投融资渠道、加大经济政策支持力度、加大税收政策支持力度等内容。除规划专门的政策细则外，相关条目明确了中央各部委、中央直属事业单位、企业等在内的不同责任。联合发布《关于发布绿色金融体系指导意见》的六部委中，中国人民银行、发展和改革委员会、财政部、生态环境部、银保监会、中国证券监督管理委员会分别以联合牵头或参与的形式全部包括在内。此外，商务部、市场监管总局、司法部、税务总局、交通运输部、工业和信息化部、农业农村部、铁路局、中国铁路总公司等中央机构也被囊括在内。

此外，有关部委在更多专门行业和领域发布了涉及绿色金融的政策文件，较为明确地规划了绿色金融产品和服务在相关领域的应用场景。其中，交通运输部、农业农村部（与中国农业银行）、工业和信息化部等相继发布了具体产业领域的绿色金融政策性文件。明确规划了对于绿色信贷、绿色债券、绿色保险、绿色产业基金和绿色政府和社会资本合作模式（PPP）等绿色金融产品和服务在相关领域的运用。这也标志着政府财金部门之外的有关部委对于绿色金融产品理解程度的提升，对于绿色金融产品支持的专门领域发展做出了进一步明确和引导。

2. 绿色金融政策向纵深化延展趋势明显

第一，央行宏观审慎与货币政策相结合促进绿色金融发展的规划逐步落实。在《关于构建绿色金融体系的指导意见》中，多处包含关于央行通过货币政策和宏观审慎考核体系推动绿色金融发展的有关内容。从2017年第三季度起，中国人民银行开始将绿色金融纳入MPA“信贷政策执行情况”进行评估。在目前的操作中，绿色信贷占比较高、发行过绿色债券的银行可以获得较高的MPA得分。此外，2018年6月，中国人民银行决定适当扩大中期借贷便利（MLF）担保品范围，将不低于AA级的小微企业、绿色和“三农”金融债券，AA＋、AA级公司信用类债券（优先接受涉及小微企业、绿色经济的债券），优质的小微企业贷款和绿色贷款纳入中期借贷便利担保品范围。上述举措的综合推进，标志着中国央行通过宏观审慎与货币政策相结合促进绿色金融发展的规划逐步落实，并进入实质性操作阶段。

央行宏观审慎管理对于商业银行发展绿色金融具有重要意义。目前我国实行的宏观审慎考核体系是构建以逆周期调整为核心，据系统重要性程度不同实施差别考核的宏观审慎评估体系，实现引导金融机构广义信贷合理增长，防范系统性金融风险。从2016年起开始实施宏观审慎考核以来，商业银行对于宏观审慎考核的重视程度日益提高。对于商业银行来说，现行的MPA考核政策中纳入绿色信贷占比和绿色债券发行等因素，对于商业银行提高绿色信贷存量，通过绿色债券补充绿色信贷存量具有正向刺激作用。

与此同时，将绿色金融债券纳入中期借贷便利合格担保品范畴，将直接有利于持有较多绿色债券、绿色信贷的商业银行扩张其业务，也将激励其他商业银行持有更多绿色债券、绿色信贷，进而促进绿色债券、绿色信贷的发行发放。而更多的绿色债券、绿色信贷发行发放，意味着更多的经济项目绿色化，是一种“结构性杠杆”操作（潘冬阳，2018）。

第二，绿色金融标准化工作持续推进。推动绿色金融标准化工作是发展绿色金融的关键环节，也是实现绿色金融“顶层设计”的重要内涵。缺乏清晰的绿色金融定义和标准，已经成为中国乃至全球发展绿色金融的重要挑战。过去一年中，中国在绿色金融标准化的领导机构建立。2018 年 9 月，全国金融标准化技术委员会绿色金融标准工作组正式成立，标志着中国绿色金融的标准化工作实现了组织化和机制化运作。此后，中国人民银行副行长陈雨露又专门刊文，提出了构建绿色金融标准化体系的原则和要求，其中包括公平性、完备性与统一性，统筹兼顾、急用先行，开放性、前瞻性等（陈雨露，2018）。

与此同时，中国与国际社会绿色金融标准的一致化工作也在持续推进。作为中欧在气候与能源领域战略合作的重要内容，中国金融学会绿色金融专业委员会和欧洲投资银行在波兰卡托维茨举办的第 24 届联合国气候大会期间联合发布了《探寻绿色金融的共同语言》第二版白皮书，新版白皮书回顾和分析了过去一年间中国与欧洲各自推动绿色金融和绿色金融标准化工作的进展情况，并提出未来应在中欧绿色债券标准之间建立较为清晰的标准比对和转换机制的建议。此外，在绿色信贷、绿色债券等绿色金融标准应用规模较为广泛的领域，绿色金融的标准化工作也在务实推进。2018 年 7 月，中国人民银行发布了《银行业存款类金融机构绿色信贷业绩评价方案（试行）》，进一步细化了对于银行业金融机构开展绿色信贷绩效评价标准。2018 年 12 月，在中国人民银行、中国证券监督管理委员会等主管部门的指导下，绿色债券标准委员会成立，标志着我国绿色债券自律管理协调机制落地运行。与此同时，绿色金融的标准化工作已在地方开始了试点。从 2018 年 8 月开始，中国人民银行杭州中心支行牵头，正式启动了浙江省金融标准创新建设试点工作，标志着中国绿色金融标准化工作已经开始因地制宜、先试先行。

第三，有针对性地完善绿色金融市场供求两端政策指引。在中国绿色金融整体发展过程中，绿色债券的市场化应用程度较高，提供了重要的绿色金融产品供给。中国目前已经成为全球最大的绿色债券市场之一。较为活跃的市场行为，也促使了监管部门对于绿色债券领域政策的完善和制定。中国人民银行、中国证券监督管理委员会、上海证券交易所等政府部门和全国性市场交易场所，针对绿色债券和绿色资产证券化产品的发行、存续期管理、第三方认证等做出了明确细致的规定。

一方面，监管部门对于提高绿债市场的规范化做出了安排。中国人民银行、中国证券监督管理委员会等机构发布了《中国人民银行关于加强绿色金融债券存续期监督管理有关事宜的通知》和《绿色债券评估认证行文指引（暂行）》。另一方面，相关绿色债券政策不断更新，促进绿色债务融资市场发展活力。上海证券交易所、深圳证券交易所等全国性市场交易场所，先后通过发布《上海证券交易所服务绿色发展 推进绿色金融愿景与行动计划（2018—2020 年）》，开展绿色债券、ABS 业务问答及绿色 ABS 解读问答的形式，明确了绿色债券发行享有绿色通道、专人专审等便捷服务；此外，对于绿色债券、ABS 等业务中的绿色资产比例，募集资金绿色使用比例进行了放宽，上述举措被解读为激发了绿色债务融资市场发展的活力，增强了发行人对发行绿色债券的意愿。

针对培育绿色投资者的工作，中国证券投资基金业协会发布了《绿色投资指引》。该意见是中国首部面向全行业公开征求意见的绿色投资指引，对于明确绿色投资基本目标和基本方法，有效引导行业绿色投资实践，降低投资中的环境风险，提高投资收益，促进实体经济绿色转型，进行了明确的阐释。

第四，直接推动“外部性内部化”的绿色金融政策实现创新进展。促使经济活动外部性内部化，是绿色金融发展的重要目标之一。完全的外部性内部化难以一蹴而就，目前许多绿色金融政策，通过一些经济激励措施，间接引导企业将外部性内部化。近年来，环保税正式开始征收，《环境污染强制责任保险管理办法（草案）》《关于创新和完善促进绿色发展价格机制的意见》等对外发布，标志着中国政府出台和落实了一批直接促使环境风险和效益在经济活动中内部化的政策。

环保税征收倒逼企业节能减排。从 2018 年 1 月 1 日起，中国的环保税征收工作正式启动。根据国家税务总局发布的数据，2018 年，环保税纳税人申报入库 96.8 亿元，与上年同期同口径排污费相比，增收 17.5 亿元，增长 22.1%。从行业来看，收入集中于钢铁、火电、水泥、石油和化工等行业。环保税的征收，意味着企业多排污多交税、少排污则能享受税收减免。通过构建促进经济结构调整、发展方式转变的绿色税制体系，形成有效的约束激励机制，倒逼企业节能减排。同时形成优胜劣汰的良性竞争格局，从而进一步提升产业竞争力。

环境污染强制责任保险有关政策的公布，丰富了促进生态环境保护的市场手段。《环境污染强制责任保险管理办法（草案）》于 2018 年 5 月由生态环境部审定发布。在实际操作过程中，该办法通过“评估定价”环境风险，强制性征收环境污染责任保险的做法，提高了环境风险监管、损害赔偿等工作的成效，有效丰富了我国目前实现外部成本内部化的政策工具。

绿色“价格机制”实现制度性安排。2018 年 5 月国家发展和改革委员会发布的《关于创新和完善促进绿色发展价格机制的意见》，明确了建立自然资源使用（用水、用电）、环境损耗（污水排放、废物处理）价格机制的改革方向。这将使基于价格进行决策的市场主体，内生化地考虑经济活动的部分资源环境成本，自发将这部分资源环境的使用量控制在最优水平。这是为完全实现外部性问题的内部化，迈出的重要一步。使企业资源环境成本内部化，也将促进企业市场价值更准确地形成，有助于金融机构对其融资时给出更合理的金融产品定价（潘冬阳，2018）。

7.3.3 绿色金融工具介绍

绿色金融项目通常存在前期投入大、收益期长且收益较低、具有显著外部性等特点，对于融资条件要求较高。很长一段时间，绿色金融产品由政府和政策性金融机构主推，普遍配套优惠政策。近年来，越来越多的商业银行自发地参与绿色金融市场，除了银行业自身对社会责任的要求不断提高以外，绿色金融项目的环境和社会效应能够降低项目的环境社会风险；部分绿色金融项目实现的节能减排或环境效应可以在环境产权交易市场上转化为环境资产。同时，政府向绿色项目提供政策倾斜也是从另一个角度将环境和社会效益内部化，提高项目盈利能力。

1. 公司绿色金融产品

绿色项目贷款是目前最主要的绿色项目融资方式，主要是银行以贷款的形式向绿色项目提供融资。支持的项目种类包括能源基础设施建设项目、绿色环保与节能行业大型企业的生产建设项目、民生类水务、燃气、垃圾处理等项目。在政策性金融机构积极支持绿色项目的同时，商业银行也主动作为，调配内部资源向绿色项目倾斜。

德国复兴信贷银行支持发展可再生能源，以优惠利率支持中小企业提高能源效率，并向商业银行提供低息绿色贷款。同时，联邦政府向德国复兴信贷银行提供长达十年的贴息，推动业务可持续发展。国际金融公司（IFC）向其成员机构提供优惠贷款或损失分担，用于低碳环保项目。花旗集团在贷款审核中考虑项目碳排放成本，优先向风电和太阳能光伏发电项目提供优惠贷款；摩根大通向风电为主的新能源发电项目发放优惠贷款。绿色建筑项目贷款是绿色项目贷款中的一种类型，产品主要包括房地产开发贷款：用于开发建设供销售或出租的绿色建筑贷款；经营性物业贷款：以借款人自身拥有的绿色建筑经营性物业作为抵押，以租金收入作为主要还款来源的贷款。日本、德国的绿色建筑市场是由政府主导的，法律监管、政策激励、市场推广多管齐下。日本推行建筑环境性能效率综合评估系统，很多扶持政策与评估结果挂钩，例如财政补贴、税收减免、优惠利率等。横滨银行对三星级以上的新建公寓给予优惠利率支持；住友信托银行对四星级以上的新建公寓给予优惠利率支持。德国建立建筑物的能源认证证书系统，反应建筑物能耗水平，德国复兴信贷银行对获得不同等级“能源证书”的绿色建筑提供低息贷款，兴业银行在同等条件下，优先支持获得绿色设计/运营标识的绿色建筑项目贷款。

2. 零售绿色金融产品

作为需求侧能源管理的重要管理手段，零售金融产品支持的绿色项目可以产生显著的环境和减排效应。由于产品主要针对个人项目，具有市场规模总量大、单个项目规模小、项目收益难以直接度量等特点，因此需要银行零售业务部门和政府部门合作推进：由政府主导进行绿色认证、提供节能设备目录、提供优惠政策，为银行绿色贷款提供指引；而银行提供的能效贷款则以小额信贷为主，具有标准化、批量化管理的趋势。欧美国家在实践中，通过引入能源服务公司等中介机构提高管理效率、提升产品标准化程度。

绿色建筑抵押贷款。通常以国家或者行业标准为基础，对经过第三方认证满足绿色建筑标准的住宅提供优惠利率、低手续费率等。科学、完备、权威的能效评估标准，是绿色建筑抵押贷款发展的基础。2015 年，美国有 15%的新建筑接受了美国环保署的评级并获得能源之星（Energy Star）认证，同时每年有大量存量建筑进行更新改造，并申请能源之星认证。英国要求所有租售的建筑和住宅出具“能源绩效认证（EPCs)”，银行根据认证评级调整购房抵押贷款的条件，包括优惠利率、费率减免等。德国政府设定了一套绿色住宅评估标准，推行建筑“能源证书”，允许德国银行向通过评估的房产的购房抵押贷款提供一个百分点的利率优惠（优惠总额不超过 3.4 万欧元）。

绿色消费贷款。针对个人购买节能与新能源汽车、绿色环保和高效节能设备等发放的贷款，后者主要应用领域包括住宅和商业楼宇的绿色照明和热泵系统、屋顶光伏等小型设备。这些领域的消费产品在大部分地区处于起步阶段，有较强的市场潜力和节能环保效果，同时购置成本相对于普通产品较高。目前，对绿色消费贷款的扶持方式逐渐从公共财政支持向市场化的金融支持过渡。美国新能源银行与光伏技术厂商合作，为个人用户安装太阳能光伏设备提供融资，并制定了简化的申请流程。加拿大温哥华城市信用社针对低排放车的能效水平进行评级，据此设定贷款利率。

3. 投行与金融市场产品

在传统绿色信贷基础上，加大创新力度，例如绿色债券、绿色资产证券化、绿色指数产品、绿色资产管理服务等，进一步加强绿色金融市场流动性，支持绿色金融市场发展。

绿色债券，是指募集资金专门用于符合规定条件的现有或新建绿色项目的债券工具。国际市场通用的绿色债券标准包括国际资本市场协会与国际金融机构合作推出的绿色债券原则（GBP），以及由气候债券倡议组织开发的气候债券标准（CBS）。2007 年，欧洲投资银行成功发行第一只绿色债券。德国复兴信贷银行以发行绿色债券的方式资助风、水、光伏发电和生物发电项目，同时联邦政府对德国复兴信贷银行所有债券提供担保。近几年，绿色债券在中国呈爆发式增长，中国人民银行、国家发展和改革委员会、中国证券监督管理委员会、交易所、交易商协会等针对相应绿色债券均发布评估标准，同时制定绿色审批通道、放宽准入条件等政策倾斜。2016 年，全球绿色债券发行金额为 810 亿美元，中国为 2380 亿元，占全球发行金额的 39%。其中，兴业银行获批发行中国首单 500 亿元绿色金融债。2017 年，全球发行绿色债券 1202 亿美元，中国发行绿色债券 2512 亿元，占全球发行规模的 32.16%。中国涉及房地产概念的绿色债券包括龙湖地产于 2016 年发行首只绿色企业债券，募集资金 8 亿元用于龙湖礼嘉新项目、16.2 亿元用于上海虹桥商务区核心区一期 5 号地块绿色建筑项目的投资，16.2 亿元补充营运资金；当代置业作为香港联交所上市的内地房地产企业，于纽约发行 3.5 亿美元绿色债券，旨在为符合绿色债券准则且具有环境效益的项目及业务提供资金等。

绿色资产支持证券，以绿色资产未来现金流作为基础，对多个绿色项目进行结构化组合，标的资产多样化，包括绿色贷款、绿色债券、绿色住房抵押贷款、新能源汽车消费贷款、屋顶太阳能光伏发电收益权等。绿色资产支持证券可以通过优先/次级结构安排为产品提供增信，提高绿色资产的流动性，加强绿色投资的有效性和精准性。在美国实践较多的绿色抵押贷款支持证券（MBS）是以绿色房产抵押贷款，或者绿色商业建筑贷款为基础资产，将其进行结构化组合后出售给投资者。能效较高的绿色房产不仅本身价值高于普通房产，由于其折旧较低，残值也较高。同时，由于绿色房产的业主能源等支出较低，因而能改善其资信状况。另外，购买或者使用绿色房产显示了业主较高的社会责任，因此也提升了其信用状况。由于上述这些原因，绿色 MBS 可以比普通的 MBS 获得更高评级。此外，养老基金、政府背景的投资基金或主权基金通过购买绿色 MBS 支持绿色建筑的发展，可以间接促进政府环境政策。2016 年，兴业银行发行中国首单绿色资产支持证券，融资规模 26.46 亿元，该资产支持证券为“双绿”模式：标的资产全部为绿色金融贷款，是从兴业银行贷款中严格筛选出来的优质贷款。同时，募集资金全部投向符合中国人民银行《绿色债券支持项目目录》和银监会关于绿色信贷统计相关标准的项目。

绿色指数，是以绿色股票、债券等绿色金融产品作为标的物衍生出的一类金融投资工具，是提高绿色金融产品流动性、降低投资风险、扩大投资者群体的重要手段，发布主体包括评级机构、银行等。在国际市场上，标普全球清洁能源指数包含全球 30 个主要清洁能源公司的股票，根据各公司碳足迹调整权重，然后加权平均计算得到指数；纳斯达克美国清洁指数跟踪 50 余家美国清洁能源公司股票；FTSE 日本绿色 35 指数包含日本 35 家从事环保相关业务的上市公司股票。2017 年，兴业银行与中央国债登记结算有限责任公司合作发布中债-兴业绿色债券指数，其标的债券至少满足四项标准之一：中国人民银行《绿色债券支持项目目录（2015 年版）》、发展和改革委员会《绿色债券发行指引》、绿色债券原则（GBP）、气候债券标准（CBS），且同时符合兴业银行行内绿色金融管理标准。该指数注重债券“实质绿”，这也是对多年来从事绿色事业的广大企业的认可和尊重，有利于鼓励和引导绿色投资。同年，兴业银行进一步以中债-兴业绿色债券指数作为投资基准和跟踪标的，设立“兴业银行万利宝-绿色金融”理财产品，这是中国首只绿色债券指数型理财产品。

绿色资产管理服务。通过共同基金、资管计划、信托等综合性的投融资经纪人及其他相关服务，引导资金在绿色金融市场进行投资，依托绿色金融市场持续、稳定的收益及发展前景，为投资者提供有保障的收益。按照管理资产的性质，绿色资产管理又可以分为两大类：一是将投资项目明确为绿色产业相关领域；二是对客户持有的环境资产进行管理，实现其货币价值的保值、增值。绿色投资基金最早产生于政府绿色投资的需求，在欧洲发展尤其迅速，目前已经有绿色可持续发展、社会责任道德等主题相关的绿色投资资产近 7 万亿欧元。荷兰政府在部分大型银行设立绿色基金，用于为政府主导的绿色项目提供融资，投资者购买这些绿色基金的股份可以获得一定程度的税收优惠，因此绿色基金的融资成本也相对较低。瑞士银行推出“瑞银（卢森堡）——未来能源”股票型基金，专门投资于符合一定标准的新能源技术及服务供应商、能源供应商，以及新能源和能效设备生产商。中国绿色责任投资者的理念起步较晚，2016 年，兴业银行在承销发行盾安集团中期票据时，首次引入“绿色投资人”概念，是指在债券投资配置需求方面，突出强调投资绿色债券重要性的投资机构，是将企业社会责任、可持续发展理念和意识融入债券配置需求中，建设资源节约型和环境友好型社会的机构投资者。此次参与认购的多家“绿色投资人”，是在“十三五”绿色发展理念的指引下，形成的一批主动践行社会责任的金融机构。

4. *碳金融产品和服务*

《京都议定书》及一系列相关制度文件，为全球碳减排行动以及排放权一体化市场搭建了制度框架，为碳资产大规模、标准化交易奠定了基础。为方便企业管理碳资产风险和收益，同时有利于投资者投资碳金融市场，在对碳资产交易和管理提供服务的基础上，还创新出碳价格指数、碳远期、期货、期权、互换等衍生产品。

法国巴黎银行在减排项目的不同建设和开发阶段提供针对性的碳信贷服务：在项目意向阶段签署承购合同（承诺购买项目实现的全部或部分减排量）；项目实施阶段提供运营和出口信贷解决方案；登记为清洁发展机制（CDM）或联合履约（JI）项目后，提供预筹资金解决方案（即基于未来减排量销售收益提供贷款）；为已签发的减排量提供碳配额贷款和碳配额质押担保贷款（即使用排放许可作为短期借贷的附属担保品）。

兴业银行在碳金融领域布局较早，独立开发碳资产评估工具，在全国率先推出了涉及碳交易前中后台的国际碳金融综合产品服务，从而在国内碳市场建设伊始就有能力参与市场建设。目前，兴业银行已同全部 7 个碳排放交易试点地区签署合作协议，实现了与国家碳排放交易试点地区业务合作的全覆盖，提供资金结算、清算、存管、理财、咨询以及交易平台系统搭建、规则制定、金融产品创新、课题研究、控排企业能力建设等一揽子综合产品和服务。兴业银行在湖北落地全国首单碳配额质押贷款业务；在上海市推进碳交易试点金融创新，落地首笔CCER结算业务，落地首笔碳配额资产卖出回购业务；在北京为其国内首例自愿碳减排交易提供资金存管和交易结算服务，并联合推出全国首例低碳信用卡；在深圳首个推出碳交易代理开户、落地首单碳金融客户资产管理业务等。

思考题

1. 作为绿色金融工具的代表，碳排放权交易市场的主要优点有哪些？
2. 请收集并整理中国应用绿色金融工具治理环境的案例。

第 8 章　绿色经济的全球治理

在全球范围内，绿色经济、绿色增长和绿色发展等概念被提出并得到广泛认同，不仅是应对经济危机和解决环境问题的客观需要，还因为这些概念蕴含三个方面的重要内容：第一，它们意味着一种生态和资源可持续的经济发展模式；第二，它们意味着一种基于人与自然新型关系的物质生活方式；第三，它们意味着一种人类社会与自然共生、共存和共荣的社会进步方式。绿色经济、绿色增长和绿色发展是为解决全球经济体系和运行机制所造成的严重后果（环境污染、生态破坏和气候变化）而提出来的一种发展理念、方针政策和经济类型。为解决全球环境负外部性问题，需要世界各国共同努力，实现绿色经济的全球治理。本章分别就全球环境治理的共识、气候变化谈判进展以及中国在绿色发展的全球治理中所扮演的角色三个方面进行简要介绍。

8.1　可持续发展道路的形成与发展

8.1.1　可持续发展的全球共识

从斯德哥尔摩—里约热内卢—约翰内斯堡—里约热内卢，人类用了四十年的时间认识环境问题，逐步凝聚共识，开始走可持续发展的道路。

1972 年，联合国召开的斯德哥尔摩人类环境会议是国际社会就环境问题召开的第一次世界性会议，共有 113 个国家和国际机构的 1300 多名代表参加了会议。这次会议标志着全人类对环境问题的觉醒，是世界环境保护史上第一个里程碑，对推动世界各国保护和改善环境发挥了重要作用。当时发布了《只有一个地球》报告和《人类环境宣言》，这两个文件成为以后 40 年国际社会应对全球环境问题的基石。《人类环境宣言》所提出的保护和改善人类环境方面的基本原则，至今仍有很大的影响力。

1983 年，联合国教科文组织委托一些法国学者撰写了《新的发展观》，就新的发展观念，即可持续发展理论雏形的整体性、综合性、内生性进行了梳理，指出经济发展不仅包括数量上的变化，还包括收入结构的合理化、文化条件的改善、生活质量的提高，以及其他社会福利的增进。

1987 年，联合国委托布伦特兰夫人为主席的世界环境与发展委员会提交著名报告《我们共同的未来》，提出一种崭新的理念——可持续发展战略思想。对可持续发展做出了一个定义：既满足当代人的需要，又不损害子孙后代满足其需求能力的发展。《我们共同的未来》确定了公平性、持续性、共同性三个原则，至今仍是气候变化框架公约论述的基础。

1992 年，183 个国家的代表团和联合国及其下属机构等 70 个国际组织以及上万名非政府组织的代表，包括 102 位国家元首或者政府首脑，出席了在里约热内卢召开的环境与发展大会，这是继 1972 年联合国人类环境会议之后举行的讨论世界环境与发展问题规模最大、级别最高的一次国际会议。会议通过并签署了《里约环境与发展宣言》《21世纪议程》等重要文件，提出建立“新的全球伙伴关系”，为今后在环境发展领域开展国际合作确定了指导原则和行动纲领，也是对建立新的国际关系的一次积极探索。

2002年，在约翰内斯堡召开第三次世界环境与发展大会，出台了《执行计划》和《政治宣言》，开始强调执行力，提出了到2015年的发展目标，也就是联合国的千年目标，又称千禧年目标。提出了发展可再生能源为20亿无电人口供电，实现电力的普遍服务，大幅度消减全球贫困人口等具体的指标。

2012年，在里约热内卢，与会者回顾了40年以来的发展历程，确认了1992年“共同但有区别的责任和各自能力和公平的原则”，提倡全球的绿色发展，确定了两大主题：一是发展绿色经济解决贫困问题和推动可持续发展；二是建立切实可行并有程序保障的可持续发展的目标框架。

2015年9月，世界各国领导人在一次具有历史意义的联合国峰会上通过了《2030年可持续发展议程》，该议程涵盖17个可持续发展目标，于2016年1月1日正式生效。这些新目标适用于所有国家。因此，在接下来的15年内，各国将致力于消除一切形式的贫穷、实现平等和应对气候变化，同时确保没有一个人掉队。可持续发展目标建立在千年发展目标所取得的成就之上，旨在进一步消除一切形式的贫穷。新目标的独特之处在于呼吁所有国家，包括穷国、富国和中等收入国家，共同采取行动，促进繁荣并保护地球。可持续发展目标认识到，在致力于消除贫穷的同时，需实施促进经济增长、满足教育、卫生、社会保护和就业机会等社会需求并应对气候变化和环境保护的战略。

8.1.2 2030年可持续发展目标

《2030年可持续发展议程》提出了17个可持续发展目标。可持续发展目标和具体目标是一个整体，不可分割，是全球性和普遍适用的，兼顾各国的国情、能力和发展水平，并尊重各国的政策和优先事项。具体目标是人们渴望达到的全球性目标，由各国政府根据国际社会的总目标，兼顾本国国情制定。各国政府还将决定如何把这些激励人心的全球目标列入本国的规划工作、政策和战略。必须认识到，可持续发展与目前在经济、社会和环境领域中开展的其他工作相互关联。

目标1：在全世界消除一切形式的贫困。

到2030年，在全球所有人口中消除极端贫困，极端贫困目前的衡量标准是每人每日生活费不足1.25美元。到2030年，按各国标准界定的陷入各种形式贫困的各年龄段男女和儿童至少减半。执行适合本国国情的全民社会保障制度和措施，包括最低标准，到2030年在较大程度上覆盖穷人和弱势群体。到2030年，确保所有男女，特别是穷人和弱势群体，享有平等获取经济资源的权利，享有基本服务，获得对土地和其他形式财产的所有权和控制权，继承遗产，获取自然资源、适当的新技术和包括小额信贷在内的金融服务。到2030年，增强穷人和弱势群体的抵御灾害能力，降低其遭受极端天气事件和其他经济、社会、环境冲击和灾害的概率和易受影响程度，确保从各种来源，包括通过加强发展合作充分调集资源，为发展中国家、特别是最不发达国家提供充足、可预见的手段以执行相关计划和政策，消除一切形式的贫困，根据惠及贫困人口和顾及性别平等问题的发展战略，在国家、区域和国际层面制定合理的政策框架，支持加快对消贫行动的投资。

目标2：消除饥饿，实现粮食安全，改善营养状况和促进可持续农业。

到2030年，消除饥饿，确保所有人，特别是穷人和弱势群体，包括婴儿，全年都有安全、营养和充足的食物。到2030年，消除一切形式的营养不良，包括到2025年实现5岁以下儿童发育迟缓和消瘦问题相关国际目标，解决青春期少女、孕妇、哺乳期妇女和老年人的营养需求。到2030年，实现农业生产力翻倍和小规模粮食生产者，特别是妇女、土著居民、农户、牧民和渔民的收入翻番，具体做法包括确保平等获得土地、其他生产资源和要素、知识、金融服务、市场以及增值和非农就业机会。到2030年，确保建立可持续粮食生产体系并执行具有抗灾能力的农业体系，以提高生产力和产量，帮助维护生态系统，加强适应气候变化、极端天气、干旱、洪涝和其他灾害的能力，逐步改善土地和土壤质量。到2020年，通过在国家、区域和国际层面建立管理得当、多样化的种子和植物库，保持种子、种植作物、养殖和驯养的动物及与之相关的野生物种的基因多样性；根据国际商定原则获取及公正、公平地分享利用基因资源和相关传统知识产生的惠益，通过加强国际合作等方式，增加对农村基础设施、农业研究和推广服务、技术开发、植物和牲畜基因库的投资，以增强发展中国家，特别是最不发达国家的农业生产能力，根据多哈发展回合授权，纠正和防止世界农业市场上的贸易限制和扭曲，包括同时取消一切形式的农业出口补贴和具有相同作用的所有出口措施，采取措施，确保粮食商品市场及其衍生工具正常发挥作用，确保及时获取包括粮食储备量在内的市场信息，限制粮价剧烈波动。

目标3：确保健康的生活方式，促进各年龄段人群的福祉。

到2030年，全球孕产妇每10万例活产的死亡率降至70人以下。到2030年，消除新生儿和5岁以下儿童可预防的死亡，各国争取将新生儿每1000例活产的死亡率至少降至12例，5岁以下儿童每1000例活产的死亡率至少降至25例。到2030年，消除艾滋病、结核病、疟疾和被忽视的热带疾病等流行病，抗击肝炎、水传播疾病和其他传染病。到2030年，通过预防、治疗及促进身心健康，将非传染性疾病导致的过早死亡减少三分之一。加强对滥用药物包括滥用麻醉药品和有害使用酒精的预防和治疗。全球公路交通事故造成的死伤人数减半。到2030年，确保普及性健康和生殖健康保健服务，包括计划生育、信息获取和教育，将生殖健康纳入国家战略和方案。实现全民健康保障，包括提供金融风险保护，人人享有优质的基本保健服务，人人获得安全、有效、优质和负担得起的基本药品和疫苗。到2030年，大幅减少危险化学品以及空气、水和土壤污染导致的死亡和患病人数，酌情在所有国家加强执行《世界卫生组织烟草控制框架公约》，支持研发主要影响发展中国家的传染和非传染性疾病的疫苗和药品，根据《关于与贸易有关的知识产权协议与公共健康的多哈宣言》的规定，提供负担得起的基本药品和疫苗，《多哈宣言》确认发展中国家有权充分利用《与贸易有关的知识产权协议》中关于采用变通办法保护公众健康，尤其是让所有人获得药品的条款，大幅加强发展中国家，尤其是最不发达国家和小岛屿发展中国家的卫生筹资，增加其卫生工作者的招聘、培养、培训和留用，加强各国，特别是发展中国家早期预警、减少风险以及管理国家和全球健康风险的能力。

目标4：确保包容和公平的优质教育，让全民终身享有学习机会。

到2030年，确保所有男女童享受到免费、公平和优质的中小学教育，并取得相关和有效的学习成果。确保所有男女童获得优质幼儿发展、看护和学前教育，为他们接受初级教育做好准备。确保所有男女平等获得负担得起的优质技术、职业和高等教育，包括大学教育。大幅增加掌握就业、体面工作和创业所需相关技能，包括技术性和职业性技能的青年和成年人数。消除教育中的性别差距，确保残疾人、土著居民和处境脆弱儿童等弱势群体平等获得各级教育和职业培训。到 2030 年，确保所有青年和大部分成年男女具有识字和计算能力。确保所有进行学习的人都掌握可持续发展所需的知识和技能，具体做法包括开展可持续发展、可持续生活方式、人权和性别平等方面的教育、弘扬和平和非暴力文化、提升全球公民意识，以及肯定文化多样性和文化对可持续发展的贡献，建立和改善兼顾儿童、残疾和性别平等的教育设施，为所有人提供安全、非暴力、包容和有效的学习环境，在全球范围内大幅增加发达国家和部分发展中国家为发展中国家，特别是最不发达国家、小岛屿发展中国家和非洲国家提供的高等教育奖学金数量，包括职业培训和信息通信技术、技术、工程、科学项目的奖学金，到 2030 年，大幅增加合格教师人数，具体做法包括在发展中国家，特别是最不发达国家和小岛屿发展中国家开展师资培训方面的国际合作。

目标 5：实现性别平等，增强所有妇女和女童的权能。

在全球消除对妇女和女童一切形式的歧视。消除公共和私营部门针对妇女和女童一切形式的暴力行为，包括贩卖、性剥削及其他形式的剥削。消除童婚、早婚、逼婚及割礼等一切伤害行为。认可和尊重无偿护理和家务，各国可视本国情况提供公共服务、基础设施和社会保护政策，在家庭内部提倡责任共担。确保妇女全面有效参与各级政治、经济和公共生活的决策，并享有进入以上各级决策领导层的平等机会。根据《国际人口与发展会议行动纲领》《北京行动纲领》及其历次审查会议的成果文件，确保普遍享有性和生殖健康以及生殖权利。根据各国法律进行改革，给予妇女平等获取经济资源的权利，以及享有对土地和其他形式财产的所有权和控制权，获取金融服务、遗产和自然资源。加强技术特别是信息和通信技术的应用，以增强妇女权能。采用和加强合理的政策和有执行力的立法，促进性别平等，在各级增强妇女和女童权能。

目标 6：为所有人提供水和环境卫生并对其进行可持续管理。

到 2030 年，人人普遍和公平获得安全和负担得起的饮用水。人人享有适当和公平的环境卫生和个人卫生，杜绝露天排便，特别注意满足妇女、女童和弱势群体在此方面的需求。通过以下方式改善水质：减少污染，消除倾倒废物现象，把危险化学品和材料的排放减少到最低限度，将未经处理废水比例减半，大幅增加全球废物回收和安全再利用。所有行业大幅提高用水效率，确保可持续取用和供应淡水，以解决缺水问题，大幅减少缺水人数。在各级进行水资源综合管理，包括酌情开展跨境合作。到 2020 年，保护和恢复与水有关的生态系统，包括山地、森林、湿地、河流、地下含水层和湖泊。到 2030 年，扩大向发展中国家提供的国际合作和能力建设支持，帮助它们开展与水和卫生有关的活动和方案，包括雨水采集、海水淡化、提高用水效率、废水处理、水回收和再利用技术，支持和加强地方社区参与改进水和环境卫生管理。

目标 7：确保人人获得负担得起的、可靠和可持续的现代能源。

到 2030 年，确保人人都能获得负担得起的、可靠的现代能源服务。大幅增加可再生能源在全球能源结构中的比例。全球能效改善率提高一倍。加强国际合作，促进获取清洁能源的研究和技术，包括可再生能源、能效，以及先进和更清洁的化石燃料技术，并促进对能源基础设施和清洁能源技术的投资。增建基础设施并进行技术升级，以便根据发展中国家，特别是最不发达国家、小岛屿发展中国家和内陆发展中国家各自的支持方案，为所有人提供可持续的现代能源服务。

目标 8：促进持久、包容和可持续经济增长，促进充分的生产性就业和人人获得体面工作。

根据各国国情维持人均经济增长，特别是将最不发达国家国内生产总值年增长率至少维持在 7%。通过多样化经营、技术升级和创新，包括重点发展高附加值和劳动密集型行业，实现更高水平的经济生产力。推行以发展为导向的政策，支持生产性活动、体面就业、创业精神、创造力和创新；鼓励微型和中小型企业通过获取金融服务等方式实现正规化并成长壮大。到 2030 年，逐步改善全球消费和生产的资源使用效率，按照《可持续消费和生产模式方案十年框架》，努力使经济增长和环境退化脱钩，发达国家应在上述工作中做出表率。到 2030 年，所有人实现充分的生产性就业，有体面工作，并做到同工同酬。到 2020 年，大幅减少未就业和未受教育或培训的青年人比例。立即采取有效措施，根除强制劳动、现代奴隶制和贩卖人口，禁止和消除最恶劣形式的童工，包括招募和利用童兵，到 2025 年终止一切形式的童工。保护劳工权利，推动为所有工人，包括移民工人，特别是女性移民和没有稳定工作的人创造安全和有保障的工作环境。到 2030 年，制定和执行推广可持续旅游的政策，以创造就业机会，促进地方文化和产品。加强国内金融机构的能力，鼓励并扩大全民获得银行、保险和金融服务的机会，向发展中国家，特别是最不发达国家提供促贸援助支持，包括通过《为最不发达国家提供贸易技术援助的强化综合框架》提供上述支持，到 2020 年，拟定和实施青年就业全球战略，并执行国际劳工组织的《全球就业契约》。

目标 9：建造具备抵御灾害能力的基础设施，促进具有包容性的可持续工业化，推动创新。

发展优质、可靠、可持续和有抵御灾害能力的基础设施，包括区域和跨境基础设施，以支持经济发展和提升人类福祉，重点是人人可负担得起并公平利用上述基础设施。促进包容可持续工业化，到 2030 年，根据各国国情，大幅提高工业在就业和国内生产总值中的比例，使最不发达国家的这一比例翻番。增加小型工业和其他企业，特别是发展中国家的这些企业获得金融服务、包括负担得起的信贷的机会，将上述企业纳入价值链和市场。到 2030 年，所有国家根据自身能力采取行动，升级基础设施，改进工业以提升其可持续性，提高资源使用效率，更多地采用清洁和环保技术及产业流程。在所有国家，特别是发展中国家，加强科学研究，提升工业部门的技术能力，包括到 2030 年，鼓励创新，大幅增加每 100 万人口中的研发人员数量，并增加公共和私人研发支出，向非洲国家、最不发达国家、内陆发展中国家和小岛屿发展中国家提供更多的财政、技术和技能支持，以促进其开发有抵御灾害能力的可持续基础设施，支持发展中国家的国内技术开发、研究与创新，包括提供有利的政策环境，以实现工业多样化，增加商品附加值，大幅提升信息和通信技术的普及度，力争到 2020 年在最不发达国家以低廉的价格普遍提供因特网服务。

目标10：减少国家内部和国家之间的不平等。

到2030年，逐步实现和维持最底层40%人口的收入增长，并确保其增长率高于全国平均水平。增强所有人的权能，促进他们融入社会、经济和政治生活，而不论其年龄、性别、残疾与否、种族、族裔、出身、宗教信仰、经济地位或其他任何区别。确保机会均等，减少结果不平等现象，包括取消歧视性法律、政策和做法，推动与上述努力相关的适当立法、政策和行动。采取政策，特别是财政、薪资和社会保障政策，逐步实现更高层次的平等。改善对全球金融市场和金融机构的监管和监测，并加强上述监管措施的执行。确保发展中国家在国际经济和金融机构决策过程中有更大的代表性和发言权，以建立更加有效、可信、负责和合法的机构。促进有序、安全、正常和负责的移民和人口流动，包括执行合理规划和管理完善的移民政策，根据世界贸易组织的各项协议，落实对发展中国家、特别是最不发达国家的特殊和区别待遇原则，鼓励根据最需要帮助的国家，特别是最不发达国家、非洲国家、小岛屿发展中国家和内陆发展中国家的国家计划和方案，向其提供官方发展援助和资金，包括外国直接投资，将移民汇款手续费降低至3%以下，取消费用高于5%的侨汇渠道。

目标11：建设包容、安全、有抵御灾害能力和可持续的城市和人类住区。

到2030年，确保人人获得适当、安全和负担得起的住房和基本服务，并改造贫民窟。向所有人提供安全、负担得起的、易于利用、可持续的交通运输系统，改善道路安全，特别是扩大公共交通，要特别关注处境脆弱者、妇女、儿童、残疾人和老年人的需要。在所有国家加强包容和可持续的城市建设，加强参与性、综合性、可持续的人类社区规划和管理能力。进一步努力保护和捍卫世界文化和自然遗产。大幅减少包括水灾在内的各种灾害造成的死亡人数和受灾人数，大幅减少上述灾害造成的与全球国内生产总值有关的直接经济损失，重点保护穷人和处境脆弱群体。减少城市的人均负面环境影响，包括特别关注空气质量，以及城市废物管理等。向所有人，特别是妇女、儿童、老年人和残疾人，普遍提供安全、包容、无障碍、绿色的公共空间，通过加强国家和区域发展规划，支持在城市、近郊和农村地区之间建立积极的经济、社会和环境联系，到2020年，大幅增加采取和实施综合政策和计划以构建包容、资源使用效率高、减缓和适应气候变化、具有抵御灾害能力的城市和人类之社区数量，并根据《2015—2030年仙台减少灾害风险框架》在各级建立和实施全面的灾害风险管理，通过财政和技术援助等方式，支持最不发达国家就地取材，建造可持续的，有抵御灾害能力的建筑。

目标12：采用可持续的消费和生产模式。

各国在照顾发展中国家发展水平和能力的基础上，落实《可持续消费和生产模式十年方案框架》，发达国家在此方面要做出表率。到2030年，实现自然资源的可持续管理和高效利用。将零售和消费环节的全球人均粮食浪费减半，减少生产和供应环节的粮食损失，包括收获后的损失。到2020年，根据商定的国际框架，实现化学品和所有废物在整个存在周期的无害环境管理，并大幅减少它们排入大气以及渗漏到水和土壤的概率，尽可能降低它们对人类健康和环境造成的负面影响。到2030年，通过预防、减排、回收和再利用，大幅减少废物的产生。鼓励各个公司，特别是大公司和跨国公司，采用可持续的做法，并将可持续性信息纳入各自的报告周期。根据国家政策和优先事项，推行可持续的公共采购做法。到 2030 年，确保各国人民都能获取关于可持续发展以及与自然和谐的生活方式的信息并具有上述意识，支持发展中国家加强科学和技术能力，采用更可持续的生产和消费模式，开发和利用各种工具，监测能创造就业机会、促进地方文化和产品的可持续旅游业对促进可持续发展产生的影响，对鼓励浪费性消费的低效化石燃料补贴进行合理化调整，为此，应根据各国国情消除市场扭曲，包括调整税收结构，逐步取消有害补贴以反映其环境影响，同时充分考虑发展中国家的特殊需求和情况，尽可能减少对其发展可能产生的不利影响并注意保护穷人和受影响社区。

目标 13：采取紧急行动应对气候变化及其影响。

加强各国抵御和适应气候相关的灾害和自然灾害的能力。将应对气候变化的举措纳入国家政策、战略和规划。加强气候变化减缓、适应、减少影响和早期预警等方面的教育和宣传，加强人员和机构在此方面的能力。发达国家履行在《联合国气候变化框架公约》下的承诺，即到 2020 年每年从各种渠道共同筹资 1000 亿美元，满足发展中国家的需求，帮助其切实开展减缓行动，提高履约的透明度，并尽快向绿色气候基金注资，使其全面投入运行。促进在最不发达国家和小岛屿发展中国家建立增强能力的机制，帮助其进行与气候变化有关的有效规划和管理，包括重点关注妇女、青年、地方社区和边缘化社区。

目标 14：保护和可持续利用海洋和海洋资源以促进可持续发展。

到 2025 年，预防和大幅减少各类海洋污染，特别是陆上活动造成的污染，包括海洋废弃物污染和营养盐污染。到 2020 年，通过加强抵御灾害能力等方式，可持续管理和保护海洋和沿海生态系统，以免产生重大负面影响，并采取行动帮助它们恢复原状，使海洋保持健康，物产丰富。通过在各层级加强科学合作等方式，减少和应对海洋酸化的影响。有效规范捕捞活动，终止过度捕捞、非法、未报告和无管制的捕捞活动以及破坏性捕捞做法，执行科学的管理计划，以便在尽可能短的时间内使鱼群量至少恢复到其生态特征允许的能产生最高可持续产量的水平。根据国内和国际法，并基于现有的最佳科学资料，保护至少 10%的沿海和海洋区域。禁止某些助长过剩产能和过度捕捞的渔业补贴，取消助长非法、未报告和无管制捕捞活动的补贴，避免出台新的这类补贴，同时承认给予发展中国家和最不发达国家合理、有效的特殊和差别待遇应是世界贸易组织渔业补贴谈判的一个不可或缺的组成部分。到 2030 年，增加小岛屿发展中国家和最不发达国家通过可持续利用海洋资源获得的经济收益，包括可持续地管理渔业、水产养殖业和旅游业，根据政府间海洋学委员会《海洋技术转让标准和准则》，增加科学知识，培养研究能力和转让海洋技术，以便改善海洋的健康，增加海洋生物多样性对发展中国家，特别是小岛屿发展中国家和最不发达国家发展的贡献，向小规模个体渔民提供获取海洋资源和市场准入机会，按照《我们希望的未来》第 158 段所述，根据《联合国海洋法公约》所规定的保护和可持续利用海洋及其资源的国际法律框架，加强海洋和海洋资源的保护和可持续利用。

目标 15：保护、恢复和促进可持续利用陆地生态系统，可持续管理森林，防治荒漠化，制止和扭转土地退化，遏制生物多样性的丧失。

到 2020 年，根据国际协议规定的义务，保护、恢复和可持续利用陆地和内陆的淡水生态系统及其服务，特别是森林、湿地、山麓和旱地。到 2020 年，推动对所有类型森林的可持续管理，停止毁林，恢复退化的森林，推进全球植树造林和重新造林。到 2030 年，防治荒漠化，恢复退化的土地和土壤，包括受荒漠化、干旱和洪涝影响的土地，努力建立一个不再出现土地退化的世界。到2030年，保护山地生态系统，包括其生物多样性，以便加强山地生态系统的能力，使其能够带来对可持续发展必不可少的益处。采取紧急重大行动来减少自然栖息地的退化，遏制生物多样性的丧失，到2020年，保护受威胁物种，防止其灭绝。根据国际共识，公正和公平地分享利用遗传资源产生的利益，促进适当获取这类资源。采取紧急行动，终止偷猎和贩卖受保护的动植物物种，处理非法野生动植物产品的供求问题。到2020年，采取措施防止引入外来入侵物种并大幅减少其对土地和水域生态系统的影响，控制或消灭其中的重点物种。把生态系统和生物多样性价值观纳入国家和地方规划、发展进程、减贫战略和核算，从各种渠道动员并大幅增加财政资源，以保护和可持续利用生物多样性和生态系统，从各种渠道大幅动员资源，从各个层级为可持续森林管理提供资金支持，并为发展中国家推进可持续森林管理，包括保护森林和重新造林，提供充足的激励措施，在全球加大支持力度，打击偷猎和贩卖受保护物种，包括增加地方社区实现可持续生计的机会。

目标16：创建和平、包容的社会环境，以促进可持续发展，让所有人都能诉诸司法，在各级建立有效、负责和包容的机构。

在全球大幅减少一切形式的暴力和相关的死亡率。制止对儿童进行虐待、剥削、贩卖以及一切形式的暴力和酷刑。在国家和国际层面促进法治，确保所有人都有平等诉诸司法的机会。到2030年，大幅减少非法资金和武器流动，加强追赃和被盗资产返还力度，打击一切形式的有组织犯罪；大幅减少一切形式的腐败和贿赂行为。在各级建立有效、负责和透明的机构。确保各级的决策反应迅速，具有包容性、参与性和代表性。加强发展中国家对全球治理机构的参与。为所有人提供法律身份，包括出生登记。根据国家立法和国际协议，确保公众获得各种信息，保障基本自由，通过开展国际合作等方式加强相关国家机制，在各层级提高各国尤其是发展中国家的能力建设，以预防暴力，打击恐怖主义和犯罪行为，推动和实施非歧视性法律和政策以促进可持续发展。

目标17：加强执行手段，重振可持续发展全球伙伴关系。

通过向发展中国家提供国际支持等方式，以改善国内征税和提高财政收入的能力，加强筹集国内资源。发达国家全面履行官方发展援助承诺，包括许多发达国家向发展中国家提供占发达国家国民总收入0.7%的官方发展援助，以及向最不发达国家提供占比0.15%至0.2%援助的承诺；鼓励官方发展援助方设定目标，将占国民总收入至少0.2%的官方发展援助提供给最不发达国家。从多渠道筹集额外财政资源用于发展中国家。通过政策协调，酌情推动债务融资、债务减免和债务重组，以帮助发展中国家实现长期债务可持续性，处理重债穷国的外债问题以减轻其债务压力。采用和实施对最不发达国家的投资促进制度。加强在科学、技术和创新领域的南北、南南、三方区域合作和国际合作，加强获取渠道，加强按相互商定的条件共享知识，包括加强现有机制间的协调，特别是在联合国层面加强协调，以及通过一个全球技术促进机制加强协调。以优惠条件，包括彼此商定的减让和特惠条件，促进发展中国家开发以及向其转让、传播和推广环境友好型的技术。促成最不发达国家的技术库和科学、技术和创新能力建设机制到2017年全面投入运行，加强促成科技特别是信息和通信技术的使用。加大国际社会对在发展中国家开展高效的、有针对性的能力建设活动的支持力度，以支持各国落实各项可持续发展目标的国家计划，包括通过开展南北合作、南南合作和三方合作。通过完成多哈发展回合谈判等方式，推动在世界贸易组织下建立一个普遍以规则为基础，开放、非歧视和公平的多边贸易体系。大幅增加发展中国家的出口，尤其是到 2020 年使最不发达国家在全球出口中的比例翻番。按照世界贸易组织的各项决定，及时实现所有最不发达国家的产品永久免关税和免配额进入市场，包括确保对从最不发达国家进口产品的原产地优惠规则是简单、透明和有利于市场准入的。加强全球宏观经济稳定，包括为此加强政策协调和政策一致性。加强可持续发展政策的一致性。尊重每个国家制定和执行消除贫困和可持续发展政策的政策空间和领导作用。加强全球可持续发展伙伴关系，以多利益相关方伙伴关系作为补充，调动和分享知识、专长、技术和财政资源，以支持所有国家，尤其是发展中国家实现可持续发展目标。借鉴伙伴关系的经验和筹资战略，鼓励和推动建立有效的公共、公私和民间社会伙伴关系。到 2020 年，加强向发展中国家，包括最不发达国家和小岛屿发展中国家提供的能力建设支持，大幅增加获得按收入、性别、年龄、种族、民族、移徙情况、残疾情况、地理位置和各国国情有关的其他特征分类的高质量、及时和可靠的数据。到 2030 年，借鉴现有各项倡议，制定衡量可持续发展进展的计量方法，作为对国内生产总值的补充，协助发展中国家加强统计能力建设。

8.2　全球气候谈判进展

当今世界，全球气候变暖是绿色发展亟待解决的核心问题之一。解决气候变化的核心是低碳发展。经过联合国政府间气候变化专门委员会（IPCC）的五次评估报告，科学家们认为，为了实现地球的可持续发展，人类必须约束自己的行为，把人为的温室气体排放限制在一定的水平上。政治家们据此科学的结论所采取的行动，就是分配排放权和划分环境容量空间。由此，应对气候变化产生了新的商机，即低碳经济。低碳经济是以减少温室气体排放为目标，构筑低能耗、低污染为基础的经济发展体系，包括低碳能源体系、低碳技术体系和低碳产业体系，是绿色发展的基本核心，是走向生态文明的技术选择。

气候变化已经在影响公众健康、粮食和水安全、移徙以及和平与安全。如不对气候变化加以控制，我们在过去几十年中取得的进展将发生倒退，不可能取得更多进展。对可持续发展的投资将降低温室气体排放和增强气候适应能力，从而有助于应对气候变化。反过来，应对气候变化的行动将促进可持续发展，应对气候变化和促进可持续发展相辅相成；如果不采取气候行动，便无法实现可持续发展。许多可持续发展目标也致力于应对导致气候变化的核心问题。

8.2.1　温室气体与全球气候变化

大气中温室气体浓度与全球气候变化关系的科学基础是法国物理学家 Fouries 提出的温室效应概念。1849 年爱尔兰科学家 Tyndall 测量了不同气体的温室效应，并证实了二氧化碳（CO_2）、甲烷、氧化亚氮、水蒸气等对辐射具有很强的吸收效应，上述气体也被称为温室气体。瑞典科学家 Arrhenius（1896）指出化石燃料燃烧排放的 CO_2 可能导致全球变暖，并估算了 CO_2浓度加倍情景下的气温变化范围，称为平衡气候敏感度。1957 年美国科学家 Keeling（1960）最早在夏威夷建立了 CO_2气体浓度观测站，提供了唯一时间最长、最完整的 CO_2观测资料。这份资料证实大气中的温室气体浓度在不断增加，成为温室效应导致全球变暖的有力证据。气候模式主导着温室气体浓度变化与全球变暖的关系，Manabe 和 Wetherald（1975）对气候模式的研究做出了开创性的工作，并得到温室气体浓度加倍导致地面温度上升 2.93℃的结果，为第一次世界气候大会召开以及第一次政府间气候变化专门委员会（IPCC）报告提供了关键的科学支撑。

1979 年，第一次世界气候大会在日内瓦召开，向世界发出警告：人类活动可能造成全球气候变暖，并指出大气中 CO_2浓度加倍或导致全球平均温度上升 1.5～4.5℃。第一次世界气候大会推动了气候科学的研究。后续的系列研究成果不断表明人类活动造成的温室效应继续使气候变暖，而全球变暖将导致冰雪融化、海平面上升、生物多样性受到威胁，甚至使全球气候格局发生变化。为了使气候科学研究成果更有效地推动人类应对气候变化行动，世界气象组织和联合国环境规划署联合建立政府间气候变化专门委员会(IPCC)。IPCC 从 1990 年开始，连续发布五次评估报告，随着观测手段改善、气候模式进步以及分析方法提升，人类对气候变化事实、原因和未来趋势的认识水平不断深化，进一步确认人类活动是 20 世纪中叶以来全球气候系统变暖的主要原因，未来气候系统仍将继续变暖。越来越多的科学研究成果不但支持了人类活动引起气候变化的结论，而且预见到如果人类的生产、生活方式不做出根本性的改变，未来全球变暖的趋势会进一步加剧。

1995 年，IPCC 第二次评估报告指出全球应将温度控制在较工业化革命前增加不超过 2℃的范围，否则气候变化产生严重影响的风险将显著增加。这一结论经过多年争论，最终在 2009 年 12 月召开的哥本哈根会议上被广泛认可。IPCC 第五次评估报告进一步提出升温 2℃对应的 CO_2当量浓度不应超过 450ppm，然而目前 CO_2当量浓度已超过 400ppm。因此为了实现 2℃温控目标，人类必须采取切实有效的行动以减少温室气体排放。

8.2.2 全球气候谈判进程

应对全球气候变化不仅是科学问题和环境问题，在气候变化领域的国际谈判还是政策和外交问题，斗争的实质是争夺未来在能源发展和经济竞争中的优势地位，对于发展中国家而言更是维护发展权的政治斗争。谈判的核心问题始终是如何分担减缓气候变化的责任。《联合国气候变化框架公约》《京都议定书》和《巴黎协定》是国际社会经过多年艰苦谈判而形成的应对气候变化的法律文件。

1.《联合国气候变化框架公约》

1988 年 11 月，由世界气象组织和联合国环境署共同发起的政府间气候变化专门委员会（IPCC）召开成立大会，IPCC 的主要任务是对与气候变化相关的各种问题展开定期的科学、技术和社会经济评估，提供科学和技术咨询意见。IPCC 的成立及工作，为气候变化谈判奠定了一定的科学基础。

1989 年 11 月，国际大气污染和气候变化部长级会议在荷兰诺德韦克举行。大会通过了《关于大气污染与气候变化的诺德韦克宣言》（以下简称《诺德韦克宣言》），提出人类正面临人为所致的全球气候变化的威胁，决定召开世界环境问题会议，讨论制定防止全球气候变暖公约的问题。此前，虽然诸多宣言、公报或其他文件也多次提及气候变化问题，但这些文件在启动气候变化公约谈判上的作用远不及《诺德韦克宣言》。

第 45 届联合国大会于 1990 年 12 月 21 日通过了 45/212 号决议，决定设立气候变化框架公约政府谈判委员会。政府间谈判委员会于 1991 年 2 月至 1992 年 5 月间共举行了 6 次会议。谈判各方在公约的关键条款上各持己见，互不相让；发达国家与发展中国家之间、西北欧（现欧盟）与美国之间立场迥异。但在里约联合国环境与发展大会召开在即的大背景下，各方最终妥协，于 1992 年 5 月 9 日在纽约通过了《联合国气候变化框架公约》（以下简称《公约》），并在里约联合国环境与发展大会期间供与会各国签署。

《公约》的最终目标是："将大气中温室气体的浓度稳定在防止气候系统受到危险的人为干扰的水平上。这一水平应当在足以使生态系统能够自然地适应气候变化、确保粮食生产免受威胁并使经济能够可持续进行的时间范围内实现。"这一目标并未明确到底要将大气中的温室气体稳定在什么浓度水平上，这表明目前科学界对此问题的认识还有很大的不确定性。同时，这一浓度水平还具有重大的经济意义。一旦这一浓度水平得以确定，将对全球经济活动产生重大影响。

2.《京都议定书》

《公约》仅规定发达国家应在 20 世纪末将其温室气体排放回复到其 1990 年水平，但没有为发达国家规定减排的量化指标。1995 年在柏林举行的第一次缔约方会议（COP1）认为上述承诺不足以缓解全球气候变化，会议据此通过了"柏林授权"，决定谈判制定一项议定书，为发达国家规定 2000 年后减排的义务及时间表，同时决定不为发展中国家引入除公约义务以外的任何新义务。

国际社会为制定议定书举行了多次谈判，但由于限排温室气体排放直接涉及各国的经济发展，各方难以达成一致。1997 年 12 月 1 日至 11 日在日本京都举行了公约第 3 次缔约方大会（COP3，又称"京都会议"），会议经过异常艰苦的谈判，终于制定了《〈联合国气候变化框架公约〉京都议定书》（简称《京都议定书》）。《京都议定书》为发达国家规定了有法律约束力的定量化减排和限排指标，而没有为发展中国家规定减排或限排义务。

1997 年《京都议定书》通过后的几次缔约会议上，通过了几个重要的文件：1998 年 COP4 通过了"布宜诺斯艾利斯行动计划"；2001 年 COP6 续会通过了"波恩政治协议"；2001 年 COP7 为落实"波恩政治协议"达成了一揽子决定，称为"马拉喀什协定"。

为制定《京都议定书》的实施细则，并落实发展中国家关心的资金安排等问题，在 1998 年 COP4 上经过激烈谈判，与会各方达成了"布宜诺斯艾利斯行动计划"。该行动计划规定了 COP6 前应通过的《京都议定书》实施规则和要素，为其后的谈判提供了框架、指明了方向。会上，发达国家力推"后京都进程"，旨在给出发展中国家承担减、限排温室气体义务。东道国阿根廷提出了所谓发展中国家"自愿承诺"的议题，造成发展中国家分化趋势的扩大。最终妥协的结果是通过了"布宜诺斯艾行动计划"。

2000 年，COP6 以失败告终，未完成重要议题的谈判。2001 年 3 月，美国前总统布什宣布美国将不批准议定书。但国际社会决心继续促进推动议定书生效的进程。在此背景下，COP6 续会于 2001 年 7 月在波恩召开，经艰苦谈判通过了"波恩政治协议"（Bonn agreement）。该协议的通过是气候变化谈判的重大突破，打击了美国的单边主义。但作为妥协的产物，“波恩政治协议”对日、加、澳、俄等国做出了较大让步，削弱了议定书的环境效果。“波恩政治协议”主要内容包含：建立三个基金；对议定书三灵活机制的原则、性质、范围、参与资格与履约机制，以及管理机构等核心问题做出了规定。

2001年10月25日至11月9日，在摩洛哥马拉喀什举行的COP7的主要任务是完成落实波恩政治协议的技术性谈判。经过艰苦谈判，会议正式通过了落实“波恩政治协议”的一系列决定，称为“马拉喀什协定”。COP6续会上就资金、技术转让、能力建设等问题形成的决定草案，在本次会议上未做修改即予通过；对于续会遗留下来的议定书三机制、履约程序和碳汇问题，在本次大会上终于达成一揽子解决方案，从而维护了“波恩政治协议”的完整性，在发达国家向发展中国家提供资金援助方面首次取得较大进展。但为争取俄、日等国批准议定书，“77国集团加中国”和欧盟在碳汇、履约问题上表现出较大的灵活性，这无疑削弱了《京都议定书》的环境效果。

2002年在印度举行的公约第8次缔约方大会上，在中国、印度等发展中大国的努力下，部长级会议通过了《德里气候变化与可持续发展部长级宣言》（以下简称《德里宣言》），提出在可持续发展框架下应对气候变化的思想。《德里宣言》不具备法律约束力，发达国家认为没有什么政治意义，但发展中国家认为在气候变化国际合作方面具有里程碑意义。

2003年在意大利米兰举行的公约第9次缔约方大会，基本上处于过渡和徘徊状况，因为国际社会在观望《京都议定书》是否能生效，谈判不甚激烈，也没有通过政治类宣言或声明，谈判基本是围绕技术性问题开展，确定和完善实施《京都议定书》所需的一些技术规则。

《京都议定书》的生效条件是：55个《公约》缔约方批准《京都议定书》，并且其中批准《京都议定书》的附件Ⅰ国家（工业化国家）缔约方1990年温室气体排放量之和占全部附件Ⅰ国家缔约方1990年温室气体排放总量的55%。由于美国1990年温室气体排放量占全部附件Ⅰ国家排放总量的36.1%，在美国拒绝批准《京都议定书》的情况下，要达到生效条件，意味着几乎所有其他附件Ⅰ国家都必须批准。俄罗斯因占1990年附件Ⅰ国家17.4%的排放量而持有决定《京都议定书》生死的一票。经过3年多时间的犹豫和权衡各方面利益、得失，俄罗斯终于在2004年10月批准了《京都议定书》，使《京都议定书》起死回生。

截至2004年12月，已有129个国家和欧盟批准了《京都议定书》。《京都议定书》已在2005年2月16日正式生效。中国于1998年5月29日签署了《京都议定书》，2002年8月30日核准了《京都议定书》。

《京都议定书》第3条、第4条规定了附件Ⅰ国家缔约方的温室气体定量减排、限排指标。按照规定，附件Ⅰ缔约方应该个别地或共同地确保其二氧化碳、甲烷等6种受控的温室气体排放总量（以二氧化碳当量计），在2008—2012年的承诺期内比1990年水平至少减少5.2%，到2005年，附件Ⅰ缔约方应在履行这些承诺方面给予可以证实的进展。议定书为每个附件Ⅰ国家确定了“有差别的减排”指标，即欧盟减排8%，美国减排7%，日本、加拿大减排65%，俄罗斯、乌克兰、新西兰“零”减排，澳大利亚可增排8%，冰岛可增排10%等等。

《京都议定书》第6条、第12条和第17条分别确定了“联合履约”（JI）、“清洁发展机制”（CDM）、“排放交易”（ETS）三种境外减排的灵活机制。其核心在于，发达国家可以通过这三种机制在本国以外取得减排的抵销额，通过“境外减排”缓解其国内减排压力，从而以较低成本来实现减排目标。

3.《巴黎协定》

2012 年多哈会议进一步确定了《京都议定书》第二承诺期，即 2013 年至 2020 年的减排目标。《京都议定书》完全坚持了“共同但有区别的责任”与“各自能力”原则，采用“自上而下”的谈判模式，先设定国际社会减排总量目标，并由发达国家承担强制性减排责任，发展中国家则无须承担强制性减排任务，这种刚性要求限制了减排的责任主体，并且执行效果与具体减排指标也存在差距。随着气候谈判各方分歧加剧，多哈会议之后国际气候谈判进入一个新阶段。

2015 年，各方继续通过各层次的预备会议为巴黎会议积聚共识。184 个国家在巴黎会议前提交了意向性国家自主贡献，这些国家的排放量占全球排放的 95%以上。七国集团、主要经济体能源和气候变化会议、联合国可持续发展峰会等均推动探讨气候变化问题。中国与美国元首再次发表气候变化联合声明，并与印度、欧盟、法国等发表联合声明，表明共同推进气候变化谈判的决心。

2015 年 11 月，公约第二十一次缔约方会议（COP21）在法国巴黎举行，包括中国国家主席习近平在内的 150 多位国家领导人出席大会开幕式。同期还举行了议定书第十一次缔约方会议（CMP11）、公约附属机构第 43 次会议（SB43）以及德班平台第二次会议第十二次续会（ADP2－12）。经过为期两周的艰苦谈判，会议最终以协商一致方式通过了《巴黎协定》。

《巴黎协定》共 29 条，其主要内容包括：在遵行原则方面，强调其目的在于加强《联合国气候变化框架公约》（以下简称《公约》）的有效实施，体现公平原则、“共同但有区别的责任”原则及各自能力，并且考虑各国不同的国情。在长期目标方面，重申了将平均气温上升控制在 2℃以内的全球长期目标，并努力将气温上升控制在 1.5℃以内；提出全球低碳排放及可持续发展愿景，推动全球温室气体排放尽快达到峰值，到 21 世纪下半叶实现碳排放和碳清除的平衡。在减排方面，要求各方通报应对气候变化的“国家自主贡献”，每五年应对气候变化的进展情况进行“全球盘点”，盘点结果作为缔约方以国家自主方式更新和加强行动的参考。发达国家应继续率先进行全经济范围内的绝对减排，鼓励发展中国家逐步进行全经济范围减排。在适应方面，确立全球适应目标，强调各方应积极规划适应问题并提交和更新相关信息，向发展中国家的适应行动提供国际支持，明确“华沙国际机制”是处理损失和损害问题的主要机制。在资金方面，重申发达国家对发展中国家的资金义务，并鼓励其他国家自愿捐资。在技术转让和能力建设方面，提出技术转让的长期愿景，明确《公约》已建立的相关技术和能力建设机制继续发挥其应有作用。在执行机制方面，要求设立强化透明度框架，规定了争端解决机制，并明确了协定生效、修订和退出的相关程序。

2016 年 4 月 22 日，习近平主席特使、国务院副总理张高丽在纽约联合国总部代表中国签署《巴黎协定》。同年 9 月 3 日，中国在二十国集团杭州峰会前举行《巴黎协定》批准文书交存仪式，习近平主席和时任美国总统奥巴马分别代表中美两国向时任联合国秘书长潘基文交存了对协定的批准书，为推动《巴黎协定》尽快生效做出积极贡献。

2016 年 10 月 5 日，《巴黎协定》的生效条件得以满足。2016 年 11 月 4 日，协定正式生效，习近平主席专门致函时任联合国秘书长潘基文表示祝贺。2016 年 11 月，《巴黎协定》首次缔约方会议于马拉喀什会议（COP22）期间成功召开。

《巴黎协定》是《京都议定书》诞生以来气候变化国际谈判进程中最为重要的里程碑，对于推进应对气候变化具有积极意义：第一，协定展现了人类社会共同应对全球性挑战的决心和合作精神，重振了国际社会对气候变化国际合作进程的信心。第二，协定奠定了“后京都时代”应对气候变化的法律框架，为各国的减排行动指明了方向。第三，协定在全球减排目标上展示了较高的雄心，有助于促进各国不断加大减排力度。此外，协定还体现了发达国家与发展中国家之间的平衡。协定重申了“共同但有区别的责任”和各自能力原则，同时要求考虑各国国情；在减排设计方面，协定通过引入“国家自主贡献”制度，将所有国家纳入减排行列；在减排幅度上，充分照顾各国关切，鼓励各国各尽所能。总体上，协定在发达国家与发展中国家之间达至微妙平衡，是一个务实可行的妥协方案。

8.3 中国在全球绿色治理中的态度和政策

8.3.1 中国可持续发展道路与政策

中国对生态环境问题的重视与治理并不算晚，就国家层面而言，与国际社会可持续发展理念的接轨是及时的，对可持续发展的重视是一贯的。20 多年来，中国积极实施可持续发展战略，在理论、战略、政策等各个方面都有巨大的发展。

在 1992 年的世界环境和发展大会上，中国政府提交了《中华人民共和国环境与发展报告》，系统回顾和总结了中国的环境与发展状况，阐述了中国关于可持续发展的基本立场，并签署了两个公约，庄严承诺中国将认真履行会议所通过的文件。里约会议结束不到一个月，1992 年 7 月，中国国务院环境保护委员会就成立了由 52 个部门 300 余名专家参加的工作小组，编制《中国 21 世纪议程：中国 21 世纪人口、环境与发展白皮书》，根据我国情况制定可持续发展战略、计划和对策，从社会、经济、资源和环境相结合的角度提出中国可持续发展的战略、对策和行动方案，确立我国 21 世纪可持续发展的总体框架和各领域主要目标。议程文本先后五易其稿，于 1994 年 3 月在国务院常务会议上正式通过。中国成为世界上第一个编制出本国 21 世纪议程行动方案的国家，表明了中国坚定实施可持续发展战略的决心。

1995 年 9 月，中共十四届五中全会正式将可持续发展战略写入《关于制定国民经济和社会发展“九五”计划和 2010 年远景目标的建议》，明确了要实行经济体制和经济增长方式这两个根本性转变，把科教兴国和可持续发展作为两项基本战略，并明确提出了中国今后在经济和社会发展中实施可持续发展战略的重大决策。“九五”计划还具体提出了可持续发展各领域的阶段目标，并专门编制了生态建设和环境保护重点专项规划，在社会和经济的其他领域也全面体现了可持续发展战略的要求。这样，就形成了一个具有中国特色的、以经济建设为中心，经济与社会、经济与自然相互协调和可持续发展的新的社会发展蓝图。1996 年将可持续发展上升为国家战略并全面推进实施。1997 年党的十五大明确将可持续发展战略作为我国经济发展的战略之一。

进入 21 世纪，中国进一步深化对可持续发展内涵的认识，于 2003 年提出了以人为本、全面协调可持续的科学发展观。科学发展观是立足基本国情，总结发展实践，借鉴国外经验，适应新的国内外发展形势需要提出的重大理论，是中国人民的智慧结晶，是中国经济社会发展的指导思想。党的十七大报告又全面论述了生态文明理念，指出："坚持生产发展、生活富裕、生态良好的文明发展道路，建设资源节约型、环境友好型社会，实现速度和结构质量效益相统一、经济发展与人口资源环境相协调，使人民在良好生态环境中生产生活，实现经济社会永续发展。"将"生态文明"写入党代会报告，党的十七大开了历史先河。这是中国社会主义建设理念的一次升华，是我国发展战略的历史性转变，宣示了国家坚持走生产发展、生活富裕、生态良好的文明发展道路的强烈政治意志。党的十八大进一步将"生态文明建设"列入中国特色社会主义建设"五位一体"总体布局。

党的十八大以来，可持续发展战略得到空前的重视、落实和发展。十八届三中全会提出了"紧紧围绕建设美丽中国深化生态文明体制改革"，"两山论"深入人心，河长制全面铺开，污染防治作为三大攻坚战之一迅猛展开，蓝天保卫战初战告捷。党的十九大报告将"坚持人与自然和谐共生"作为"十四个坚持"之一，明确为习近平新时代中国特色社会主义思想的重要内容。

党的十九大报告指出："建设生态文明是中华民族永续发展的千年大计。必须树立和践行绿水青山就是金山银山的理念，坚持节约资源和保护环境的基本国策，像对待生命那样对待生态环境，统筹山水林田湖草系统治理，实行最严格的生态环境保护制度，形成绿色发展方式和生活方式，坚定走生产发展、生活富裕、生态良好的文明发展道路，建设美丽中国，为人民创造良好生产生活环境，为全球生态安全作出贡献。""我们要建设的现代化是人与自然和谐共生的现代化，既要创造更多物质财富和精神财富以满足人民日益增长的美好生活需要，又要提供更多优质生态产品以满足人民日益增长的优美生态环境需要。必须坚持节约优先、保护优先、自然恢复为主的方针，形成节约资源和保护环境的空间格局、产业结构、生产方式、生活方式，还自然以宁静、和谐、美丽。"这些论述将中国的可持续发展思想和政策都提高到前所未有的高度，必将引领中国打好污染防治的攻坚战，到 2035 年生态环境根本好转、美丽中国目标基本实现，到 2050 年把我国建设成为富强民主文明和谐美丽的社会主义现代化强国。

8.3.2　中国在全球气候谈判中的立场和对策

气候变化问题是当今人类社会面临的严峻挑战，中国作为世界上最大的发展中国家及当今碳排放总量最大的国家，在应对气候变化问题的国际谈判中起着至关重要的作用。近年来，中国政府采取一系列积极的政策和行动为减排做出努力，取得了显著成效，也得到国际社会的认可。但在国际谈判中又拒绝承担强制性的减排目标和义务，并牢牢抓住"共同但有区别的责任原则"、人均排放、历史账等观点稳住自己的立场。但国际社会主要是发达国家对中国上述立场表示不满，并频频向中国施压。

气候变化问题既是环境问题，又是发展问题，但归根结底是发展问题。由于中国正处于工业化、城镇化快速发展的关键阶段，能源结构以煤为主，能源技术落后，能源使用效率低下，这使得中国的减排成本相对较大。若承担过多减排义务而又得不到发达国家充分的资金和技术支持，势必会降低本国经济的增长速度。但同时，中国也是易受气候变化影响的国家，遭受了许多气候灾害。

出于国家利益、当前形势、舆论压力及本国形象与影响力等多方面因素的考虑，中国目前在全球气候谈判中的基本立场主要有以下几个方面：第一，坚持《联合国气候变化框架公约》《京都议定书》和《巴黎协定》基本框架。第二，坚持“共同但有区别的责任”原则。中方认为发达国家在两百多年的工业化过程中无约束地排放大量温室气体，是造成当前全球气候变化的主要原因，理应承担率先大幅减排的历史责任。发达国家过度排放，挤占了广大发展中国家维持基本生存所需的排放空间，而发展中国家还没有完成工业化，需要合理地排放以实现可持续发展。从现实能力来看，发达国家拥有雄厚的经济实力，掌握先进的低碳技术，而发展中国家缺乏应对气候变化的财力和技术手段，还面临发展经济、消除贫困、应对气候变化等多重艰巨任务。因此，中方坚持发达国家应通过率先大幅度减排为发展中国家的发展腾出必要的排放空间，同时要向发展中国家提供资金、转让技术；发展中国家在发展经济、消除贫困的过程中，在发达国家的支持下根据各国国情采取积极的适应和减缓气候变化的措施。第三，坚持可持续发展原则。可持续发展是有效应对气候变化的目标和手段。应当在可持续发展的框架下，统筹考虑经济发展、消除贫困、保护环境，实现发展和应对气候变化的双赢，确保发展中国家发展权的实现。第四，坚持统筹协调和平行推进减缓、适应、资金、技术等问题。减缓和适应气候变化是应对气候变化的两个有机组成部分，应当同等重视。减缓是一项相对长期、艰巨的任务，而适应则更为现实、紧迫，对发展中国家尤为重要。资金和技术是实现减缓和适应气候变化必不可少的手段，发达国家向发展中国家提供充分的资金、技术转让和能力建设支持是发展中国家得以有效减缓和适应气候变化的根本保证。

在坚持上述基本立场的前提下，为了维护各方利益以达到最优的综合效果，中国在国际气候谈判中所采取的对策主要有以下几点：第一，加强与发展中国家合作，共同维护发展权益。发展中国家整体是气候谈判过程中的相对弱势群体和受威胁最严重的集团，虽然中国与广大发展中国家就某些具体问题有不同的观点和立场，但是双方的合作空间远远大于矛盾和分歧。作为有影响力的大国和负责任的国家，中国必须承担起协调与其他发展中国家之间的立场，加强团结合作，以保持用“一个声音、一种立场”与发达国家进行谈判。在谈判阶段，中国与其他发展中国家的共同努力与合作取得了重大成果，促使谈判以公约和《京都议定书》明确规定了共同但有区别的原则、发达国家应对发展中国家提供资金援助与技术支持等条款，从而有力地维护了本身正当的发展权益。在后京都谈判阶段，有关发达国家率先减排、落实对发展中国家的资金与技术支持问题上，中国与其他发展中国家的立场和利益是一致的，更需要团结一致与发达国家进行博弈。第二，同美欧发达国家既合作又斗争，兼顾立场的原则性与灵活性。美欧发达国家作为国际体系的主导者，必然在气候制度建立进程中谋取制度优势与话语权，警惕防范中国的威胁与挑战。但是，气候谈判与气候制度的顺利进行都离不开中国的合作和参与。这就决定了中国同美欧发达国家在气候谈判进程中利益与责任、合作与竞争并存。承担量化减排责任是中国同美欧发达国家谈判博弈的焦点。此外，中国还加强与发达国家在清洁发展机制、科技服务、传统能源产业转型及能源服务方面的金融创新等方面的合作；中国对《联合国气候变化框架公约》及其《京都议定书》之外的其他形式的国际气候合作机制持开放的态度。上述行为和举措既有效地坚持了中国的谈判立场，又采取灵活手段改善中国的国际环境，为争取发达国家的理解奠定了基础。但是，减少温室气体排放量，关键是先进节能技术的推广，而发达国家拥有先进技术和雄厚的资金，如果真正得以运用，中国的减排成本将大大减少，而且控制温室气体排放量也更加有效。因此，一方面中国应与发达国家进行合作，就技术与资金问题探索共赢的新途径；另一方面中国应就西方的无理指责和要求展开有理、有节的斗争，维护本国利益。第三，推动建立公正、合理的国际气候制度。早在 20 世纪七八十年代，发展中国家就呼吁建立公正合理的国际政治经济新秩序，但因美苏争霸、发展中国家自身实力因素而无法实现。至今，国际气候制度的建立进程为发展中国家提供了施展抱负的舞台。虽然发达国家仍占有经济、科技和政治优势，但是发展中国家的整体实力相对增强，自身的参与意识和维权意识大大提高，从而有助于推动建立相对公平、合理、平等的国际气候制度。作为最大的发展中国家和负责任的大国，中国的影响力在谋求建立气候制度方面有重要意义。推动建立公正、合理、平等的国际气候制度，既符合中国的国家利益，又是中国义不容辞的责任。

气候谈判涉及的不仅是单纯的环境科学，还牵扯进了大量的政治、经济因素，建立国际气候制度更是国际合作与斗争的典型。作为谈判的参与者、推动者，中国谈判立场受制于对国家利益与国际责任的认识，后两者的轻重权衡将决定中国的谈判立场和政策行为。一方面，中国强调维护本国生存与发展的核心权益：追求经济发展，改善本国人民生活质量，要求发达国家进行适当的资金和技术援助，争夺国际话语权，维护国际形象；另一方面，中国也注重承担相应的国际责任：积极协调发展中国家的分歧与矛盾，参与科学评估报告的撰写，推进气候谈判进程，帮助发展中国家加强应对气候变化能力的建设。

思考题

1. 请根据全球可持续发展的目标，整理并总结我国为实现每个目标所采取的政策措施。

2. 关于全球气候谈判，请收集并整理世界其他主要国家或地区的态度和应对策略。

参考文献

［1］ Acemoglu D，Aghion P，Bursztyn L，et al. The environment and directed technical change ［J］. American Economic Review，2012，102（1）：131－66.

［2］ Acemoglu D. Directed technical change ［J］. The Review of Economic Studies，2002，69（4）：781－809.

［3］ Adam S. A Survey of the UK TaxSystem ［M］. London：IFS，2004.

［4］ Ahnad Y J，Lutz E. Environmental accounting for sustainable development ［C］//The World Bank Symposium/The World Bank.

［5］ Altman M. A behavioral model of path dependency：the economics of profitable inefficiency and marketfailure ［J］. The Journal of Socio－Economics，2000，29（2）：127－145.

［6］ Altman M. A high－wage path to economic growth anddevelopment ［J］. Challenge，1998，41（1）：91－104.

［7］ Altman M. The methodology of economics and the survival principle revisited and revised：some welfare and public policy implications of modeling the economicagent ［J］. Review of Social Economy，1999，57（4）：427－449.

［8］ Altman M. When green isn't mean：economic theory and the heuristics of the impact of environmental regulations on competitiveness and opportunitycost ［J］. Ecological Economics，2001，36（1）：31－44.

［9］ Andreoni J，Levinson A. The simple analytics of the environmental Kuznets curve ［J］. Journal of Public Economics，2001，80（2）：269－286.

［10］ Asheim G B. Net national product as an indicator of sustainability ［J］. The Scandinavian Journal of Economics，1994，96（2）：257－265.

［11］ Asheim G. Justifying，Characterizing and Indicating Sustainability ［M］. Berlin：Springer，2007.

［12］ Auger P，Devinney T M. Do what consumers say matter? The misalignment of preferences with unconstrained ethical intentions ［J］. Journal of Business Ethics，2007，76（4）：361－383.

［13］ Barbier E B. Introduction to the environmental Kuznets curve special issue ［J］. Environment and Development Economics，1997，2（4）：369－381.

［14］ Barro R J，Sala－i－Martin X，Blanchard O J，et al. Convergence across states and regions ［J］. Brookings Papers on Economic Activity，1991：107－182.

［15］ Barro R J. Economic growth in a cross section of countries ［J］. The Quarterly Journal of Economics，1991，106（2）：407－443.

［16］ Becker G S. A theory of socialinteractions ［J］. Journal of Political Economy，

1974, 82 (6): 1063 - 1093.

[17] Becker R, Henderson V. Effects of air quality regulations on pollutingindustries [J] . Journal of Political Economy, 2000, 108 (2): 379 - 421.

[18] Berrens R, Bishop D, McKee M, et al. Implementing the safe minimum standards approach: two case studies [R] . Mimeo, Dept of Economics, University of New Mexico, 1996.

[19] Bishop R C. Economic efficiency, sustainability, andbiodiversity [J] . Ambio, 1993: 69 - 73.

[20] Bishop R C. Endangered species and uncertainty: the economics of a safe minimumstandard [J] . American Journal of Agricultural Economics, 1978, 60 (1): 10 - 18.

[21] Bovenberg A L, Smulders S. Environmental quality and pollution - augmenting technological change in a two - sector endogenous growth model [J] . Journal of Public Economics, 1995, 57 (3): 369 - 391.

[22] Bramhall R. Land value taxation [M] . Green Economics, 1999.

[23] Brock W A, Taylor M S. The green Solowmodel [J] . Journal of Economic Growth, 2010, 15 (2): 127 - 153.

[24] Brundtland G H, Khalid M, Agnelli S, et al. Our common future [R] . New York, 1987.

[25] Bulte E, List J A, Strazicich M C. Regulatory federalism and the distribution of air pollutant emissions [J] . Journal of Regional Science, 2007, 47 (1): 155 - 178.

[26] Byrne D. Class, tax and spending: problems for the left in postindustrial andpostdemocratic politics - or why aren't we taxing the fat cats till the pips squeak? [J]. Capital & Class, 2001, 25 (3): 157 - 166.

[27] Carrete L, Castaño R, Felix R, et al. Green consumer behavior in an emerging economy: confusion, credibility, and compatibility [J] . Journal of Consumer Marketing, 2012, 29 (7): 470 - 481.

[28] Carson R. Silent spring. 1962 [M] . Houghton Mifflin Harcourt, 2009.

[29] Catlin J R, Wang Y. Recycling gone bad: When the option to recycle increases resourceconsumption [J] . Journal of Consumer Psychology, 2013, 23 (1): 122 - 127.

[30] Cato M S. Green economics: an introduction to theory, policy andpractice [M]. Routledge, 2012.

[31] Chay K Y, Greenstone M. Does air quality matter? Evidence from the housing market [J] . Journal of Political Economy, 2005, 113 (2): 376 - 424.

[32] Chaiken S, Yaacov T. Dual - process theories in social psychology [M]. Guilford Press, 1999.

[33] Ciracy - Wantrup S. Resource conservation economics and policy [J] . University of CA. Press, Berkeley, CA, 1952.

[34] Coase R H. How should economists choose? [J] . Ideas, their origins, and

their consequences: leatures to commemorate the life and work of G. Warren Nutter, 1982: 63－79.

[35] Coase R H. The problem of social cost [M] //Classic papers in natural resource economics. Palgrave Macmillan, London, 1960: 87－137.

[36] Copeland B R, Taylor M S. North－South trade and theenvironment [J] . The Quarterly Journal of Economics, 1994, 109 (3): 755－787.

[37] Copeland B R, Taylor M S. Trade and the environment: Theory andevidence [M]. Princeton: Princeton University Press, 2005.

[38] Cornes R, Hartley R. Aggregative public good games [J] . Journal of Public Economic Theory, 2007, 9 (2): 201－219.

[39] Cornes R, Sandler T. Easy riders, joint production, and public goods [J]. Economic Journal, 1984, 94 (375): 580－598.

[40] Cornes R, Sandler T. Public goods, growth, and welfare [J] . Social Choice and Welfare, 1989, 6 (3): 243－251.

[41] Cornes R, Sandler T. The comparative static properties of the impure public good model [J] . Journal of Public Economics, 1994, 54 (3): 403－421.

[42] Criado C O. Temporal and spatial homogeneity in air pollutants panel EKC estimations [J] . Environmental and Resource Economics, 2008, 40 (2): 265－283.

[43] Damon M, Sterner T. Policy instruments for sustainable development at Rio＋20 [J] . The Journal of Environment & Development, 2012, 21 (2): 143－151.

[44] Dasgupta P, Heal G. The optimal depletion of exhaustible resources [J] . The Review of Economic Studies, 1974, 41: 3－28.

[45] Deaton A, Muellbauer J. Economics and consumer behavior [M] . Cambridge university press, 1980.

[46] Debreu G, Scarf H. A limit theorem on the core of aneconomy [J]. International economic review, 1963, 4 (3): 235－246.

[47] Unit E S. Our energy future － creating a low carbon ecorwring [J] . OK Department of Trade and Industry, White Paper, 2003.

[48] Dewey, S H. In DL Flores. Do not breathe the air: Air pollution and U. S. Environmental Politics: 1945—1970, No. 16, Environmental History Series. Texas A&M Publisher, College Station, TX, 2000.

[49] Di Maria C. The cost of environmental policy under induced climate change [R]. CESIfo discussion paper 3886, 2012.

[50] Dijkgraaf E, Vollebergh H R J. A test for parameter homogeneity in CO_2 panel EKC estimations [J] . Environmental and Resource Economics, 2005, 32 (2): 229－239.

[51] Dixit A, Hammond P, Hoel M. On Hartwick's rule for regular maximin paths of capital accumulation and resource depletion [J] . The Review of Economic Studies, 1980, 47 (3): 551－556.

[52] Douthwaite R. The Growth Illusion [M] . Totnes: Green Books, 1992.

[53] Durlaf S, Quah D. The New Empirics of Economic Growth, Handbook of Macroeconomics, J. Taylor and M. Woodford [J] . 1999.

[54] Durlauf S N, Johnson P A. Multiple regimes and cross - country growth behaviour [J] . Journal of Applied Econometrics, 1995, 10 (4): 365 - 384.

[55] Akerlof G A, Janet L. Efficiency wage models of the labor market [M]. Cambridge: Cambridge University Press, 1986.

[56] EIA U S. Updated capital cost estimates for electricity generationplants [J] . US Energy Information Administration, Office of Energy Analysis, Washington, DC, USA, 2010.

[57] Ekins P, Dresner S. Green taxes and charges: reducing their impact on low - income households [M] . Joseph Rowntree Foundation, 2004.

[58] Frantz R S. X - Efficiency: Theory, Evidence and Applications [M] . Boston: Kluwer Academic, 1998.

[59] Fullerton D, Leicester A, Smith S. Environmental taxes [R] . NationalBureau of Economic Research, 2008.

[60] Gerlagh R. Too much oil [J] . CESifo Economic Studies, 2011, 57 (1): 79 - 102.

[61] Gorman W M. A possible procedure foranalysing quality differentials in the egg market [J] . The Review of Economic Studies, 1980, 47 (5): 843 - 856.

[62] Greenstone M. Did the Clean Air Act cause the remarkable decline in sulfur dioxide concentrations? [J] . Journal of Environmental Economics and Management, 2004, 47 (3): 585 - 611.

[63] Grossman G M, Krueger A B. Economic growth and theenvironment [J] . The Quarterly Journal of Economics, 1995, 110 (2): 353 - 377.

[64] Grossman G M, Krueger A B. Environmental impacts of a North American free trade agreement [R] . National Bureau of Economic Research, 1991.

[65] Gutés M C. The concept of weaksustainability [J] . Ecological Economics, 1996, 17 (3): 147 - 156.

[66] Hamilton K. Green adjustments to GDP [J] . Resources Policy, 1994, 20 (3): 155 - 168.

[67] Hamilton K. Pollution and pollution abatement in the nationalaccounts [J]. Review of Income and Wealth, 1996, 42 (1): 13 - 33.

[68] Harbaugh W T, Levinson A, Wilson D M. Reexamining the empirical evidence for an environmental Kuznets curve [J] . Review of Economics and Statistics, 2002, 84 (3): 541 - 551.

[69] Hart R. Growth, environment and innovation—a model with production vintages and environmentally orientedresearch [J] . Journal of Environmental Economics and Management, 2004, 48 (3): 1078 - 1098.

[70] Heal G. The relationship between price and extraction cost for a resource with a backstoptechnology [J] . The Bell Journal of Economics，1976：371 - 378.

[71] Hepburn C，Bowen A. Prosperity with growth：Economic growth，climate change and environmental limits [R] . Grantham Research Institute on Climate Change and the Environment，2012.

[72] Hicks J R. Value and CapitaL [M] . Oxford：Oxford University Press，1996.

[73] Hicks J R. The Theory of Wages [M] . London，Springer，1932.

[74] Holtz - Eakin D，Selden T M. Stoking the fires? CO_2 emissions and economic growth [J] . Journal of Public Economics，1995，57 (1)：85 - 101.

[75] Hood C. Reviewing existing and proposed emission trading systems [R]. OECD Podlishing 2010.

[76] Houten R V，Nau P A，Merrigan M. Reducing elevator energy use：A comparison of posted feedback and reduced elevator convenience [J] . Journal of Applied Behavior Analysis，1981，14 (4)：377 - 387.

[77] Hueting R，Bosch P，De Boer B. Methodology for the calculation of sustainable national income [M] . World Wide Fund for Nature，1992.

[78] Hutchinson F，Mellor M，Olsen W K. The politics of money：towards sustain-abilityand economic democracy [M] . Pluto Press，2002.

[79] IPCC. Drivers，Trends and Mitigation. ch. 5 of the Fifth Assessment Report (WGIII AR5)，Geneva，Intergovernmental Panel on Climate Change，2014.

[80] Islam N. Growth empirics：a panel dataapproach [J] . The Quarterly Journal of Economics，1995，110 (4)：1127 - 1170.

[81] Islam N. What have we learnt from the convergence debate? [J] . Journal of Economic Surveys，2003，17 (3)：309 - 362.

[82] Jorgenson D W，Wilcoxen P J. Environmental regulation and US economic growth [J] . The Rand Journal of Economics，1990：314 - 340.

[83] Kelvin L. Consumer demand：A newapproach [J] . New York，1971.

[84] Kotchen M J. Green markets and private provision of public goods [J] . Journal of Political Economy，2006，114 (4)：816 - 834.

[85] Kotchen M J. Impure public goods and the comparative statics of environmentally friendly consumption [J] . Journal of Environmental Economics and Management，2005，49 (2)：281 - 300.

[86] Laroche M，Bergeron J，Barbaro - Forleo G. Targeting consumers who are willing to pay more for environmentally friendly products [J] . Journal of Consumer Marketing，2001，18 (6)：503 - 520.

[87] Lee J，List J A. Examining trends of criteria air pollutants：are the effects of governmental intervention transitory? [J] . Environmental and Resource Economics，2004，29 (1)：21 - 37.

[88] Leibenstein H. Allocative efficiency vs. "X - efficiency" [J] . The American Economic Review, 1966, 56 (3): 392 - 415.

[89] Leibenstein H. X - inefficiency Xists: Reply to an Xorcist [J] . The American Economic Review, 1978, 68 (1): 203 - 211.

[90] Leibenstein H. Notes on X - Efficiency and Technical Change [J] . New York: Micro - Aspects of Development, 1973.

[91] Levinson A. Environmentalkuznets curve [J] . The New Palgrave Dictionary of Economics: Volume 1 - 8, 2008: 1788 - 1789.

[92] Lopez R. Sustainable economic development: on the coexistence of resource - dependent and resource - impacting industries [J] . Environment and Development Economics, 2010, 15 (6): 687 - 705.

[93] Lopez R. The environment as a factor of production: the effects of economic growth and tradeliberalization [J] . Journal of Environmental Economics and management, 1994, 27 (2): 163 - 184.

[94] Mäler K G. National accounts and environmental resources [J] . Environmental and Resource economics, 1991, 1 (1): 1 - 15.

[95] Mankiw N G, Romer D, Weil D N. A contribution to the empirics of economic growth [J] . The Quarterly Journal of Economics, 1992, 107 (2): 407 - 437.

[96] Manne A, Mendelsohn R, Richels R. MERGE: A model for evaluating regional and global effects of GHG reduction policies [J] . Energy Policy, 1995, 23 (1): 17 - 34.

[97] Markus H R, Kitayama S. Cultural variation in the self - concept [M] //The self: Interdisciplinary approaches. Springer, New York, 1991: 18 - 48.

[98] McCaskill A. Consumer - Goods'Brands That Demonstrate Commitment to Sustainability Outperform Those That Don't [J] . Nielsen. Com, 2015.

[99] McCloskey D N, McCloskey D N. If you're so smart: The narrative of economicexpertise [M] . University of Chicago Press, 1990.

[100] Meadows D H, Meadows D H, Randers J, etal. The limits to growth: a report to the club of Rome (1972) [J] . Google Scholar, 1972.

[101] Milani B. Designing the green economy: The postindustrial alternative to corporate globalization [M] . Rowman & Littlefield, 2000.

[102] Montgomery W D. Markets in licenses and efficient pollution controlprograms [J] . Journal of Economic Theory, 1972, 5 (3): 395 - 418.

[103] Murphy C. The Next Big Thing: Move Aside, Tree Huggers: More and More Hard Headed Entrepreneurs Are Tapping into the Growing GreenMarket [J] . Fortune Small Bus, 2003.

[104] Nordhaus W D, Tobin J. Is growth obsolete? [M] //The measurement of economic and social performance. NBER, 1973: 509 - 564.

[105] Nordhaus W D. A Question of Balance: Weighing the Options on Global

Warming Policies Yale University Press [J] . New Haven, CT, 2008.

[106] Nordhaus W D. Managing the global commons: the economics of climate change [M] . Cambridge, MA: MIT press, 1994.

[107] OECD. Towards Green Growth, Paris, Organization for Economic Cooperation and Development, 2011.

[108] Patrick R, Jacobs M. Wealth's fair measure: the reform of inheritancetax [M]. Fabian Society, 2003.

[109] Pearce D, Markandya A, Barbier E. Sustainable Development: Policy and Analysis in the Third World [J] . Cheltenham: Edward Elgar Publishing, 1990.

[110] Peattie K. Golden goose or wild goose? The hunt for the green consumer [J]. Business Strategy and the Environment, 2001, 10 (4): 187 - 199.

[111] Peattie K. Trappings versus substance in the greening of marketing planning [J]. Journal of Strategic Marketing, 1999, 7 (2): 131 - 148.

[112] Perman R, Ma Y, Common M, et al. Natural Resource and Environmental E-conomics [M] . Harlow, Addison Wesley, 2003.

[113] Pemberton M, Ulph D. Measuringincome and measuring sustainability [J]. Scandinavian Journal of Economics, 2001, 103 (1): 25 - 40.

[114] Pezzey J C V, Toman M A. Progress and problems in the economics of sustainability [J] . International Yearbook of Environmental and Resource Economics, 2002, 2003: 165 - 232.

[115] Pizer W A, Popp D. Endogenizing technological change: Matching empirical evidence to modeling needs [J] . Energy Economics, 2008, 30 (6): 2754 - 2770.

[116] Popp D, Newell R, Jaffe A. Energy, the environment, and technological change [M] . Handbook of the Economics of Innovation. Noth - Holland, 2010, 2: 873 - 937.

[117] Porritt J. Capitalism as if the world mattered. London: Earthscan, 2006.

[118] Porter M E. America's green strategy [J] . Scientific Amerisan, 1991, 264 (4) .

[119] Porter M E, Claas V L. Green and Competitive: Breaking the Stalemate [J]. Harvard Business Review, 1995.

[120] Ramsey F P. A mathematical theory ofsaving [J] . The Economic Journal, 1928, 38 (152): 543 - 559.

[121] Pettifor A, Janet B. Real world economic outlook: the legacy of globalization: debt and deflation [M] . Palgrave Macmillan, 2003.

[122] Reder M W. Chicago economics: permanence and change [J] . Journal of Economic Literature, 1982, 20 (1): 1 - 38.

[123] Repetto R. Nature's resources as productive assets [J] . Challenge, 1989, 32 (5): 16 - 20.

[124] Rezai A, Van der Ploeg F, Withagen C. The optimal carbon tax and economic growth: Additive versus multiplicative damages [R] . European University at St.

Petersburg, Department of Economics, 2012.

[125] Ricci F. Channels of transmission of environmental policy to economic growth: A survey of thetheory [J] . Ecological Economics, 2007, 60 (4): 688 - 699.

[126] Ricci F. Environmental policy and growth when inputs are differentiated in pollutionintensity [J] . Environmental and Resource Economics, 2007, 38 (3): 285 - 310.

[127] Ripple W J, Wolf C, Newsome T M, et al. World scientists' warning to humanity: a secondnotice [J] . BioScience, 2017, 67 (12): 1026 - 1028.

[128] Roberts J. The incentives for correct revelation of preferences and the number ofconsumers [J] . Journal of Public Economics, 1976, 6 (4): 359 - 374.

[129] Robertson J. Using common resources to solve commonproblems [J] . Feasta Review, 2004, 2: 124.

[130] Robertson J. A green benefits and taxation system [M] . Aberystwyth: Green Audit, 1999: 65 - 77.

[131] Rodrik D. Normalizing industrial policy. Cornmission on Growth and Development, Working paper NO. 3, 2008.

[132] Romer P M. Endogenous technological change [J] . Journal of Political Economy, 1990, 98 (5, Part 2): 71 - 102.

[133] Rosenberg N. The historiography of technicalprogress [J] . Inside the black box, 1982: 19.

[134] Schumacher E F. Small is beautiful: A study of economics as if peoplemattered [M] . Random House, 2011.

[135] Sikka P. How about responsible taxes? [N] . Guardian, 2003.

[136] Sinn H W. Das grüneParadoxon; Plädoyer für eine illusionsfreie Klimapolitik [J]. Monographs in Economics, 2008.

[137] Sinn H W. Public policies against global warming: a supply sideapproach [J]. International Tax and Public Finance, 2008, 15 (4): 360 - 394.

[138] Smith A. The wealth of nations [M] . Harriman House Limited, 2010.

[139] Smulders S, Bretschger L, Egli H. Economic growth and the diffusion of clean technologies: explaining environmental Kuznets curves [J] . Environmental and Resource Economics, 2011, 49 (1): 79 - 99.

[140] Smulders S, Toman M, Withagen C. Growth theory and 'green growth' [J]. Oxford Review of Economic Policy, 2014, 30 (3): 423 - 446.

[141] Smulders S. Economic growth and environmental quality [J] . Principles of Environmental and Resource Economics, Edward Elgar, Cheltenham, 2000.

[142] Smulders S. Endogenous technological change, natural resources, and growth [M] //Scarcity and Growth Revisited - Natural Resources and the Environment in the New Millenium. Resources for the Future Washington DC, 2005.

[143] Sohn L B. Stockholm Declaration on the Human Environment [J].

Harv. Int'l. LJ，1973，14：423.

［144］ Solow R M. A contribution to the theory of economicgrowth ［J］. The Quarterly Journal of Economics，1956，70（1）：65－94.

［145］ Solow R M. Intergenerational equity and exhaustibleresources ［J］. The Review of Economic Studies，1974，41：29－45.

［146］ Solow R M. On the intergenerational allocation of naturalresources ［J］. The Scandinavian Journal of Economics，1986：141－149.

［147］ Solow R. An almost practical step towardsustainability ［J］. Ekistics，1995：15－20.

［148］ Steg L. Environmental psychology and sustainable consumption ［J］. Handbook of Research on Sustainable Consumption，2015：70－83.

［149］ Stern D I，Common M S. Is there an environmental Kuznets curve for sulfur? ［J］. Journal of Environmental Economics and Management，2001，41（2）：162－178.

［150］ Stern D I. Beyond the environmental Kuznets curve：diffusion of sulfur－emissions－abatingtechnology ［J］. The Journal of Environment & Development，2005，14（1）：101－124.

［151］ Stern D I. The effect of NAFTA on energy and environmental efficiency inMexico ［J］. Policy Studies Journal，2007，35（2）：291－322.

［152］ Stern D I. The rise and fall of the environmental Kuznetscurve ［J］. World Development，2004，32（8）：1419－1439.

［153］ Sterner T，Damon M. Green growth in the post－Copenhagenclimate ［J］. Energy Policy，2011，39（11）：7165－7173.

［154］ Stigler G J. TheXistence of X－efficiency ［J］. The American Economic Review，1976，66（1）：213－216.

［155］ Stiglitz J. Growth with exhaustible natural resources：efficient and optimal growth paths ［J］. The Review of Economic Studies，1974，41：123－137.

［156］ Strazicich M C，List J A. Are CO_2 emission levels converging among industrial countries? ［J］. Environmental and Resource Economics，2003，24（3）：263－271.

［157］ Tietenberg T H. Emission Trading－Principles and Practice ［M］. Washington D C：Resource For the Future Press，2006.

［158］ Toman M A. Economics and "sustainability"：balancing trade－offs and imperatives ［J］. Land Economics，1994：399－413.

［159］ Tomer J F. Organizational capital：The path to higher productivity and well－being ［M］. Praeger publishers，1987.

［160］ Tsur Y，Zemel A. On the dynamics of competing energy sources ［J］. Automatica，2011，47（7）：1357－1365.

［161］ Turner J C，Tajfel H. The social identity theory of intergroup behavior ［J］. Psychology of Intergroup Relations，1986，5：7－24.

［162］UNEP U. Towards a green economy：Pathways to sustainable development and povertyeradication ［J］. Nairobi，Kenya：UNEP，2011.

［163］Van DerPloeg F，Withagen C. Growth，renewables，and the optimal carbon tax ［J］. International Economic Review，2014，55（1）：283－311.

［164］Van derPloeg F，Withagen C. Is there really a green paradox? ［J］. Journal of Environmental Economics and Management，2012，64（3）：342－363.

［165］Van der Werf E，Di Maria C. Imperfect environmental policy and polluting e-missions：the green paradox and beyond ［J］. International Review of Environmental and Resource Economics，2012，6（2）：153－194.

［166］Van Pelt M J F. Ecologically sustainable development and project appraisal in developing countries ［J］. Ecological Economics，1993，7（1）：19－42.

［167］Van Prooijen A M，Sparks P. Attenuating initial beliefs：Increasing the acceptance of anthropogenic climate change information by reflecting on values ［J］. Risk analysis，2014，34（5）：929－936.

［168］Van derLinde C. Micro－Economic Aspects of Environmental Policies and Competitveness：the Micro － Economic Implications of Environmental Policies and Competitiveness，in Environmental Policies and Industrial Competitiveness. OECD，Paris，1993.

［169］VanVugt M，Griskevicius V，Schultz P W. Naturally green：Harnessing stone age psychological biases to foster environmental behavior ［J］. Social Issues and Policy Review，2014，8（1）：1－32.

［170］Verplanken B. Old habits and new routes to sustainable behaviour ［M］. England：Taylor and Francis，2011：17－30.

［171］Vicary S. Donations to a public good in a large economy ［J］. European Economic Review，2000，44（3）：609－618.

［172］Vicary S. Joint production and the private provision of public goods ［J］. Journal of Public Economics，1997，63（3）：429－445.

［173］Wagner M. The carbon Kuznets curve：a cloudy picture emitted by bad econometrics? ［J］. Resource and Energy Economics，2008，30（3）：388－408.

［174］Weitzman M L. On the welfare significance of national product in a dynamiceconomy ［J］. The Quarterly Journal of Economics，1976，90（1）：156－162.

［175］Weitzman M L. Sustainability and the welfare significance of national productrevisited ［J］. Discussion Paper－Harvard Institute of Economic Research，1995.

［176］Weitzman M L. What Is The "Damages Function" For Global Warming－And What Difference Might It Make? ［J］. Climate Change Economics，2010，1（01）：57－69.

［177］White K，Habib R，Hardisty D J. How to SHIFT Consumer Behaviors to be More Sustainable：A Literature Review and Guiding Framework ［J］. Journal of Marketing，2019，83（3）：22－49.

[178] Winterich K P, Reczek R W, Irwin J R. Keeping the memory but Not the possession: memory preservation mitigates identity loss from product disposition [J]. Journal of Marketing, 2017, 81 (5): 104-120.

[179] World Bank World Bank. State and trends of carbon pricing 2014 [M] . World Bank Publications, 2014.

[180] Xepapadeas A. Economic growth and the environment [J] . Handbook of Environmental Economics, 2005, 3: 1219-1271.

[181] Zenghelis D. Stern Review: The economics of climate change [J] . London, England: HM Treasury, 2006.

[182] 陈亚芹，别智，酒森．国内外绿色金融产品与金融政策综述 [J]．建设科技，2019 (5): 50-59.

[183] 陈雨露．绿色金融改革与促进绿色转型研究 [N]．中国环境报，2015-11-11 (002)．

[184] 陈雨露．推动绿色金融标准体系建设 [J]．中国金融，2018，890 (20): 11-12.

[185] 范英，莫建雷，朱磊．中国碳市场：政策设计与社会经济影响 [M]．北京：科学出版社，2016.

[186] 范英，莫建雷．中国碳市场顶层设计重大问题及建议 [J]．中国科学院院刊，2015 (4): 492-502.

[187] 高鸿业．宏观经济学 [M]．北京：中国人民大学出版社，2017.

[188] 高鸿业．微观经济学 [M]．北京：中国人民大学出版社，2017.

[189] 郭强．可持续发展思想与可持续发展政策 [J]．社会治理，2019 (1): 26-34.

[190] 李俊峰．气候变化与绿色发展 [J]．浙江经济，2014 (9): 27-28.

[191] 李克国．环境经济学 [M]．北京：科学技术文献出版社，1993: 193-195.

[192] 刘焰真，李路路，张斌亮．《巴黎协定》的由来与发展 [J]．世界环境，2019 (01): 16-18.

[193] 马克思．资本论（第一卷）[M]．北京：人民出版社，1975.

[194] 潘冬阳．货币政策促进绿色发展进入实质性操作阶段，中国金融信息网，2018.

[195] 潘冬阳．外部性的内部化与绿色金融政策演进的逻辑，中央财经大学绿色金融国际研究院，2018.

[196] 宋冬．论《巴黎协定》遵约机制的构建 [D]．北京：外交学院，2018.

[197] 涂瑞和．《联合国气候变化框架公约》与《京都议定书》及其谈判进程 [J]．环境保护，2005 (3)．

[198] 吴畏，石敬琳．全球绿色经济治理的两个关键因素 [J]．管理学刊，2018，108 (03): 5-14.

[199] 朱启贵．绿色国民经济核算论 [M]．上海：上海交通大学出版社，2005.

图书在版编目（CIP）数据

绿色经济学/贾君君等编著．—合肥：合肥工业大学出版社，2020.7
高等学校新经济系列教材
ISBN 978-7-5650-4787-9

Ⅰ.①绿…　Ⅱ.①贾…　Ⅲ.①绿色经济—高等学校—教材　Ⅳ.①F062.2

中国版本图书馆 CIP 数据核字（2020）第 093837 号

绿色经济学

贾君君　等　编著　　　　责任编辑　何恩情

出　版	合肥工业大学出版社	版　次	2020 年 7 月第 1 版
地　址	合肥市屯溪路 193 号	印　次	2020 年 9 月第 1 次印刷
邮　编	230009	开　本	787 毫米×1092 毫米　1/16
电　话	综合编辑部：0551-62903028	印　张	11.5
	市场营销部：0551-62903198	字　数	268 千字
网　址	www.hfutpress.com.cn	印　刷	安徽联众印刷有限公司
E-mail	hfutpress@163.com	发　行	全国新华书店

ISBN 978-7-5650-4787-9　　　　定价：36.00 元